SÉLECTION 2024

JE RÉUSSIS À ENTRER EN IFAS

INSTITUT DE FORMATION D'AIDE-SOIGNANT

DOSSIER + ENTRETIEN

Marion Gauthier
Responsable Médical Tours

Mandi Gueguen
Juriste spécialisée en droit de la santé, formatrice consultante
Avelis Conseil – Formations, conceptions et examens

Vuibert

Ressources numériques

Téléchargez gratuitement nos ressources numériques sur **www.Vuibert.fr/site/216080**

- **Un guide d'accompagnement** personnalisable
- **Un fil d'actualité 2023-2024** mois par mois

Crédit photographique : © Gradyreese/Adobe Stock

ISBN : 978-2-311-21608-0

Conception de la couverture et intérieur : Séverine Tanguy
Composition : Hervé Soulard

Sommaire
pour se repérer

Travail réalisé

PARTIE 3 Réussir son entretien oral

PARTIE 5 Comprendre les enjeux sanitaires et sociaux

Mode d'emploi

1. La nouvelle sélection en IFAS

Jusqu'en 2019, la sélection en institut de formation d'aide-soignant (IFAS) se déroulait principalement par voie de concours. Un certain nombre de personnes étaient dispensées des épreuves écrites si elles détenaient un diplôme du secteur sanitaire ou social de niveau V, ou bien si elles avaient validé la première année des études d'infirmier. Tous les candidats étaient soumis aux épreuves orales.

L'arrêté du 7 avril 2020 relatif aux modalités d'admission aux formations conduisant aux diplômes d'État d'aide-soignant a apporté un changement : il établit une sélection sur dossier pour l'ensemble des personnes souhaitant accéder à la formation débouchant sur un diplôme d'État d'aide-soignant. Par ce changement, le gouvernement a voulu démocratiser davantage l'entrée en formation pour ce métier : les nouvelles modalités permettent de détecter plus facilement que par la voie des concours les qualités humaines nécessaires pour devenir aide-soignant.

La sélection sur dossier s'accompagne d'un entretien oral. L'arrêté du 7 avril 2021 (modifié par deux autres arrêtés du 12 avril 2021 et du 10 juin 2021) a imposé un binôme d'examinateurs des dossiers des candidats. Ce binôme est constitué d'un aide-soignant en exercice et d'un infirmier cadre de santé ou formateur en institut de formation.

Les candidats peuvent solliciter un ou plusieurs des 500 instituts ou centres de formation d'aide-soignant de France, quel que soit leur lieu de résidence. Ces instituts peuvent être adossés aux instituts de formation en soins infirmiers (IFSI), aux Greta, à des lycées généraux ou professionnels, à des instituts de la Croix-Rouge française, de fondations ou encore de l'armée française.

CONSEIL DU FORMATEUR

Nous vous invitons à consulter régulièrement les sites des IFAS pour vous tenir informé des dernières modalités de sélection.

2. Qui peut accéder à la formation AS ?

Tous les candidats, âgés de 17 ans au minimum et sans condition de diplôme relevant de la formation initiale, de la formation professionnelle continue (sans condition de durée minimale d'expérience professionnelle) ou de la validation des acquis de l'expérience professionnelle.

Chaque institut (ou groupement d'instituts de formation) doit garder un minimum de 20 % des places, réservées par la région aux agents des services hospitaliers qualifiés de la fonction publique hospitalière qui comptent au moins trois ans de fonction, et dont la sélection est organisée par leur employeur.

Les voies d'accès à la formation AS sont la formation initiale, la formation professionnelle continue, la validation partielle ou totale des acquis de l'expérience.

La procédure de sélection pour la formation AS est totalement gratuite pour les candidats.

3. Quels sont les critères de sélection ?

Les critères de sélection appliqués dans l'analyse des dossiers sont issus des attendus précisés par l'arrêté du 7 avril 2020. Les grilles d'analyse sont établies au sein des IFAS en respectant l'esprit de ces attendus, puis validées par les agences régionales de santé. Elles restent internes aux instituts.

Les examinateurs veillent à sélectionner des candidats dont le profil laisse paraître des capacités et des qualités humaines et relationnelles ainsi qu'organisationnelles. Ils doivent aussi avoir un goût certain pour le domaine sanitaire et social et maîtriser des compétences rédactionnelles, analytiques et numériques.

A. Votre dossier

L'arrêté du 7 avril 2020 régissant l'entrée en formation AS détermine une liste de documents à fournir pour la constitution du dossier. Le profil des candidats se dessine ainsi à travers des informations relevant de leur état civil et de leurs données administratives, des productions personnelles écrites relatant leurs expériences et motivations, des diplômes dont ils sont titulaires ou des relevés de résultats ou des bulletins scolaires, et de tout document adapté à la situation spécifique du candidat.

Les candidats ressortissants d'un pays hors Union européenne doivent fournir une attestation de niveau de langue française (généralement réalisée auprès des Alliances françaises, des universités, des chambres de commerce ou de centres spécialisés). Tous les instituts ne la requièrent pas de manière obligatoire cependant.

B. Vos compétences

L'analyse du dossier doit pouvoir faire ressortir facilement vos compétences, afin que le binôme des évaluateurs puisse les repérer et les valider. Le trio des documents manuscrits (la lettre de motivation, le CV et le document manuscrit présentant le projet professionnel en lien avec les attendus de la formation ou une situation personnelle ou professionnelle vécue) a pour objectif de renseigner sur les compétences acquises, en cours d'acquisition ou bien de constater si le profil du candidat présente un terrain propice à l'acquisition au cours des études AS.

L'ensemble des compétences sont présentées dans les attendus précisés par l'arrêté du 7 avril 2020. Le candidat doit faire valoir :

- sa curiosité et son esprit d'ouverture aux connaissances sanitaires et sociales et à l'actualité de ces thématiques, ainsi que sa maîtrise des connaissances fondamentales dans ces secteurs ;
- sa capacité à lire et à écrire en langue française, sa maîtrise des règles de l'écrit, de l'orthographe et de l'expression orale ;
- sa capacité à s'organiser dans son travail ;
- sa capacité à entrer en relation et en communication avec autrui en faisant preuve de qualités humaines et d'esprit d'ouverture.

Beaucoup d'instituts de formation proposent un accompagnement spécifique aux candidats intéressés afin de consolider leur projet professionnel et d'améliorer leurs connaissances et leurs aptitudes. Cette remise à niveau est souvent proposée aux agents hospitaliers souhaitant devenir aides-soignants, dans le cadre de la politique de formation continue interne à l'établissement, mais elle est aussi ouverte aux candidats externes à l'établissement. Ces formations peuvent également être financées par l'employeur ou par Pôle emploi. Il est opportun de se renseigner auprès de l'IFAS que vous souhaitez intégrer.

4. Votre livre

Le principal objectif de cet ouvrage est de vous fournir les outils nécessaires pour construire en autonomie une réflexion personnelle aboutie susceptible de vous aider à élaborer un dossier solide de candidature. Construit par étapes, son organisation peut être suivie au gré des chapitres qui s'enchaînent, ou bien en ciblant directement la partie qui traite un sujet sur lequel vous devez approfondir vos connaissances.

La constitution d'un dossier de candidature doit mobiliser des compétences d'analyse, d'organisation, de rigueur et d'expression, qui sont aussi celles ciblées par les critères de sélection. Une véritable préparation est donc importante et elle est, par la même occasion, une préparation à part entière à l'entrée en institut, surtout pour les personnes qui sont en reprise d'études, après une expérience professionnelle plus ou moins longue selon leur parcours de vie.

Dans chacune des parties, vous trouverez des informations pratiques renseignant sur les modalités de la sélection, de la constitution du dossier à la rédaction des documents manuscrits. Les fiches de culture professionnelle et hospitalière et d'actualité sanitaire et sociale ne font bien évidemment pas l'objet de questions de cours. Mais elles vous incitent à vous intéresser à ces domaines et à en retirer des informations pouvant être mobilisables dans les différentes phases de votre sélection, à l'écrit ou à l'oral, de manière à rassurer votre jury sur votre esprit d'ouverture et votre curiosité. Vous devez vous y intéresser tout autant qu'à la partie consacrée à la maîtrise de la langue française : elle permet une rapide remise à niveau, car vos lettres de motivation ou la rédaction du projet ne doivent pas comporter de fautes d'orthographe.

La dernière partie est dédiée à la préparation de l'entretien oral. Elle a pour objectif de balayer un maximum de questions que vous pourriez vous poser avant le jour J : comment aborder cet entretien ? Quel sera son déroulement ? Quelle attitude adopter ? Etc. Vous aurez certainement besoin d'être rassuré sur tous ces points afin d'aborder le plus sereinement possible cette étape. Vous trouverez aussi des réponses aux nombreuses questions susceptibles de vous être posées par le jury lors de l'entretien : quelles sont vos motivations ? Comment gérez-vous vos émotions ? Quelle est votre connaissance du terrain ? Etc. Autant de points pour lesquels vous allez pouvoir préparer des éléments de réponse grâce à cet ouvrage.

Paré de tous ces atouts, vous serez plus confiant dans votre préparation. Vous pourrez mettre plus facilement en avant les lignes de force de votre parcours de vie ou professionnel, ou l'argumentation de vos motivations pour des métiers de soins et de relations humaines, comme celui d'aide-soignant.

Testez votre niveau

Autoévaluation

Ces questions vous permettront de tester votre maîtrise des connaissances et compétences requises pour la sélection en IFAS. En fonction des réponses, vous pourrez ensuite mieux vous organiser pour tirer le meilleur profit de cet ouvrage.

1. Test sur l'inscription, les études, le métier

Entraînement

❶ Les inscriptions pour l'entrée en IFAS se passent :

☐ **A.** sur Parcoursup.
☐ **B.** sur une plateforme spécifique aux IFAS.
☐ **C.** uniquement sur Internet.
☐ **D.** sur dossier à retirer auprès des instituts.

❷ Pour candidater à l'entrée en IFAS, il est nécessaire :

☐ **A.** d'avoir un baccalauréat issu du secteur sanitaire et social.
☐ **B.** d'avoir au moins une expérience professionnelle.
☐ **C.** d'être titulaire d'un certificat de connaissances en anglais.
☐ **D.** d'avoir au moins 17 ans au moment de l'entrée en formation.

❸ Le dossier de sélection doit contenir :

☐ **A.** un CV manuscrit.
☐ **B.** un bilan professionnel manuscrit.
☐ **C.** une lettre de motivation manuscrite.
☐ **D.** un diplôme obligatoire de langue française pour tous.

❹ Parmi les propositions suivantes, laquelle est vraie ?

☐ **A.** Les études en IFAS se déroulent uniquement en institut.
☐ **B.** Les études en IFAS comprennent des stages dans des établissements de santé ou médico-sociaux.
☐ **C.** Les études en IFAS sont organisées sur deux ans.
☐ **D.** Les études en IFAS font l'objet du même programme que pour les études d'infirmier.

❺ Parmi les propositions suivantes, laquelle est vraie ?

☐ **A.** Les aides-soignants peuvent travailler uniquement dans le secteur public.
☐ **B.** Le métier d'AS peut être exercé dans la fonction publique territoriale.
☐ **C.** Pour travailler dans le secteur médical privé, il n'est pas nécessaire d'être titulaire d'un diplôme d'État d'AS.
☐ **D.** Le diplôme d'État d'AS n'est pas valable dans les autres pays membres de l'Union européenne.

❻ Concernant les études en IFAS, quelles affirmations sont vraies ?
☐ **A.** Elles recouvrent au total 1 500 heures.
☐ **B.** Elles comportent plusieurs stages sur le terrain.
☐ **C.** La progression de l'élève est évaluée uniquement par un examen final.
☐ **D.** La profession d'aide-soignant est organisée en cinq domaines d'activité.

2. Test sur les compétences pour l'entretien oral

Entraînement

❶ Pour aborder cet entretien oral :
☐ **A.** il est préférable d'apprendre par cœur une trame préparée, que l'on récite le jour J de façon à être certain de ne rien oublier.
☐ **B.** il est préférable de préparer en amont la présentation de son projet professionnel et de ses motivations afin de structurer son entretien sans pour autant lui donner un cadre figé.
☐ **C.** il est préférable de ne rien anticiper de façon à être totalement naturel et spontané le jour de l'entretien.

❷ Dans la présentation de vos motivations, un de vos points forts sera incontestablement :
☐ **A.** d'avoir pratiqué des stages qui vous ont permis d'acquérir une réelle connaissance du terrain.
☐ **B.** d'avoir regardé et apprécié de nombreuses fictions télévisées sur le monde hospitalier.
☐ **C.** de savoir depuis tout petit que vous avez la vocation de devenir AS, sans pouvoir vraiment expliquer pourquoi.

❸ D'après vous, évoquer une passion, un hobby que vous pratiquez régulièrement :
☐ **A.** présente peu d'intérêt, car cela n'a pas de rapport avec votre projet professionnel.
☐ **B.** relève du domaine de la vie privée et ne doit donc surtout pas être traité lors de cet entretien.
☐ **C.** permet au jury de mieux cerner votre personnalité et d'en déduire quelles sont les compétences que vous avez pu développer en pratiquant cette activité, ce qui est pertinent.

❹ Lors d'un entretien oral, des expériences ont démontré que :
☐ **A.** le langage non verbal prime sur le langage verbal.
☐ **B.** le langage non verbal n'a aucun impact sur la portée du langage verbal.
☐ **C.** les langages verbal et non verbal ont exactement le même impact sur l'interlocuteur.

❺ Affirmer que l'on ne supporte pas le travail d'équipe lors d'un entretien oral pour intégrer la formation AS contribue à convaincre le jury :
☐ **A.** qu'on a du caractère et que l'on saura donc se faire respecter au sein d'un service.
☐ **B.** qu'on s'intégrera difficilement dans une équipe et que cela risque d'être rédhibitoire pour exercer cette profession.
☐ **C.** qu'on aime travailler seul, ce qui est un avantage pour exercer cette profession.

❻ Si vous craignez d'être dépassé par le stress le jour J, la meilleure solution est :
☐ **A.** de prendre un calmant le matin de façon à être sûr d'arriver détendu à votre entretien.
☐ **B.** de ne rien faire et d'aviser le moment venu.
☐ **C.** d'anticiper cette situation en travaillant en amont sur votre anxiété, grâce à des exercices de sophrologie par exemple.

❼ Si vous avez eu l'opportunité d'échanger avec des professionnels lorsque vous prépariez votre entretien, il vaut mieux :
☐ **A.** évoquer cette information à la toute fin de l'entretien, car il ne s'agit finalement pas d'une donnée primordiale.
☐ **B.** exposer en détail ces rencontres en indiquant ce qu'elles vous ont permis de découvrir sur différents aspects de la profession.
☐ **C.** ne pas en parler, car cela pourrait susciter de la part du jury des questions qui vous mettront en difficulté.

❽ Ne pas être en mesure de donner le montant du salaire d'un AS si on vous pose la question lors de l'entretien :
☐ **A.** démontre que vous êtes bien peu investi dans votre projet professionnel, car c'est une information qu'il est logique d'avoir recherchée si l'on souhaite exercer cette profession.
☐ **B.** démontre que vous êtes très motivé puisque l'aspect financier n'a aucune importance à vos yeux, l'essentiel étant pour vous d'aider les autres.
☐ **C.** ne démontre rien : connaître le salaire d'un AS ne présente pas d'intérêt particulier dans cette situation.

❾ Lors de l'entretien, les questions visant à évaluer votre connaissance de l'actualité sont :
☐ **A.** très improbables, car elles sont sans lien avec votre projet professionnel et n'apporteront donc aucune information pertinente au jury.
☐ **B.** strictement interdites dans le déroulé de l'entretien et donc scrupuleusement évitées par le jury.
☐ **C.** tout à fait possibles, car elles permettent au jury d'évaluer votre ouverture sur le monde.

❿ Les questions portant sur le contenu de la formation AS sont :
☐ **A.** très improbables, car tant que le jury n'est pas certain de vous permettre d'accéder à cette formation, savoir si vous en connaissez les modules ne présente pas d'intérêt.
☐ **B.** indispensables, car le jury veut s'assurer que vous êtes capable d'apprendre par cœur des informations.
☐ **C.** très probables, car prétendre souhaiter intégrer une formation dont on ne connaît pas le contenu démontre une motivation bien faible.

3. Test de connaissances en culture sanitaire et sociale

Entraînement

Un ou plusieurs choix sont possibles :

❶ L'actualité sanitaire et sociale de l'année 2022 a été marquée par :
☐ **A.** la création d'un nouveau ministère dédié à la Solidarité et aux Personnes âgées.
☐ **B.** une nouvelle loi santé.
☐ **C.** la fin de la crise liée à la covid-19.

❷ Les droits du patient ont fait l'objet d'une loi majeure qui leur est consacrée, datant de l'année :
☐ **A.** 2000
☐ **B.** 2009
☐ **C.** 2002
☐ **D.** 2022

❸ Le sigle EHPAD renvoie à une structure chargée :
☐ **A.** de veiller à la sécurité des enfants handicapés.
☐ **B.** de sanctionner les violences contre les mineurs.
☐ **C.** de prendre en charge les personnes âgées à domicile.
☐ **D.** d'héberger les personnes âgées dépendantes.

❹ Les patients peuvent bénéficier des droits suivants :
☐ **A.** Obtenir des informations claires et précises sur leur état de santé.
☐ **B.** Choisir un professionnel de santé pour des soins.
☐ **C.** Participer à la décision médicale.
☐ **D.** Être représentés à tous les niveaux du système de santé par les représentants des usagers.

❺ Les politiques de santé publique concernent :
☐ **A.** l'alimentation.
☐ **B.** l'environnement.
☐ **C.** la lutte contre les conduites addictives.
☐ **D.** le chômage.

❻ Les professionnels de santé sont soumis à ces vaccinations obligatoires :
☐ **A.** la grippe.
☐ **B.** la diphtérie.
☐ **C.** l'hépatite B.
☐ **D.** la varicelle.
☐ **E.** la Covid-19.

❼ En 2023, une Convention citoyenne a rendu un rapport sur :
☐ **A.** l'organisation du système de santé.
☐ **B.** l'accès direct aux kinésithérapeutes.
☐ **C.** la fin de vie.
☐ **D.** les études infirmières.

4. Test sur les compétences rédactionnelles, d'analyse et aptitudes numériques

Entraînement

Un ou plusieurs choix sont possibles :

❶ Parmi les phrases suivantes, laquelle est correctement rédigée ?
☐ **A.** Je vous aie attendus en vain.
☐ **B.** Parles plus doucement pour ne pas réveiller l'enfant.
☐ **C.** Je me suis permise de vous rappeler ce matin pour vous transmettre l'information.
☐ **D.** Je leur ai indiqué la marche à suivre.

❷ Les termes qui sont synonymes du mot « expérience » sont :
☐ **A.** Faire
☐ **B.** Savoir-faire
☐ **C.** Pratique
☐ **D.** Qualification

❸ Quelle est la forme correcte du mot qui complète la phrase : « Le métier d'AS ... des aptitudes relationnelles » ?

☐ **A.** sollicite
☐ **B.** soliscite
☐ **C.** solicite
☐ **D.** sollicitte

❹ Quelle est la conjugaison correcte du verbe qui complète la phrase : « Il faut recontacter Mme X, bien qu'elle ... appelé ce matin » :

☐ **A.** est
☐ **B.** ait
☐ **C.** aie
☐ **D.** es

❺ Parmi les termes suivants, lesquels sont bien orthographiés ?

☐ **A.** Patiement
☐ **B.** Violemment
☐ **C.** Évidemment
☐ **D.** Aisément

❻ Parmi les propositions suivantes, les tournures correctes sont :

☐ **A.** Je me permets de vous écrire pour...
☐ **B.** Permettez-moi de vous signaler les faits suivants...
☐ **C.** Ce courrier est à l'intention de Mme la Directrice...
☐ **D.** Je me suis permise de vous écrire pour vous signaler...
☐ **E.** Je voudrais apporter à votre attention les éléments qui suivent...

❼ La phrase ne comportant aucune faute d'orthographe est :

☐ **A.** J'ai acquéri de nouvelles compétences.
☐ **B.** J'ai dissout les médicaments orodispersibles.
☐ **C.** J'ai craint de n'avoir rien à dire.
☐ **D.** J'ai ommis de parler de cette belle expérience.

Corrigé n° 1

❶ **D.** ❷ **D.** ❸ **A.** et **C.** ❹ **B.** ❺ **B.** ❻ **B.** et **D.**

Corrigé n° 2

❶ **B.** ❷ **A.** ❸ **C.** ❹ **A.** ❺ **B.** ❻ **C.** ❼ **B.** ❽ **A.** ❾ **C.** ❿ **C.**

Corrigé n° 3

❶ **A.** ❷ **B.** ❸ **A.** et **D.** ❹ **A. B. C.** et **D.** ❺ **A. B.** et **C.** ❻ **B.** et **E.** ❼ **C.**

Corrigé n° 4

❶ **D.** ❷ **B. C.** et **D.** ❸ **A.** ❹ **B.** ❺ **B. C.** et **D.** ❻ **B.** et **E.** ❼ **C.**

Planning de préparation

PÉRIODE		TRAVAIL À EFFECTUER	NOS OUTILS
Entre mai et juin pour une rentrée en septembre. Entre juillet et octobre pour une rentrée en janvier. Comptez au minimum une semaine pour chaque phase.	Période 1	Se renseigner auprès des instituts des dates et des procédures de sélection : retrait et dépôt du dossier complété *via* Internet ou par voie postale.	p. 20
	Période 2	Réunir les pièces du dossier en fonction de sa situation. Prévoir les délais nécessaires pour récupérer par exemple des attestations employeur ou la copie des diplômes obtenus.	p. 20
	Période 3	Définir son projet professionnel. Se renseigner sur le métier ciblé (sites Internet, reportages, rencontres avec des professionnels, stages de découverte, etc.)	p. 25
	Période 4	Préparer son CV.	p. 35
	Période 5	Développer sa culture générale et professionnelle (fiches de cours, ouvrages, reportages, suivi de l'actualité, etc.)	p. 57 p. 193
	Période 6	Rédiger sa lettre de motivation.	p. 42
	Période 7	Rédiger le document manuscrit relatant soit une situation personnelle ou professionnelle vécue, soit un projet professionnel en lien avec les attendus de la formation.	p. 48
Selon les dates prévues par les instituts. Commencez votre préparation au moins deux à trois semaines avant la date de l'entretien.	Période 8	Se renseigner sur les dates des entretiens et leur déroulé et préparer son entretien.	p. 95
	Période 9	Développer sa boîte à outils personnelle pour maîtriser la situation de l'entretien (gestion du stress, rencontre avec le jury, mise en valeur de ses compétences).	p. 111

PARTIE 1

Constituer son dossier et valoriser sa candidature

1. Préparer votre dossier d'inscription

1. Où s'inscrire ?

L'arrêté du 7 avril 2020 dispose que la sélection pour l'entrée en IFAS se fait sur dossier déposé directement auprès des instituts de formations visés par le candidat, selon un calendrier qui est notifié sur le site de l'institut.

Lorsque les instituts organisent leur sélection en groupement de deux ou plusieurs instituts membres, le dépôt du dossier auprès de l'institut de formation pilote vaut pour l'ensemble des membres du groupement.

2. Qui est concerné ?

Les personnes qui souhaitent être candidates doivent être âgées d'au moins 17 ans à la date d'entrée en formation et relever de ces trois situations :

– la formation initiale : il s'agit des candidats néo-bacheliers ou ayant obtenu leur bac depuis moins de 4 ans ;

– la formation professionnelle continue, sans condition de durée : ce sont les candidats qui ont déjà intégré le monde du travail et en particulier les agents des services hospitaliers qualifiés. Chaque IFAS doit réserver 20 % de places aux agents des services hospitaliers qualifiés de la fonction publique hospitalière qui comptent au moins 3 années de fonction. Leur sélection est assurée par l'employeur ;

– la validation des acquis de l'expérience professionnelle : ce sont les candidats en reconversion ou réorientation professionnelle qui peuvent faire valider une partie de leur parcours professionnel *via* la VAE.

3. Comment s'inscrire ?

Le dossier d'inscription est téléchargeable *via* le site de l'institut qui transmet toutes les informations relatives aux modalités d'organisation de la sélection, au nombre de places ouvertes et au calendrier prévisionnel de publication des résultats.

CONSEIL DU FORMATEUR

Nous vous invitons à consulter régulièrement les sites des IFAS pour vous tenir informé des dernières modalités de sélection.

4. Quel est le calendrier de la sélection ?

Pour une entrée en septembre, la sélection se déroule entre le 25 mai et le 10 juin. Pour une entrée en janvier, la sélection se déroule généralement entre mai et septembre, voire début octobre.

Il convient de se renseigner sur le site de l'institut visé, chacun ayant sa propre organisation.

Chaque institut fixe le calendrier des différentes phases entre le moment de la clôture des inscriptions et la communication des résultats des candidats admis. Ces informations, et notamment la date de proclamation des résultats de l'admissibilité, vous seront précisées lorsque vous retirerez le dossier d'inscription.

Une fois ce dernier enregistré, vous recevez un récépissé d'inscription qui valide cette première phase. Si vous êtes admissible à l'oral, vous recevrez une convocation personnelle, généralement deux semaines avant l'entretien, précisant l'ensemble des informations nécessaires (date, lieu, horaire, plan d'accès).

À l'issue des entretiens, et après le délai indiqué par l'institut, les résultats de l'admissibilité sont individuellement notifiés à chaque candidat par le directeur de l'institut (par courrier ou courriel). Vous devrez confirmer votre inscription ou faire part de votre refus dans un délai déterminé par l'institut (généralement une semaine à compter de la date où les résultats ont été communiqués). Sans cette confirmation, ou si vous refusez, la place est accordée à un candidat inscrit en liste complémentaire.

Attention ! Très souvent, les instituts refusent de transmettre les résultats par téléphone. Assurez-vous d'avoir donné les bonnes adresses postale et électronique et vérifiez le dossier des mails indésirables fréquemment pour ne pas perdre d'informations. Généralement les résultats sont affichés dans les instituts et sur leur site internet, selon le choix de l'établissement.

CONSEILS DU FORMATEUR

L'institut que vous voulez intégrer reste votre interlocuteur principal. Lisez bien les informations données avec le dossier d'inscription ou sur le site internet pour adapter votre dossier aux exigences spécifiques qui peuvent également être conditionnées par les mesures sanitaires en vigueur en cette période d'épidémie.

5. Que contient le dossier d'inscription ?

En plus d'un formulaire de renseignements administratifs, les candidats doivent joindre à leur dossier les pièces suivantes :
1° Une pièce d'identité en cours de validité ;
2° Une lettre de motivation manuscrite ;
3° Un *curriculum vitæ* ;
4° Un document manuscrit relatant, au choix du candidat, soit une situation personnelle ou professionnelle vécue, soit son projet professionnel en lien avec les attendus de la formation. Ce document n'excède pas deux pages ;
5° Selon la situation du candidat, la copie des originaux de ses diplômes ou titres traduits en français ;
6° Le cas échéant, la copie de ses relevés de résultats et appréciations ou bulletins scolaires ;
7° Selon la situation du candidat, les attestations de travail, accompagnées éventuellement des appréciations et/ou recommandations de l'employeur (ou des employeurs) ;
8° Pour les ressortissants hors Union européenne, une attestation du niveau de langue française requis C1 et un titre de séjour valide pour toute la période de la formation.
Les candidats peuvent joindre tout autre justificatif valorisant un engagement ou une expérience personnelle (associative, sportive…) en lien avec la profession d'aide-soignant.

6. Quelle est la procédure pour les candidats en situation de handicap ?

L'inclusion des personnes en situation de handicap est une obligation légale pour tous les établissements. La loi interdit toute forme de critères discriminatoires qui constitueraient un frein à l'accès à la formation pour cause de handicap ou d'un problème de santé invalidant.

Si vous vous trouvez dans cette situation, vous pouvez demander un aménagement des conditions de déroulement de l'entretien. Contactez l'institut pour obtenir tous les renseignements.

7. Quels sont les attendus de la formation ?

L'arrêté du 7 avril 2020 a défini une liste d'attendus et de critères nationaux pour apprécier les connaissances et les aptitudes requises pour suivre les formations en IFAS, tant dans un cadre scolaire que professionnel, associatif ou autre. Votre dossier de candidature sera apprécié sur la base de ces critères et attendus. Un certain nombre de pièces sont demandées en version manuscrite afin de s'assurer de vos aptitudes en expression écrite. Les aptitudes en expression orale seront évaluées au cours de l'entretien.

Attendus	Critères
Intérêt pour le domaine de l'accompagnement et de l'aide à la personne notamment en situation de vulnérabilité	Connaissances dans le domaine sanitaire, médico-social, social ou sociétal
Qualités humaines et capacités relationnelles	- Aptitude à faire preuve d'attention à l'autre, d'écoute et d'ouverture d'esprit - Aptitude à entrer en relation avec une personne et à communiquer - Aptitude à collaborer et à travailler en équipe
Aptitudes en matière d'expression écrite, orale	- Maîtrise du français et du langage écrit et oral - Pratique des outils numériques
Capacités d'analyse et maîtrise des bases de l'arithmétique	- Aptitude à élaborer un raisonnement logique à partir de connaissances et de recherches fiables - Maîtrise des bases de calcul et des unités de mesure
Capacités organisationnelles	Aptitude d'observation, à s'organiser, à prioriser les activités, autonomie dans le travail

8. Quelles sont les obligations vaccinales ?

Pour être admis en IFAS, vous devez produire un certificat médical de non-contre-indication à la profession d'aide-soignant, à faire compléter par un médecin agréé par l'Agence régionale de santé. Ce certificat atteste de l'absence de toute contre-indication physique et physiologique à l'exercice de la profession et de la situation vaccinale à jour. Le candidat doit être à jour de la vaccination contre la diphtérie, le tétanos et le poliomyélite (vaccin DTP), contre l'hépatite B et contre la tuberculose. C'est l'article L. 3111-4 du Code de la santé publique qui en dispose dans son alinéa 2 précisant qu'« au moment de leur inscription dans un établissement d'enseignement et au plus tard avant de commencer leurs stages dans un établissement ou organisme public ou privé de prévention ou de soins, les candidats apportent la preuve qu'ils satisfont aux obligations d'immunisation mentionnées à l'article L. 3111-4. À défaut, ils ne peuvent effectuer leurs stages ». D'autres vaccinations sont fortement recommandées : ROR (rubéole, oreillons, rougeole), coqueluche, varicelle (si non immunisé). Tous les candidats doivent pouvoir justifier d'un schéma vaccinal valide.

MÉMO DU DOSSIER D'INSCRIPTION

■ **5 conseils à suivre pour rendre un dossier complet en temps et en heure :**

1. **Rendez un dossier complet :** lisez attentivement les informations relatives à l'inscription affichées sur le site de l'institut que vous voulez intégrer, un dossier incomplet ne sera pas traité.
2. **Respectez les modalités demandées :** bien que les informations généralistes au sujet des modalités soient souvent les mêmes d'un site à l'autre, puisqu'elles sont réglementairement fixées, chaque institut livre des informations sur sa propre organisation (dates, modalités d'envoi ou de réception du dossier, adresse mail ou postale, etc.).
3. **Organisez les pièces du dossier :** classez les pièces demandées dans l'ordre de la liste définie par l'arrêté du 7 avril 2020. Cela est souvent demandé par les instituts pour s'assurer que rien ne manque.
4. **Vérifiez les adresses d'envoi :** faites bien attention en notant l'adresse mail pour l'envoi du dossier et respectez, lorsque cela est demandé, l'intitulé de l'objet.
5. **Renseignez-vous :** au moindre doute ou question, contactez le secrétariat pour clarifier votre situation, demander conseil ou être orienté pour l'obtention d'un document qui viendrait à manquer à votre liste, ou pour être renseigné sur les modalités de sélection.

■ **5 conseils pour réussir son inscription :**

1. **Prenez de l'avance pour les démarches administratives :** les délais pour préparer le dossier sont suffisamment longs pour laisser le temps de réunir toutes les pièces nécessaires, notamment les attestations d'employeurs lorsqu'il faut les récupérer auprès d'eux. Vérifiez que vos documents d'identité sont en cours de validité, et que votre statut vaccinal est à jour. Tenez compte également des délais pouvant atteindre jusqu'à 6 mois pour être à jour de ses vaccinations.
2. **Personnalisez votre dossier :** Internet en propose beaucoup, mais c'est votre personnalité qui devra transparaître dans le CV, la lettre de motivation et l'argumentaire de l'expérience personnelle ou du projet professionnel.
3. **Valorisez vos expériences :** grande ou petite, scolaire, professionnelle ou personnelle, chacune aura un intérêt et trouvera sa place pour valoriser vos compétences, aptitudes, savoirs... même imparfaits.
4. **Renseignez-vous sur la vie de l'établissement :** le contenu des études d'aide-soignant varie peu d'un institut à l'autre. En revanche chaque établissement se distingue par son organisation, son esprit et sa philosophie de l'accompagnement des étudiants. Restez à jour en consultant les sites Internet des établissements du groupement que vous voulez intégrer.
5. **Remettez-vous à niveau :** rafraîchissez vos connaissances en maîtrise de la langue, en biologie humaine et en aptitudes numériques. C'étaient les épreuves phares des concours supprimés en 2020 et cela vous assurera plus de facilités pour garantir des rédactions claires, concises et sans fautes d'orthographe, et pour être plus à l'aise avec les cours pendant la formation. C'est aussi une preuve supplémentaire de votre motivation pour entrer en formation AS.

2. Définir votre projet professionnel

1. Qu'est-ce qu'un projet professionnel ?

Le projet professionnel est marqué par la volonté d'emprunter une voie professionnelle précise. On détermine ce choix en analysant ses points forts et ses points faibles, les tendances naturelles qui marquent le rapport qu'on construit entre soi et le monde, et entre soi et les autres.

Devenir aide-soignant, c'est entrer dans le monde du soin, de la sollicitude, de l'attention portée à l'autre, du don de soi. Par le passé, ces métiers du soin étaient vus comme des activités pour lesquelles les professionnels avaient une vocation. Aujourd'hui, marqués par un manque d'attractivité, ces secteurs pâtissent surtout d'une réputation de pénibilité et de faible rémunération.

L'entrée en formation pour ce métier nécessite donc de mener une véritable analyse du parcours personnel et professionnel qui sera propre à chacun. Il vous faut montrer dans le dossier que vous êtes capable de cette introspection. C'est à cette condition que la pertinence de votre candidature transparaîtra dans les trois documents-clés présents dans votre dossier :

- le *curriculum vitæ* : il montre les choix et le parcours de votre vie personnelle et professionnelle ;
- la lettre de motivation : elle personnalise votre candidature et individualise votre profil ;
- la rédaction du projet professionnel ou de la situation personnelle ou professionnelle vécue : elle montre non seulement la cohérence du propos entre ces trois documents, mais aussi votre capacité à transmettre l'information, à argumenter, à expliquer et à donner sens à votre parcours et à votre projection dans ces métiers.

2. Un projet adapté à chaque situation et parcours de vie

Il peut être difficile pour les jeunes bacheliers de mener cette analyse et ils doivent lever en premier lieu le barrage que peut représenter la crainte d'une expérience professionnelle faible ou inexistante. Ce n'est pas sans raison que les attendus nationaux laissent un large choix en matière d'illustration des compétences des candidats et invitent les responsables de formation à détecter des potentiels.

Si vous êtes dans cette situation, vous devrez jouer l'effet de compensation. Vous ne connaissez certes pas le monde du travail de la même façon qu'un professionnel qui y a déjà passé quelques années, mais vous avez d'autres atouts : à vous de les mettre en valeur après avoir bien compris les attendus de la formation et exploité toutes vos expériences personnelles, scolaires et extrascolaires.

À l'inverse, il peut être compliqué pour une personne en reconversion professionnelle d'expliquer le changement de cap et de démontrer sa capacité à reprendre une scolarité, qui plus est en compagnie d'élèves plus jeunes que soi. Ce n'est pas sans raison que la loi du 5 septembre 2018 relative à la liberté de choisir son avenir professionnel a renforcé les dispositifs facilitant la formation tout au long de sa vie, en se formant *via* la reconversion. À vous de mettre en avant vos capacités de souplesse, d'adaptabilité, votre détermination à mener votre projet jusqu'au bout.

En définitive : construire un projet professionnel c'est se donner un objectif clair et bâtir une stratégie adaptée pour l'atteindre en le conjuguant à son projet personnel. Vous voulez être aide-soignant dans un peu moins d'un an, mais dans quel secteur ? Dans quelle région ? Dans quelles circonstances précises de votre vie ? Il est évident que si le projet professionnel de devenir un auxiliaire médical peut être partagé par toutes celles et ceux qui ont cet ouvrage entre les mains, chacune et chacun donnera une réponse différente à ces questions.

C'est pourquoi vous devrez réfléchir à la construction d'un véritable projet de vie. Sans qu'il soit définitif, cela vous permettra d'en définir un à terme plus ou moins déterminé.

3. Adopter une démarche projet efficace

Vous pouvez adopter un cheminement en quatre étapes-clés. Inutile de préciser que cela ne se fera pas en une ou deux heures. Ne comptez pas le temps et les efforts pour suivre les étapes dans l'ordre, réfléchir, écrire, trier, hiérarchiser, organiser, réorganiser… jusqu'à ce que vous parveniez à un ensemble avec lequel vous serez à l'aise.

Vous vous serez ainsi entraîné à la persévérance, un atout majeur pour traverser 10 mois de formation : un dossier bien préparé se distingue d'emblée par sa qualité. N'oubliez pas que cette phase d'écriture est essentielle aussi pour anticiper l'oral, car le jury vérifiera à cette occasion la cohérence de votre discours.

En travaillant selon ces quatre étapes vous parviendrez :

– à **dégager les lignes de force de votre personnalité** que vous saurez traduire en termes de qualités exploitables dans les métiers de soins ;

– à **mieux connaître le métier** d'aide-soignant au-delà de ce qu'on en sait généralement ou bien de l'idée que l'on s'en fait ;

– à **comprendre vos motivations**, pourquoi au fond êtes-vous attiré par le métier d'aide-soignant, au-delà du fait que vous aimez bien rendre service aux gens ou que vous adorez les petits enfants ;

– à **analyser vos forces et vos faiblesses**, tout doit être pris en compte pour que votre projet soit bien élaboré et que vous anticipiez ce qui peut l'être.

Cette réflexion vous donnera la garantie que vous êtes sur le bon chemin et que cette formation est adaptée à vos aspirations et à votre un projet de vie. C'est d'autant plus important pour les personnes relevant de la formation continue qui peuvent ainsi entraîner leur famille dans ce projet, ou qui écrivent un nouveau chapitre de leur vie.

Faites les exercices, à plusieurs reprises si nécessaire, pour chacune des étapes suivantes. Soyez créatif et inventez-en d'autres dans la même veine. L'objectif est ici de susciter la réflexion, de mobiliser vos ressources pour trouver des idées, et de leur donner forme en recherchant les bons termes pour les exprimer. N'hésitez pas à utiliser un dictionnaire de synonymes, papier ou numérique, pour varier les formulations et élargir votre vocabulaire.

A. Étape 1 : apprenez à définir votre personnalité

La personnalité est ce qui fait de chacun de nous un individu à part entière : elle est définie par nos idées, nos croyances, nos opinions, etc., qui évoluent ou s'adaptent aux situations de vie, dans le domaine personnel aussi bien que professionnel.

Exercice 1 : jouez au portrait chinois

Complétez la deuxième colonne du tableau suivant aussi rapidement et instinctivement que possible. Puis complétez la troisième. Vous pouvez ajouter autant de mots que vous le voulez dans la première colonne et poursuivre le même travail.

Si j'étais	Je serais	Pourquoi ?
Un animal		
Un objet		
Un personnage de série télé		
Un plat		
Un héros/une héroïne historique		
Un chanteur/une chanteuse		
Un film		
Un instrument		
Une fleur		
Un pays		
Un livre		
Un fruit		
Un président		
Une ville		
Une divinité grecque ou romaine		
Un …		

Parcourez enfin le tableau en entier en lisant les intitulés horizontalement. Formulez des mots sur ce que cela vous inspire sur vous-même, tels qu'ils vous viennent à l'esprit par association libre.

Essayez ensuite d'établir tous les liens possibles avec le métier d'AS. Cela vous fournit de nouveaux éléments à utiliser dans vos différentes rédactions, pour parler de vous, de votre univers, de votre personnalité, et de vos projets.

Exercice 2 : déterminez vos qualités et vos défauts

Les premières vont rarement sans les seconds. Faites le test : complétez les deux colonnes du tableau suivant :

Qualités	Défauts

Puis, dans le tableau suivant, entourez dans chaque colonne les termes qui vous représentent le mieux :

Qualités			Défauts		
À l'écoute	Engagé	Réfléchi	Agressif	Énigmatique	Naïf
Accueillant	Entreprenant	Résistant	Anxieux	Envieux	Narcissique
Adroit	Épanoui	Respectueux	Arbitraire	Étourdi	Négligent
Aidant	Humble	Rigoureux	Autoritaire	Excentrique	Nerveux
Aimable	Infatigable	Sérieux	Avare	Fataliste	Obstiné
Ambitieux	Intègre	Serviable	Bagarreur	Froid	Obtus
Apaisant	Intuitif	Soigneux	Bavard	Hautain	Orgueilleux
Appliqué	Inventif	Souriant	Blasé	Hésitant	Passif
Assidu	Jovial	Stable	Boudeur	Immature	Pédant
Attentif	Joyeux	Stimulant	Brouillon	Impatient	Plaintif
Attentionné	Mature	Structuré	Bruyant	Imprudent	Présomptueux
Audacieux	Motivé	Studieux	Cachottier	Inattentif	Procrastinateur
Authentique	Objectif	Sympathique	Capricieux	Inconstant	Superficiel
Bienveillant	Ordonné	Talentueux	Calculateur	Indécis	Tatillon
Calme	Original	Tenace	Casse-cou	Indiscret	Têtu
Charismatique	Ouvert d'esprit	Tendre	Catastrophiste	Influençable	Vaniteux
Collaborateur	Pacificateur	Tolérant	Caustique	Insouciant	Versatile
Communicatif	Patient	Vigoureux	Coléreux	Intéressé	Vulgaire
Compétitif	Persévérant		Cynique	Jaloux	
Compétent	Persuasif		Débordé	Laxiste	
Consciencieux	Philosophe		Défaitiste	Lent	
Constant	Pondéré		Dépensier	Manipulateur	
Convainquant	Pointilleux		Désinvolte	Méchant	
Créatif	Pragmatique		Désobéissant	Médisant	
Débrouillard	Prévenant		Désorganisé	Méfiant	
Décontracté	Prévoyant		Distrait	Mégalomane	
Discret	Protecteur		Docile	Menteur	
Efficace	Rapide		Égocentrique	Mesquin	
Éloquent	Rassurant		Égoïste	Misogyne	
Endurant	Réaliste		Émotif	Moqueur	

Pour finir, posez-vous les questions suivantes :

1. Dans quelles circonstances les caractéristiques que vous avez notées ont-elles été perceptibles dans votre vie ?

2. Quelles en ont été les conséquences (bonnes ou mauvaises) dans vos relations interpersonnelles ou dans la manière dont vous envisagez les relations professionnelles ?

3. Comment ont-elles impacté le regard que vous portez sur vous-même ?

4. Quels éléments vous semblent être les plus importants à retenir pour votre projet ? Pourquoi ?

B. Étape 2 : apprenez à bien connaître le métier qui vous intéresse

Exercice 1 : ce que je connais du métier d'aide-soignant

Faites le test suivant en répondant aux questions et en vous aidant des propositions de réflexion pour rédiger vos réponses. Cet exercice permet de vous aider à aller chercher dans votre passé des expériences qui auraient pu être oubliées, de faire le lien entre votre vie et les spécificités du métier que vous ciblez :

1. Comment avez-vous découvert le métier d'aide-soignant ?

Contextualisez éventuellement la situation où cette idée vous est apparue : stage de découverte en Troisième, rencontre avec un professionnel du métier, expérience personnelle d'hospitalisation, proche qui exerce ce métier, etc.

2. Quelle est pour vous la principale qualité que doit posséder un aide-soignant ?
Nommez la qualité puis argumentez : pourquoi est-elle importante ? Comment se manifeste-t-elle ? Dans quelles circonstances ? En impliquant quelles personnes ?

3. Puis posez-vous la même question sur vous-même. Si vous pensez avoir cette qualité, cherchez les situations où elle vous a servi (ou desservi).

4. Où exerce un aide-soignant ?
Notez sous forme de liste les environnements professionnels concernés.
Puis demandez-vous si vous avez, d'une façon ou d'une autre, fréquenté ces milieux, pourquoi et dans quelles circonstances.

5. Que contient le programme d'études AS ?
Ce sera l'occasion de vérifier que vous avez compris le contenu de la formation. Cela permettra aussi de faire des liens soit avec des matières qui avaient déjà vos préférences dans vos études antérieures, soit avec des expériences professionnelles où de tels contenus pouvaient être mobilisables. La formation d'aide-soignant a enfin bénéficié en 2021 de la tant attendue réingénierie qui modifie le contenu de la formation. Il est important de vous familiariser avec les nouveautés introduites.

En faisant ainsi le point sur la réalité du métier que vous souhaitez exercer plus tard, vous comprendrez si vos compétences et qualités sont en adéquation avec cette profession. Pour en apprendre davantage sur ce volet, référez-vous à la partie de l'ouvrage consacrée aux spécificités du métier et à l'organisation des études.

Exercice 2 : exploiter les témoignages de professionnels

Découvrez les professionnels du métier soit sur le terrain, soit *via* des reportages, témoignages, sites web, documentaires, ouvrages, etc. Dans un moteur de recherche vous pouvez entrer les mots-clés « témoignages aide-soignant ».

Pour réaliser cet exercice, consultez sur la chaîne YouTube du CHU de Rennes le témoignage d'une aide-soignante : « C'est quoi être aide-soignant(e) à l'hôpital ? » (1:54 min).

Après avoir écouté attentivement les propos de cette professionnelle, répondez aux questions suivantes :

1. Qu'avez-vous appris sur le métier ?

2. Qu'est-ce qui vous a intéressé ? Pourquoi ?

3. Quels éléments, dans ce témoignage, correspondent à vos motivations ?

4. En quoi ce témoignage confirme-t-il votre envie de devenir AS ?

5. Qu'est-ce qui pourrait constituer un frein, un obstacle à lever ?

C. Étape 3 : projetez-vous pour tester votre motivation et vos compétences

Les exercices suivants vous amèneront à réfléchir sur votre intelligence émotionnelle. Daniel Goleman, un psychologue américain qui a étudié de près cette approche, nous apprend que cette intelligence nous permet de savoir intercepter nos états émotionnels et de mieux les contrôler en les comprenant et en les analysant.

Cela amène en outre à améliorer la conscience et la maîtrise de soi, et à mieux gérer les relations interpersonnelles, entre autres.

Exercice 1 : projetez-vous dans l'avenir

Vous voici le personnage principal du film *Retour vers le futur* et la magie de la fiction vous a projeté dans 5 ans :

1. Quel poste occupez-vous ? Dans quel secteur ? Qu'y faites-vous ?

2. Une fois les réponses écrites ou dites à voix haute, prêtez attention à ce que vous ressentez.
Analysez cette sensation et nommez le sentiment puis l'émotion suscitée. Un sentiment est une nuance ou un impact d'une émotion plus profonde ou encore une émotion qui s'installe dans la durée. Si les sentiments sont fort nombreux, les émotions, elles, sont bien plus restreintes : la joie, la peur, la colère, la tristesse.

3. Cherchez ensuite d'autres circonstances dans votre vie où vous avez éprouvé les mêmes sentiments et émotions et décrivez-les.

Exercice 2 : développez votre intelligence émotionnelle

Complétez le tableau suivant avec des mots qui se rapprochent du sens du mot qui figure en haut de chaque colonne :

Joyeux	En colère	Triste	Surpris	Stressé	Dégoûté

Utilisez éventuellement le dictionnaire pour trouver d'autres synonymes pour chaque mot. Travaillez ensuite les questions suivantes : rédigez des phrases complètes, c'est aussi l'occasion de renouer avec l'écriture, d'élaborer un style personnel, de réviser l'orthographe. Vous constaterez l'intérêt de cet exercice lorsque viendra le moment des rédactions plus conséquentes, lettre de motivation et projet.

1. Soulignez les termes qui vous « parlent » le plus. Pourquoi attirent-ils votre attention ?

2. Dans quelles circonstances avez-vous éprouvé ce sentiment, cette émotion, ce ressenti ?

3. Quels liens pouvez-vous établir avec le métier AS ?

4. Interrogez-vous : par rapport à ce que vous avez appris sur le métier ciblé, qu'est-ce qui vous met en joie, vous rend triste, vous inquiète, vous fait peur ?

Cet exercice est utile pour faire travailler votre intelligence émotionnelle. Les métiers de soin sont des métiers où la charge émotionnelle est importante. Ils nécessitent non pas une capacité à mettre ses émotions de côté, comme on peut l'entendre parfois dans la bouche des candidats qui s'imaginent probablement que la blouse est une carapace de protection, mais plutôt une capacité à comprendre son état émotionnel, à le reconnaître, à l'accepter et à le gérer. Ils requièrent aussi la faculté de comprendre l'état émotionnel de l'autre, de l'accepter, de le canaliser et de ne pas mal l'interpréter ou de le surinterpréter. Cela s'appelle l'empathie, soit la capacité à se mettre à la place de l'autre et à percevoir ce qu'il ressent.

D. Étape 4 : apprenez à connaître et à exploiter vos forces et vos faiblesses

Préparer votre projet professionnel et faire le bilan qu'il nécessite vous oblige à examiner votre parcours sous tous ses aspects.

Vos forces sont les compétences que vous avez développées au fur et à mesure de votre progression dans la vie personnelle et professionnelle.

Vos faiblesses sont également le fruit de votre parcours. Conscientes ou inconscientes, elles peuvent parfois freiner votre élan, votre ouverture, votre envie de relever de nouveaux défis comme celui de traverser les différentes phases d'une sélection.

Exercice 1 : faites le bilan de vos forces et de vos faiblesses

Voici un modèle de tableau à utiliser pour ce travail :

FORCES	FAIBLESSES
Notez ici vos atouts, compétences, expériences, qualités, etc., ce qui vous conforte dans votre projet.	Notez ici vos difficultés, freins, défauts, expériences négatives, craintes, etc., tout ce que vous ressentez comme un poids lorsque vous vous lancez dans de nouveaux projets.
OPPORTUNITÉS	**MENACES**
Notez ici tous les nouveaux horizons que les éléments de la catégorie **FORCES** vous ont permis d'ouvrir et d'expérimenter.	Notez ici tous les freins identifiés et provoqués par les éléments listés dans la catégorie **FAIBLESSES**.

Chaque élément de la catégorie **FORCES** fait écho à un élément de la catégorie **OPPORTUNITÉS**, et idem pour le binôme **FAIBLESSES/MENACES**.

Vous pouvez aussi vous aider du tableau modèle ci-dessous qui a été rempli par un candidat préparant la sélection aide-soignant. Il illustre la manière dont vous pourrez l'utiliser à votre tour et vous aidera à repérer quelques éléments susceptibles de vous inspirer dans cette réflexion. Vous pourrez bien évidemment le compléter avec d'autres éléments adaptés à votre parcours ou inspirés par vos expériences. Un candidat a rempli le tableau avec les forces et les faiblesses qu'il a identifiées en analysant son parcours, puis avec toutes les opportunités et menaces qui en sont les conséquences. Si les termes utilisés dans ce tableau vous représentent aussi, servez-vous en pour les mettre en lien en les personnalisant à travers votre propre parcours, vos expériences, vos ressentis, ce qui vous a fait avancer dans votre vie.

Exemple de tableau d'évaluation des forces et faiblesses

FORCES	FAIBLESSES
- Communication - Négociation - Organisation - Motivation - Capacité à travailler sous pression - Gestion du temps - Confiance en ce que j'ai à offrir - Résolution de problèmes - Esprit d'initiative - Force de persuasion - Esprit d'équipe et de collaboration	- Sensible - Émotif - Stresse facilement - Obstiné - Impatient - Peu à l'aise au sein de grands groupes - Perfectionniste - Facilement déconcentré dans une ambiance bruyante - Peu à l'aise avec les outils informatiques
OPPORTUNITÉS	**MENACES**
- Adaptabilité aux évolutions professionnelles de mon parcours - Travail en réseau - Régularité dans le rythme de travail - Ténacité - Reconnu par ses collègues et la hiérarchie - Élargissement de compétences en communication par les différents postes occupés - Ouverture à des métiers de soin - Transmission de connaissances en accompagnement de jeunes recrues	- Impact émotionnel fort des situations stressantes - Susceptibilité - Est déstabilisé en situation de stress - Image donnée de soi - Risque de se disperser si trop chargé - Pointilleux – perte de temps

Attention, il ne s'agit pas de se limiter aux termes notés dans le tableau, il faut bien évidemment penser à chaque fois aux situations au cours desquelles elles se sont manifestées et ensuite en valider la pertinence pour le projet en cours.

Une fois que vous aurez défini les informations que vous voulez absolument retenir pour votre lettre de motivation ou la rédaction du document manuscrit, il vous restera à parfaire l'argumentaire de vos motivations et à les inclure dans la préparation du canevas de l'analyse de votre parcours.

Exercice 2 : construisez le canevas d'analyse de votre parcours

Vous voilà enfin prêt à synthétiser l'ensemble des informations que ces quatre étapes vous ont amené à récolter. Cette synthèse doit vous faire travailler les mots-clés qui seront ensuite disséminés dans vos rédactions (lettre de motivation, CV, document manuscrit).

Gardez le dictionnaire à portée de main pour varier les formulations et trouver les mots qui sonnent juste pour vous, qui reflètent au mieux votre personnalité et traduisent avec exactitude vos compétences et le déroulement de votre parcours.

MÉMO DE LA DÉFINITION DU PROJET PROFESSIONNEL

■ **10 conseils à suivre pour définir clairement votre projet professionnel :**

1. **« Connais-toi toi-même » disait Socrate**, c'est un gage de savoir où on va et pourquoi on y va.
2. **Réfléchissez en tête-à-tête avec vous-même.** Ce bilan de parcours est parfois ardu mais extrêmement enrichissant, accordez-lui du temps.
3. **Interrogez vos proches, vos amis sur la façon dont ils vous perçoivent**, demandez leur avis sur la nouvelle orientation que vous prenez, puis interprétez leur propos.
4. **Rédigez, puis revenez sur vos productions à froid** pour vérifier si des modifications s'imposent.
5. **Faites lire votre rédaction à quelqu'un de confiance** qui, sans vous juger, saura repérer les lacunes, les sous-entendus, les oublis, etc.
6. **Prenez le temps nécessaire à la rédaction de votre dossier**, même si c'est un travail difficile.
7. « Vingt fois sur le métier tu remettras ton ouvrage » affirme le dicton populaire : **rédigez, raturez, recommencez, ne vous fiez pas au premier jet**, la qualité vient avec la réécriture.
8. **Rédigez des phrases entières**, en les reliant les unes aux autres par des liens et en assurant ainsi la fluidité du propos.
9. **Soignez votre contenu**, y compris par la lisibilité de votre écriture manuscrite, la rédaction éclairera considérablement le CV et le document manuscrit de 2 pages qui accompagnent le dossier.
10. **Soignez l'orthographe, la syntaxe, le choix des mots appropriés** : cela fait partie des éléments attendus de la formation.

3. Rédiger votre CV

1. Qu'est-ce qu'un CV ?

Un *curriculum vitæ* (CV) est une photographie du parcours scolaire et/ou professionnel du candidat. Il ne peut contenir le détail de toute une vie professionnelle, mais doit faire ressortir l'essentiel de son parcours, intéresser le lecteur qui y percevra facilement l'adéquation avec le métier envisagé.

L'enjeu est important et le défi consiste à atteindre trois objectifs :

- renseigner sur soi ;
- donner envie d'en apprendre plus sur soi ;
- rester concis et précis.

Le CV ne peut être un document manuscrit. Il doit donc être dactylographié et si possible tenir sur une page A4. Si l'expérience professionnelle est dense, il peut compter 2 pages, au-delà cela dénotera une difficulté à synthétiser les informations.

2. Quelques conseils généraux pour préparer votre CV

Bien qu'il soit difficile de donner un modèle valable pour tous, puisque le CV est à l'image de votre parcours, vous pouvez vous aider des éléments suivants :

■ Le CV doit être **actualisé et organisé en rubriques** distinctes : il doit mettre en évidence chronologiquement ou thématiquement l'évolution de la carrière ou du parcours scolaire du candidat, en remontant dans le temps, le plus récent venant en premier.

■ **Les expériences professionnelles, personnelles, extrascolaires**, en particulier celles qui sont les plus en lien avec le métier d'aide-soignant, doivent être valorisées dans la mise en page. Elles doivent aussi évoquer de manière explicite les compétences acquises pendant cette expérience.

■ **La mise en page** doit rester sobre et élégante. Le CV est un document professionnel et doit faciliter la lisibilité et la mémorisation des informations qu'il délivre. Pensez à aérer la présentation et à la rendre agréable à l'œil.

■ Ce document peut également **laisser place à la créativité** et il peut permettre de montrer la maîtrise des outils numériques : pourquoi ne pas tenter un CV sous forme d'infographie, par exemple ? À condition de mesurer votre créativité, bien évidemment, car il ne faut pas trop en faire.

3. Anticiper l'oral

Le CV que vous avez élaboré servira aussi au moment de l'entretien oral. Il faudra donc présenter votre parcours à partir de ce matériau, sans pour autant en faire une restitution mot-à-mot.

Si vous relevez de la formation continue, ce cheminement professionnel pourra être organisé par exemple autour de vos compétences majeures et des expériences-clés de votre vie professionnelle. Il peut aussi partir de l'analyse de votre dernier poste occupé pour rebondir ensuite sur les autres expériences.

Si vous êtes en formation initiale, suivez l'ordre de votre parcours scolaire et explorez toutes les autres expériences réalisées dans ce cadre ou hors cadre scolaire.

4. Modéliser votre CV

Vous pouvez suivre cette trame :

■ **L'état civil et le contact :**

– **Le prénom et le nom :** suivez cet ordre et marquez-les en caractères un peu plus gros que le reste.

– **L'adresse postale et l'adresse mail :** il est important de choisir un contact mail sobre et simple sur le modèle prénom.nom@fournisseur.fr par exemple. Il sera plus facile à recopier et c'est aussi plus adapté aux situations professionnelles. Même si cela vous amène à créer une nouvelle adresse mail, vous aurez toujours la possibilité de transférer les messages vers votre adresse habituelle.

– **Le numéro de téléphone :** veillez à enregistrer une annonce sobre et professionnelle sur votre téléphone. Bannissez les annonces créatives que proposent les opérateurs téléphoniques et qui ne sont pas du meilleur effet dans le monde professionnel.

– **L'âge :** c'est une donnée qui peut avoir son importance, mais il n'est pas obligatoire de le mentionner.

– **La photo :** elle n'est pas non plus obligatoire mais si vous en avez une qui vous met en valeur et sur laquelle vous souriez, elle a l'avantage de personnaliser le CV.

– **Autres :** vous pouvez noter si vous avez le permis, si vous avez des enfants, etc.

■ **L'accroche :** dans cette rubrique vous pouvez noter votre compétence principale ou éventuellement le poste que vous occupez actuellement.

■ **La formation initiale et continue :** diplômes et dates correspondantes (brevet, baccalauréat, mentions, BAFA, permis de conduire, etc.). Cette rubrique est importante dans un CV étudiant et vient compenser la rubrique sans doute moins fournie des expériences professionnelles. Toutes les formes d'études ou de formations sont à prendre en compte, pas uniquement celles qui ont abouti à un diplôme : ex. : première année d'études en lettres modernes ou encore formation « Gestes de premiers secours ».

■ **Les expériences professionnelles :** les grandes comme les petites, toute forme d'expérience qui vous a fait découvrir ou expérimenter le monde du travail. Il faut noter la durée, le poste occupé, le nom, le secteur et le lieu de l'entreprise, les missions accomplies et les compétences développées.

■ **La ou les langues pratiquée(s) :** niveau, séjours linguistiques, expériences en lien avec leur apprentissage, etc.

■ **Les outils informatiques maîtrisés :** maîtrise des logiciels bureautiques fréquemment utilisés.

■ **Les centres d'intérêt :** là aussi, le champ des possibilités est large mais encore faut-il montrer des liens pertinents avec votre projet (monde numérique, sports, hobbies, bénévolat en association, etc.)

Pour construire votre CV, préparez d'abord son canevas, en vous aidant notamment du matériel réuni pendant le travail que vous avez fait sur votre projet professionnel. Les exercices suivants vous montrent deux manières d'aborder l'élaboration du CV à travers des outils stimulant la créativité et la réflexion : les cartes mentales et les applications d'infographie.

A. Exercice 1 : préparer son CV avec les cartes mentales

Dans l'idéal ce schéma doit comporter plusieurs niveaux en partant du centre :

- le premier niveau correspond aux rubriques présentées précédemment (ex. : la formation) ;
- le deuxième niveau correspond à des rubriques intermédiaires (ex. : lycée) ;
- le troisième niveau correspond à un niveau d'illustration (ex. : bac littéraire) ;
- le quatrième niveau correspond à un niveau d'explication (ex. : spécialité théâtre) ;
- le cinquième niveau peut ajouter d'autres éléments illustrant des compétences, des savoirs, des acquis (ex. : ici ce pourrait être une expérience de jeu d'acteur ou de mise en scène).

Construisez une carte mentale avec les rubriques qui sont les plus pertinentes pour vous et placez-y les éléments que vous pourrez présenter dans votre CV.

Exemple de carte mentale réalisée par Anton, un candidat aux sélections en IFAS

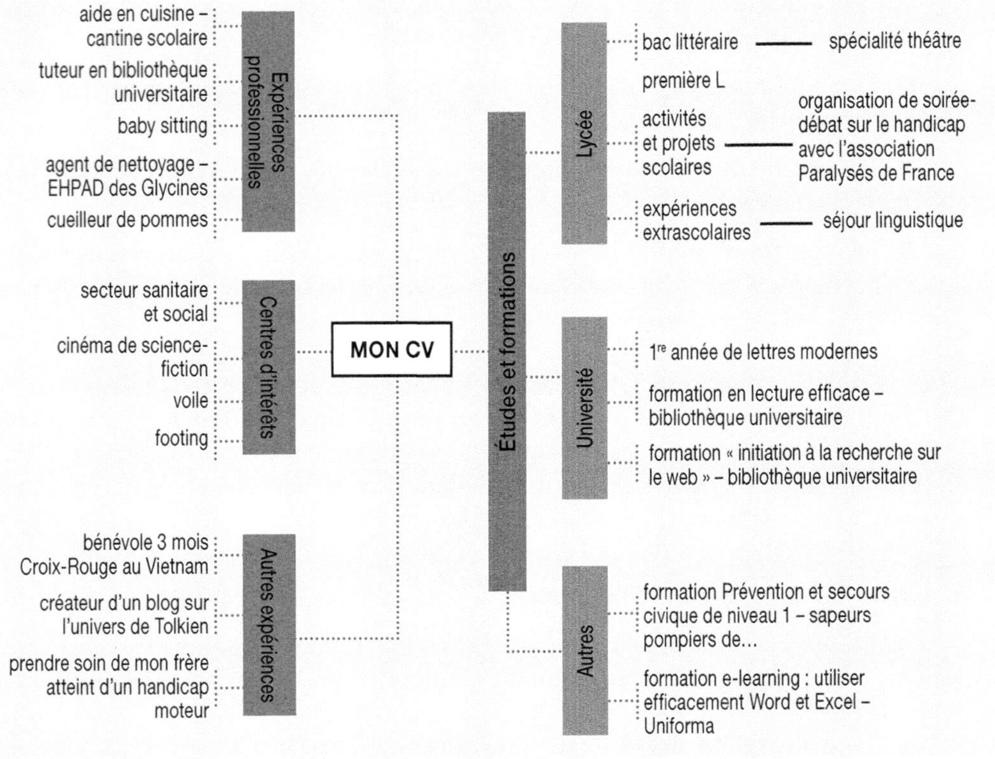

Ce n'est que la base du CV qu'il faudra ensuite mettre en forme en rajoutant, comme dans la branche « lycée », des éléments expliquant les acquis de chaque expérience. Par exemple, en l'état, il est difficile de comprendre ce que ce candidat a retiré de positif de son expérience en première année de lettres modernes. Cela peut être le développement de son goût pour la lecture, d'autant plus qu'on remarque dans ses « autres expériences » qu'il a construit un blog sur l'œuvre littéraire de J. R. R. Tolkien, le créateur de la saga du *Seigneur des Anneaux*. Le lecteur peut certes déduire des informations, mais il va de soi qu'il revient au candidat de formuler explicitement ce qu'il voudrait que l'on retienne.

Réunir les informations sous forme de schéma est très bénéfique car cela offre la possibilité d'avoir une vue synthétique de l'ensemble et éventuellement de déplacer les blocs ou les branches en les regroupant selon leur pertinence.

Vous pouvez réaliser cette carte à la main ou à l'aide de logiciels ou d'applications que vous trouverez sans difficulté sur Internet qui en propose une grande variété. Essayez par exemple l'application coggle.it ou bien MindMeister ou encore le très coloré Ayoa qui stimuleront votre créativité. Avec Ayoa vous pouvez en plus créer une planification de tâches en ligne, ce qui peut vous aider dans le suivi de votre projet et le calendrier de votre préparation. Vous pourrez donc également ajouter une compétence numérique intéressante à votre CV avec la maîtrise de logiciels de création de cartes mentales, outil d'organisation par excellence.

CV d'Anton réalisé à partir de sa carte mentale

Anton A., 20 ans, étudiant en lettres modernes
Adresse :
Téléphone :
Mail : anton.a@fournisseur.com

Scolarité et formation

Septembre 2018 à juin 2019 - 1re année de Licence lettres modernes validée, université de ...

• Formation de 3 jours « Découvrir les techniques de lecture efficace », bibliothèque universitaire, université de ...

• Formation d'une journée « Initiation à la recherche thématique sur le Web », bibliothèque universitaire, université de ...

• Formation « Prévention et secours civiques de niveau 1 », sapeurs pompiers de ...

• Formation e-learning : utiliser efficacement Word et Excel, Uniforma

Juin 2017 - Baccalauréat littéraire, spécialité théâtre, mention bien, lycée ...

Juin 2016 - Première littéraire, mention très bien, lycée ...

Juin 2015 - Seconde, lycée de ...

Juin 2014 - Brevet des collèges, mention très bien
Stage découverte 3e en EHPAD des Glycines

Expériences professionnelles et personnelles significatives

Janvier à juin 2019 - aide en cuisine, restaurant universitaire : préparation des plats du buffet, ménage et tenue de salle de repas

Septembre à décembre 2018 - tutorat en bibliothèque : aide à la connexion des étudiants sur l'espace numérique de travail de l'université

Vacances scolaires 2017 et 2018 - baby-sitting : garde de jumeaux de leurs 3 ans à leurs 4 ans pendant les soirées et les week-ends

Juin 2017 - agent de nettoyage à l'EHPAD des Glycines : entretien des locaux, aide au nettoyage de la salle des repas, participation aux animations avec les résidents

Depuis 2015 - soins quotidiens prodigués à mon frère atteint d'un handicap moteur et à mobilité réduite : accompagnement aux sorties, aide à domicile, adaptation des lieux de vie (construction de rampes en bois dans la maison familiale)

Juin à juillet 2018 - bénévolat avec la Croix-Rouge auprès d'une association d'orphelins à Da Nang, au Vietnam : cours de français, aide à la vie quotidienne, entretien des locaux, construction de maisons en bois

Centres d'intérêt

- Intérêt pour le secteur de la gériatrie : bénévolat aux ateliers de lecture à l'EHPAD des Glycines
- Gestion d'un blog sur l'univers de Tolkien : analyse d'extraits de la trilogie du *Seigneur des Anneaux* et de leur adaptation au cinéma
- Cinéma et lecture de science-fiction
- Sports : voile et footing

Remarques sur le CV d'Anton :

• Ce CV décrit bien le parcours d'Anton que visiblement rien ne prédestinait à des métiers liés aux soins dans ses études. Cependant, depuis sa Troisième et son stage de découverte en EHPAD, il semblerait qu'il soit attiré par le secteur sanitaire et social.

• C'est ce que confirme son expérience personnelle auprès de son frère en situation de handicap, ainsi que son bénévolat de 3 mois dans l'orphelinat vietnamien. À ce propos, Anton pourrait ajouter une rubrique qui évoquerait explicitement des traits de personnalité qu'on ne peut que lire entre les lignes : attention aux autres, esprit d'ouverture, curiosité, par exemple.

• Ce CV est bien réalisé : la mise en page est très simple mais le fait de structurer et de mettre en valeur les informations en mettant des mots en gras rend la lecture fluide et agréable.

B. Exercice 2 : préparer son CV avec les outils créatifs

Nous avons vu qu'Anton a opté pour la simplicité de la mise en page et misé sur la pertinence de son parcours. Il est possible de se passer de toute fioriture dans un CV, comme il est aussi possible de laisser libre cours à son imagination et d'utiliser les outils informatiques pour créer un CV qui ajoute à la pertinence du contenu une touche esthétique. Celle-ci sera du meilleur effet pour peu qu'elle soit bien dosée.

CONSEILS DU FORMATEUR

Si vous optez pour un CV à effets de style, respectez ces quelques consignes basiques :

• Ne surchargez pas votre document de mille et un effets : pas plus de trois variations dans les polices.

• Optez pour une couleur unique ou bien deux couleurs complémentaires.

• Utilisez les modèles : c'est la garantie de ne pas s'encombrer avec les choix multiples qu'offrent les applications d'infographie ou de mise en page, et de respecter les équilibres souhaités. Word propose de nombreux modèles : pour y accéder cliquez sur « Fichier » dans la barre des outils, choisissez « Nouveau » dans le menu déroulant à gauche de l'écran, puis « CV et lettres de motivation » dans les choix proposés. Prenez le temps d'étudier les formats pour choisir celui qui sera le plus adapté à votre contenu : vous le compléterez ensuite en organisant votre texte comme vous le souhaitez.

• Essayez, si possible de faire tenir le CV sur une seule page, surtout si la deuxième n'accueille que deux ou trois lignes.

Vous avez vu que les possibilités sont vastes pour organiser un CV qui vous ressemble et qui vous valorise. À vous de jouer !

MÉMO DU CV

■ **10 conseils à suivre pour réussir la rédaction du CV :**

1. **Commencez la rédaction de votre CV seulement après la mise au point de votre projet professionnel.**
2. Si vous avez déjà une version prête, laissez-la de côté et **créez un nouveau CV de A à Z**. Rien ne vous empêche ensuite de comparer les deux versions et de réutiliser quelques éléments de l'ancienne.
3. **Mettez-vous à la place de celui qui va vous lire :** il ne saura pas lire entre les lignes comme vous le faites puisqu'il ne connaît pas votre vie, soyez donc explicite.
4. **Soignez la présentation :** si vous choisissez une mise en forme « brute », comme Anton, jouez au moins avec les caractères gras, italiques, soulignés, mais attention un à la fois et avec une cohérence visuelle.
5. **Pensez à faire figurer vos coordonnées et à les rendre professionnelles,** notamment votre mail et votre répondeur téléphonique.
6. **Soignez votre CV** : il n'est pas là juste pour la forme, mais joue un rôle clé dans la compréhension du profil du candidat.
7. **Valorisez toutes les expériences à dimension professionnelle.**
8. **Soignez le graphisme de votre CV**, sans le surcharger d'éléments visuels.
9. **Renseignez les rubriques-clés :** formation et expériences professionnelles ou personnelles.
10. **Soyez précis dans vos propos**, parlez de vous, explicitez par les termes clés vos acquis et compétences.

4. Rédiger votre lettre de motivation

1. Qu'est-ce qu'une lettre de motivation ?

Il s'agit d'une lettre de présentation qui accompagne obligatoirement votre demande d'intégrer l'institut choisi et qui reprend dans les grandes lignes les raisons qui vous incitent à faire cette demande.

Elle précède généralement le CV dont elle est, si l'on peut dire, un avant-goût. Elle doit tenir sur une page et montrer le soin apporté à la présentation, l'orthographe et l'écriture, puisqu'elle doit être manuscrite.

2. Comment bien construire votre lettre de motivation ?

Le travail que vous avez fait en définissant votre projet professionnel et la rédaction de votre CV vous aideront grandement à élaborer une bonne lettre de motivation. Vous pouvez avoir l'impression de vous répéter d'un document à l'autre, raison de plus de varier les termes utilisés et de montrer vos capacités à communiquer des informations, notamment sur vous et votre vie.

L'examinateur de votre dossier lira attentivement ce document pour en extraire des renseignements sur votre profil. Souvenez-vous des attendus mentionnés dans l'arrêté du 7 avril 2020 qui définit les modalités de la sélection : ce sont autant de critères qui le guideront dans la lecture de ce document, et ce sont donc aussi pour vous autant de pistes à explorer dès ce premier document manuscrit.

■ Votre lettre de motivation doit donc expliciter :

- votre intérêt pour l'aide à la personne et notamment la personne vulnérable : personne âgée, en situation de handicap, mineur ou enfant malade, accueil de la petite enfance, personne malade, personne hospitalisée, usager du service public, etc. ;
- vos qualités humaines et vos capacités relationnelles : attention, il ne suffira pas de le dire de façon généraliste. Personnalisez votre discours, illustrez-le par la mention de vos qualités ou de vos expériences.

■ La lettre renseigne implicitement sur les éléments suivants :

– vos capacités à analyser et à vous organiser qui transparaissent dans la présentation de vos motivations et de votre projet professionnel, dont la synthèse sous-entend une analyse au préalable ;

– vos aptitudes en expression écrite : la manière dont vous rédigez vos phrases, le vocabulaire que vous utilisez, la construction en paragraphes, sont autant d'indicateurs qui rendent visibles vos capacités rédactionnelles aux yeux de l'examinateur. Ainsi, s'il peut être très indulgent sur l'oubli d'un accent, il le sera moins pour un texte rempli de fautes et une rédaction mal organisée.

N'oubliez pas que tout le monde connaît la réserve sans fin de modèles « clés en main » disponibles sur Internet, et une lettre parfaite laisse planer le doute sur l'identité de son auteur, surtout si les autres documents ne sont pas de la même qualité.

3. Quelles sont les étapes logiques pour une rédaction cohérente et éclairante ?

Pour construire votre rédaction, suivez les étapes suivantes : les réponses aux questions détermineront le contenu de chaque paragraphe de votre lettre de motivation. Faites des phrases complètes, concises et précises : 1 phrase = 1 idée/information-clé. Gardez ensuite celles qui représentent le plus grand intérêt pour vous et qui sont en adéquation avec votre projet, votre CV et toute la réflexion que vous avez menée en amont de votre préparation.

A. Étape 1 : dans ce paragraphe, présentez-vous et présentez votre demande

1. Quelle est votre occupation actuelle ? Quelle est votre principale mission ?
2. Pourquoi souhaitez-vous intégrer l'IFAS de … ?
3. Qu'appréciez-vous le plus dans ce métier ? En quoi répond-il à vos aspirations ?

B. Étape 2 : dans ce paragraphe, renseignez succinctement votre parcours scolaire et/ou professionnel

1. De quelle formation initiale sortez-vous ?
2. Où et quand avez-vous obtenu votre dernier diplôme ?
3. Est-il en lien avec le métier ciblé ? Si non, comment en êtes-vous arrivé à choisir cette voie de formation ?
4. Quelles expériences professionnelles avez-vous éventuellement vécues ?
5. Quelles qualités/compétences avez-vous acquises/développées grâce à ces expériences ?
6. En quoi sont-elles en lien avec le métier sur lequel débouche la formation que vous souhaitez intégrer ?

C. Étape 3 : dans ce paragraphe, motivez le choix de l'institut (ou groupement d'instituts)

1. Pourquoi êtes-vous attiré par cet IFAS en particulier ?
2. Où vous êtes-vous renseigné sur la formation proposée et qu'en avez-vous retenu ?
3. Que connaissez-vous de la vie de l'institut ? Quelle est sa spécificité par rapport à un autre ? Si le choix de l'institut implique un changement de ville, comment le vivez-vous ?

D. Étape 4 : dans ce paragraphe, annoncez :

- le CV qui complétera les renseignements ;
- le projet rédigé qui expliquera votre projet professionnel ou relatera une expérience personnelle ou professionnelle vécue ;
- la confirmation de votre disponibilité.

Puis prenez congé de votre interlocuteur en respectant les formules de politesse.

FOCUS SUR LES RÈGLES DE POLITESSE

Votre lettre de motivation est destinée au directeur de l'institut, à qui vous vous adresserez en utilisant la formule : « Monsieur le Directeur » ou « Madame la Directrice ». Cela signifie que vous vous êtes renseigné au préalable sur son identité. Le site de l'institut présente sa direction ; si ce n'est pas le cas, n'hésitez pas à appeler le secrétariat pour le demander.
Le ton doit être courtois tout au long de la rédaction et se terminer par une formule de politesse finale.
Voici quelques formules types de politesse classiques dans les lettres de motivations qui sont des correspondances officielles :
- Je vous prie d'agréer, Madame la Directrice/Monsieur le Directeur, mes salutations distinguées.
- Je vous prie de croire, Madame, Monsieur, à ma considération distinguée.
- Veuillez accepter, Madame, Monsieur, mes respectueuses salutations.

Vous pouvez vous sentir moins à l'aise avec ces expressions que le simple « cordialement » des mails semble rendre encore plus désuètes. Utilisez-les cependant, elles sont une marque de respect et vous placent dans la posture hiérarchique qui sera la vôtre, soumis à l'autorité de la direction de l'établissement.

Enfin, votre lettre se termine par vos prénom et nom en dessous desquels vous apposerez votre signature (qui doit être la même dans toutes les pièces du dossier où elle doit apparaître).

CONSEIL DU FORMATEUR

Dans la phase de préparation de ce courrier, vous pouvez tout à fait utiliser un traitement de texte pour vérifier également l'orthographe. Puis vous recopierez le texte à la main dans sa version finale.

4. Exemple rédigé de lettre de motivation

Voici la lettre de motivation d'une candidate à la sélection IFAS. Imaginez que vous êtes l'examinateur et lisez-la en recherchant à valider les attendus que nous avons rappelés dans la partie « Préparer votre dossier d'inscription ».

Anouck F.
Adresse
Code postal + ville

IFAS de XXX
Adresse
Code postal + ville

Ville, le 01/04/2020

Madame la Directrice,

Je voudrais par la présente vous faire part de mon souhait d'intégrer votre IFAS afin de pouvoir devenir l'aide-soignante que je désire être un jour. Je pense avoir pour cela toues les qualités requises, tel que mon envie d'aider les personnes âgées.

J'ai eu un Bac ST2S en 2018 qui m'a déjà confirmé mon envie d'être soignante, or les études infirmières sont plus longues que celles que je souhaite faire. C'est donc ainsi que j'ai pensé qu'aide-soignante est plus adapté à mon profil et à mon projet professionnel. Je voudrais travailler en structure hospitalière, voire en HAD. En effet, ma grand-mère a été longtemps malade chez elle et j'ai pu voir le travail des infirmiers et aides-soignants qui prenaient soin d'elle.

Vous trouverez dans mon CV joint mon parcours et j'espère que ma demande recevra une réponse favorable car j'ai très envie d'être aide-soignante.

Je vous remercie et vous souhaite une bonne journée.

Cordialement,

Anouck F.

Remarques sur cette lettre de motivation :

Ce que la candidate peut améliorer :

- Compléter la lettre avec les rubriques manquantes : reportez-vous aux étapes vues dans le point « 3. Quelles sont les étapes logiques pour une rédaction cohérente et éclairante ? ».
- Corriger les quelques fautes d'orthographe qui ont échappé à la vigilance de la relecture : saurez-vous les repérer ?
- Argumenter davantage en personnalisant le discours : il y a bien un vécu personnel mentionné avec l'expérience de la grand-mère malade hospitalisée à domicile (il faut toujours dérouler les sigles au moins une fois, par exemple ici « Hospitalisation à domicile » pour « HAD »), mais on ne voit pas clairement en quoi il a suscité cette vocation.
- Reformuler la dernière phrase du premier paragraphe : « je pense » n'est pas une formule à retenir car elle marque une incertitude. « Envie d'aider les personnes âgées » est aussi une formule très généraliste, car cette aide peut être assurée par d'autres métiers, cela ne dit rien de la spécificité du métier d'aide-soignant. Ce serait sûrement plus parlant de dire « aider les personnes âgées dans les actes de la vie quotidienne », ce qui rejoint directement une des compétences qui sont travaillées pendant la formation en IFAS.
- L'argument évoqué sur le choix des études d'aide-soignant plutôt que celles d'infirmière ne semble pas particulièrement bien amené. Il peut prêter à confusion : est-ce une solution de facilité ? Est-ce en raison d'une situation personnelle spécifique ?
- La formule de politesse n'est pas adaptée ; elle est plus appropriée aux mails qu'aux courriers officiels.

Ce que la candidate a bien fait :

- Malgré ses imperfections, cette lettre montre bien la motivation de la candidate.
- Son parcours scolaire est cohérent avec le projet de métier.
- La candidate semble connaître le dispositif de l'hôpital à domicile, ce qui représente un contact direct avec les métiers du soin.

Conclusion :

Cette lettre de motivation donne donc des pistes intéressantes, mais elle laissera l'examinateur sur sa faim que combleront peut-être le CV et la rédaction du document manuscrit.

Vous voyez que la lettre de motivation reflète bien, tout comme le CV, la spécificité du parcours de vie, la personnalité du candidat qui choisit ce qu'il veut dire et comment le dire.

MÉMO DE LA LETTRE DE MOTIVATION

■ 10 conseils à suivre pour réussir la rédaction de la lettre de motivation :

1. **Respectez les différentes étapes** indiquées dans le point « 3. Quelles sont les étapes logiques pour une rédaction cohérente et éclairante ? ».
2. **Construisez des paragraphes** dont la fluidité et la cohérence sont assurées par des liens logiques.
3. **Soyez concis et précis,** le CV et le document manuscrit se chargeront de présenter les détails.
4. **Ne racontez pas votre vie,** résumez-en les lignes de force.
5. **Veillez à donner les mêmes informations de contact** que dans toutes les autres pièces du dossier et n'oubliez pas de signer.
6. **Personnalisez votre lettre de motivation :** si vous utilisez un modèle tout prêt, ce ne peut être qu'un point de départ, retravaillez-le.
7. **Soignez l'orthographe.**
8. **Soignez votre écriture** pour faciliter le travail de déchiffrage de l'examinateur qui ne peut valider que ce qu'il peut lire.
9. **Soignez la présentation du document** qui doit être propre et non chiffonné, ni raturé.
10. **Adaptez le contenu aux spécificités de l'institut** (projet pédagogique, site web, outils pédagogiques, etc.).

5. Rédiger votre document manuscrit

1. Qu'est-ce que le document manuscrit ?

La liste des pièces à fournir dans le dossier d'inscription, tel qu'en dispose l'arrêté du 7 avril 2020, mentionne la présence d'un document manuscrit de 2 pages relatant soit une situation personnelle ou professionnelle vécue, soit un projet professionnel en lien avec les attendus de la formation.

Plusieurs termes-clés nous guident dans l'interprétation de ce que devrait contenir ce document :

■ **Une situation personnelle vécue :** cela peut être une expérience de vie vécue personnellement ou bien en lien avec son cercle familial ou amical, voire une expérience collective. L'évocation de cette situation doit avoir une valeur argumentative. Cela veut dire qu'il faut la mettre en lien avec une des phases du parcours du candidat expliquant le projet qu'il présente.

■ **Une expérience professionnelle vécue :** elle concerne de prime abord les personnes qui sont déjà intégrées dans le domaine du travail, mais pas seulement. Les petits jobs d'été, les expériences à teneur professionnelle, comme le bénévolat ou toute autre action sollicitant des compétences, des savoir-être et des savoir-faire, sont éligibles ici.

■ **Projet professionnel :** l'évocation de ces situations de vie personnelle ou professionnelle donne donc à voir le projet professionnel bâti par le candidat.

■ **Lien avec les attendus de la formation :** l'arrêté mentionne des attendus que l'on rappelle ici et qui guident les arguments à évoquer dans sa rédaction :

- Pourquoi l'accompagnement et l'aide à la personne vulnérable vous intéressent-ils ?
- Quelles sont vos qualités humaines et vos capacités relationnelles ?
- Quelles sont vos capacités organisationnelles ?
- Comment maîtrisez-vous l'expression écrite, les capacités d'analyse et d'organisation ?

Les attendus en matière d'expression écrite et de capacités d'analyse et d'organisation peuvent être vérifiés grâce à la forme donnée à l'expression ainsi qu'à l'organisation du document manuscrit. Ils peuvent aussi être évalués grâce au contenu du document, à la pertinence de l'analyse présentée qui suppose une capacité à préparer un discours, pas très différemment de ce que nous avons expliqué tout au long de cette partie.

2. Quelle est l'utilité du document manuscrit ?

Jusqu'en 2019, les IFAS sélectionnaient leurs candidats pour l'admissibilité *via* trois voies, dont celle des concours pour les personnes ne détenant pas de diplôme de bac ou assimilé. Cette première sélection donnait ensuite lieu à l'oral.

La suppression du concours a été décidée pour permettre d'attirer plus de candidats en facilitant l'accès à cette formation. Or, cette suppression ne permet plus de tester les capacités d'écriture, de raisonnement et le niveau de connaissance, et les instituts veulent avoir des candidats qui ne seront pas mis en difficulté pendant la formation si leur niveau n'est pas suffisant.

C'est la raison pour laquelle le législateur a précisé ces attendus et prévu les modalités manuscrites des deux documents-clés que sont la lettre de motivation et le projet professionnel ou le récit d'une situation professionnelle ou personnelle vécue. C'est un moyen de voir le candidat à l'œuvre, bien qu'il soit impossible de vérifier qu'il a réalisé ces documents lui-même. Il est évident que vous devez réaliser ce travail personnellement, car à l'oral il est possible que le jury revienne sur des éléments que vous avez avancés et vous demande d'autres explications.

Vous devez poursuivre ici deux objectifs :

- renseigner l'examinateur sur la pertinence de votre projet professionnel et la réalité de vos motivations ;
- le rassurer sur votre capacité à suivre les études, à persévérer dans l'effort et à avoir le potentiel humain nécessaire pour un métier de soin à la personne en situation de fragilité temporaire ou permanente, ou de vulnérabilité.

Il existe également une situation non prévue par le législateur mais imposée par la survenue de la crise sanitaire. Depuis les premiers confinements de 2020, plusieurs IFAS ont supprimé l'épreuve orale ; ce fut le cas en 2020, en 2021 et aussi sur les sessions du premier semestre de 2022. C'est alors le dossier écrit qui réunit les deux phases d'admission, ce qui lui donne un poids encore plus important.

3. Comment bien préparer la rédaction ?

Deux pages manuscrites correspondent, en comptant une écriture moyenne, à environ une page rédigée avec un traitement de texte. Pour préparer votre contenu vous pouvez très bien réaliser ce travail sur l'ordinateur, il vous suffira ensuite de le copier au propre.

CONSEIL DU FORMATEUR

Pour cette phase, veillez à être seul, serein, sans aucune source de distraction et pleinement concentré pour éviter de corriger, raturer et remplir ces deux feuilles de traces de ruban effaceur.

L'analyse de votre parcours, la rédaction du CV et de la lettre de motivation vous auront déjà largement mâché le travail d'élaboration du contenu. Rappelons que la lettre de motivation a pour principal objectif de contextualiser la demande en présentant le candidat et son projet. Le CV, quant à lui, a pour objectif de résumer les moments-clés de son parcours. La rédaction du document manuscrit vient compléter ce duo avec une phase supplémentaire : la description et l'argumentation. Ces travaux doivent témoigner d'une bonne maîtrise de la langue française, cela va de soi.

Avant de rédiger, il vous faudra bâtir un plan. Inutile de chercher plus loin que celui qui vous est déjà implicitement suggéré par l'arrêté, mais vous avez bien évidemment la possibilité de faire d'autres choix et de personnaliser ce cheminement, si vous pensez que c'est plus adapté à la spécificité de votre parcours éventuellement atypique.

Voici une trame que vous pouvez adopter en l'adaptant à votre parcours personnel et/ou professionnel et en appliquant les choix qui vous semblent les plus pertinents pour mettre en valeur votre évolution :

- **L'évocation d'une situation personnelle** qui a agi comme un déclic et vous a donné envie de vous lancer dans votre projet. Il peut y en avoir plusieurs. Cette phase peut être rédigée en 2 à 4 paragraphes de 10 à 12 lignes chacun.

Que peut être cette situation ? Difficile de lister ici des exemples qui colleront à chaque parcours, tant cela est personnel et dépend également des choix que le candidat décide de faire, ce qui nécessite, bien évidemment de parler de sa vie privée.

Souvenez-vous des exemples cités dans les parties consacrées au CV et à la lettre de motivation : Anton évoquait sa présence auprès de son frère en situation de handicap. C'est un exemple de situation qui peut être analysée dans cette partie.

Dans son document manuscrit, Anton peut approfondir justement cette expérience, mais il peut également profiter d'avoir plus d'espace disponible pour relater une autre expérience. La seule exigence est qu'elle doit être significative dans son parcours et avoir joué un rôle clé dans ses motivations.

La situation choisie doit évoquer le lien avec votre motivation à emprunter cette voie professionnelle, et votre connaissance du métier d'aide-soignant et de la formation. Afin de donner une cohérence et de créer un lien entre la lettre de motivation, le CV et le document manuscrit, il serait intéressant d'évoquer la même situation dans les trois documents pour l'approfondir, et éventuellement de la compléter par une autre.

- **L'analyse d'une expérience professionnelle marquante**, si vous en avez rencontrée dans votre parcours, ou bien toute expérience similaire qui mette en valeur des compétences transférables soit dans des situations d'apprentissage ou de stage, soit dans l'exercice du métier AS. Comptez ici aussi entre 2 et 4 paragraphes de 10 à 12 lignes chacun.

Quelle expérience choisir ? Relisez les exemples cités tout au long de la Partie 1 : les candidats dont nous vous avons montré le travail préparatoire ont évoqué des expériences professionnelles pouvant être reprises dans le projet. Dans le tableau ci-dessous listez-les dans la colonne de gauche et notez celle qui sera jugée la plus pertinente dans la colonne de droite.

	Situations professionnelles mentionnées dans la lettre de motivation ou le CV	Situation pouvant être reprise dans le projet
Anton		
Anouck		

■ **Votre projet** peut être par exemple l'évocation du secteur qui vous attire le plus : hôpital, médico-social, etc. Vous devez rédiger 2 à 3 paragraphes ici. Pour trouver des idées, vous pouvez vous inspirer des sources que vous avez étudiées pour connaître les secteurs d'exercice, vous pouvez relire la Partie 2 consacrée au métier AS, ou bien vous référer à d'autres ouvrages, sites, documentaires, témoignages de professionnels.

Lien avec les attendus de la formation : c'est l'occasion de montrer le profil de l'élève que vous serez, vos capacités à suivre la formation, à mobiliser vos connaissances, à être conscient de vos lacunes (n'oubliez pas les bases de l'arithmétique), et aussi de rappeler les moyens que vous mobiliserez ou mobilisez déjà pour anticiper ces difficultés (ex. : remise à niveau en français ou en maths, suivi de l'actualité sanitaire et sociale à travers des sites, revues, rencontres avec des professionnels, etc.)

Pour cette partie, faites l'effort de passer quelques tests de connaissance pour évaluer votre niveau en culture générale, en maîtrise de la langue, en biologie humaine ou en mathématiques. Vous pouvez pour cela vous entraîner avec les ouvrages des éditions Vuibert consacrés à ces domaines, ou bien rechercher des exercices interactifs et en auto-correction sur Internet. Pour rafraîchir vos connaissances en orthographe française, pensez au site et à l'application mobile du Certificat Voltaire par exemple. Vous avez aussi la possibilité de certifier votre niveau en français grâce au dispositif du Certificat Voltaire.

■ **Une conclusion** n'est pas obligatoire, mais il est conseillé de finir avec une phrase rappelant vos motivations. N'utilisez pas le sempiternel et galvaudé « je suis motivé », mais trouvez votre propre formule : votre personnalité doit rester le dernier souvenir de votre examinateur.

4. Comment rédiger le document manuscrit ?

La rédaction du projet est importante car elle doit faciliter la lecture à l'examinateur. Le document doit être lisible, il faut donc faire attention à l'écriture. Vous devez aussi veiller à la longueur de vos phrases, comptez une à deux lignes par phrase et aérez votre écriture pour en faciliter la lecture.

A. Les principes de rédaction

Pour rédiger de manière compréhensible, claire et concise, veillez au respect des principes suivants :

■ **Structurez votre propos en paragraphes :** chaque paragraphe contient une unité de sens organisée autour d'une idée principale. Cette idée représente soit la situation que vous évoquez, personnelle ou professionnelle, soit la compétence que vous voulez faire valoir. Vous devez aussi développer cette idée et non pas vous arrêter à sa simple affirmation.

■ **Développez vos idées :** pensez à des questions simples : qui ? quoi ? pourquoi ? où ? quand ? comment ? Inutile de reprendre toutes les réponses, vous choisirez celle ou celles qui représente(nt) un intérêt certain pour votre projet ou qui vous aident à tisser les liens avec les attendus de la formation.

■ **Organisez visuellement votre rédaction :** commencez vos paragraphes légèrement en retrait en début de ligne. Cet alinéa aide le lecteur à repérer les unités de sens et en facilite la lecture. Essayez d'avoir des paragraphes équilibrés : en retournant à la ligne de manière trop fréquente vous rompez le lien entre les idées.

■ **Utilisez des connecteurs logiques** qui aident à repérer des liens de causalité, de conséquence, d'explication, d'illustration, d'opposition ou de concession, en les variant pour donner plus de style à votre rédaction. Aidez-vous de la liste suivante de quelques connecteurs logiques :

- illustrer : ainsi, par exemple, tel... ;
- marquer une opposition : mais, or, cependant, toutefois... ;
- expliquer une cause : ainsi, c'est pourquoi, pour cause de... ;
- expliquer une conséquence : de ce fait, par conséquent... ;
- marquer une concession : certes, bien évidemment.

B. Exemple de document manuscrit rédigé

Nous choisissons de vous présenter la rédaction manuscrite de Lucille, telle qu'elle l'a envoyée à un IFAS. Mettez-vous « dans la peau » de son examinateur et évaluez le document à partir des critères définis par les attendus en remplissant le tableau suivant avec vos remarques. Cochez la colonne qui correspond à votre évaluation et justifiez-la :

Attendus	Insuffisant	Correct	Satisfaisant
Intérêt pour l'aide à la personne vulnérable *Connaissances dans le domaine sanitaire, médico-social...*			
Qualités humaines et capacités relationnelles *– Attention à l'autre, écoute, ouverture d'esprit* *– Communication* *– Collaboration et travail en équipe*			

Attendus	Insuffisant	Correct	Satisfaisant
Capacités organisationnelles *Aptitude à élaborer un raisonnement logique*			
Maîtrise de l'expression écrite, capacités d'organisation *Aptitude d'observation, à s'organiser et prioriser les activités, autonomie dans le travail*			

■ Exemple de document manuscrit rédigé :

Je m'appelle Lucille, j'ai 19 ans et mon projet est de devenir aide-soignante pour m'épanouir dans un métier où le soin rend la vie plus facile à qui en a besoin.

Ce projet est né dans mon esprit pendant l'année de seconde, lorsque j'ai subi une opération et que pendant mon séjour d'un mois à l'hôpital j'ai vu comment l'équipe soignante s'est occupée de moi. J'ai bien aimé me sentir prise en charge par des gens passionnés et je disais à ma maman, qui est orthoptiste, que le domaine du soin m'attirait. À cette époque, je ne savais pas encore lequel je pouvais choisir. En première, j'ai fait le choix d'un Bac ST2S pour rester dans une spécialisation qui ouvrait la voie aux études infirmières, que j'ai ciblées au départ. Puis en terminale, j'ai passé le concours pour entrer en IFSI dans votre établissement, et je suis allée à l'oral. Je n'ai pas réussi cet oral, car l'ensemble de la note avec les écrits n'a pas suffi, principalement à cause des tests psychotechniques, où la note était basse sans être éliminatoire. Je pense qu'à l'époque mon projet n'était pas assez mûri et c'était aussi sans doute que ma voie était ailleurs.

L'année suivante, je me suis inscrite sur Parcoursup pour trouver une formation en BTS, car j'aimais bien la possibilité de me former en alternance, je pense être quelqu'un du terrain, bien que j'aime aussi beaucoup lire. J'ai été prise dans une formation en marketing mais je ne m'y plaisais pas car les métiers du soin restaient encore dans un coin de ma tête. En parallèle, j'ai trouvé un travail d'ASHQ à l'hôpital où je travaille depuis 4 mois.

En travaillant dans le service, je croise à nouveau cette fois des collègues aides-soignants, infirmiers, médecins et j'ai retrouvé le même intérêt que lors de mon hospitalisation en seconde. Lors des pauses, je discute souvent, avec chacun et ils ont remarqué mon intérêt et m'encouragent à ne pas renoncer à ce projet. C'est ainsi que je me suis dit que le métier d'aide-soignant me convient bien, la plus forte raison est la proximité avec les patients. L'autre raison est aussi que les études ne sont pas très longues et laissent la possibilité de faire de nombreux stages et de découvrir de nouveaux services et secteurs. Mon expérience à l'hôpital est très intéressante car j'ai travaillé dans plusieurs services différents, la maternité, les urgences, les consultations externes. Ça m'intéresse beaucoup de découvrir les établissements médico-sociaux.

Apprendre sur le terrain c'est ce que j'aime et l'organisation des études aides-soignantes me semble très adaptée. J'ai lu avec attention le programme, les compétences aides-soignantes et je pense avoir toutes les capacités nécessaires pour suivre cette formation. Je suis persévérante et lorsque je me lance dans un *projet je tiens à aller jusqu'au bout. Le choix de ce métier n'est pas par facilité parce que les études sont courtes, mais aussi parce que j'ai beaucoup apprécié la vie professionnelle, le rythme, l'indépendance financière, le travail en équipe...*

Peut-être que plus tard, je voudrais reprendre des études, je sais qu'à l'hôpital cela est possible dans la promotion en interne. J'espère que j'aurais cette possibilité en intégrant votre IFAS.

Cordialement.

Lucille G.

Remarques sur ce document manuscrit :

- Ce projet est tout à fait intéressant car le propos fait bien ressortir l'intérêt de la candidate pour le domaine sanitaire et social, et ses expériences sont très bien identifiées.
- Le profil de la candidate fait bien apparaître des expériences qui, pour être réussies, nécessitent de détenir les qualités relationnelles qui sont également indispensables dans le métier d'aide-soignant. Cependant, il manque un développement et une argumentation qui les personnalisent par rapport aux expériences exploitées.
- Ses aptitudes à gérer les écrits sont aussi très correctes : la production est fluide, les phrases assez bien tournées, l'orthographe maîtrisée, bien qu'il persiste quelques erreurs (à vous de les repérer).

En résumé, cette rédaction s'approche davantage d'une lettre de motivation un peu plus détaillée que d'un véritable exposé sur le projet professionnel. Il faudrait argumenter davantage, développer un peu plus les bénéfices retirés des expériences et le lien établi avec la formation pour que ce soit plus satisfaisant.

MÉMO DE LA RÉDACTION DU document manuscrit

■ **10 conseils à suivre pour réussir le document manuscrit :**

1. **Parlez de vous et de votre vie.**
2. **Choisissez des éléments pertinents** qui mettent en valeur les lignes de force de votre parcours.
3. **Gardez en tête les critères des attendus** sur lesquels se fondera l'examinateur.
4. **Rédigez en structurant votre propos** en paragraphes.
5. **Veillez à adopter un langage clair et précis.**
6. **Personnalisez votre discours,** sans tomber dans les généralités.
7. **Respectez la consigne de longueur** de 2 pages.
8. **Veillez à l'orthographe et à la syntaxe.**
9. **Parlez de vous, de votre vie, de vos expériences :** ne recopiez pas des modèles ou des phrases toutes faites.
10. **Différenciez le contenu par rapport à la lettre de motivation,** mais sans trop vous en éloigner non plus.

Testez-vous avec des QCM

Qu'avez-vous retenu ?

Ces questions vous permettront de réviser les éléments-clés de chaque étape de la construction de votre dossier d'inscription. Reportez-vous aux pages précédentes pour trouver les réponses ou réviser si besoin.

1. Le dossier d'inscription

❶ Parmi les affirmations suivantes laquelle (ou lesquelles) est (sont) vraie(s) :

☐ **A.** Les inscriptions en IFAS se passent sur la plateforme Parcoursup.

☐ **B.** Parmi les attendus de la formation il est indispensable de posséder un certificat de maîtrise de la langue.

☐ **C.** Le dossier d'inscription contient neuf catégories de documents à rendre pour qu'il soit complet.

❷ Les candidats doivent obligatoirement être à jour de certains vaccins. Lesquels ?

☐ DTPolio ☐ Tuberculose ☐ Hépatite C ☐ Covid-19

☐ Hépatite A ☐ Méningite ☐ Grippe

2. La définition du projet professionnel

Parmi les affirmations suivantes laquelle (ou lesquelles) est (sont) vraie(s) :

❸ Un projet professionnel correspond :

☐ **A.** à une lettre de motivation.

☐ **B.** à une réflexion sur le métier qu'on souhaite pratiquer.

☐ **C.** à une analyse de son parcours.

❹ Pour construire son projet professionnel :

☐ **A.** il est indispensable de connaître la formation qui mène au diplôme ciblé.

☐ **B.** il faut se renseigner sur la réalité du terrain.

☐ **C.** il est indispensable d'avoir réalisé des stages dans des structures adaptées.

❺ Le projet professionnel a pour objectif :

☐ **A.** de démontrer la motivation du candidat.

☐ **B.** de montrer la connaissance du métier.

☐ **C.** de vérifier uniquement le parcours scolaire du candidat.

3. La rédaction du CV

❻ Parmi les affirmations suivantes laquelle (ou lesquelles) est (sont) vraie(s) :

☐ **A.** Un CV doit être manuscrit.

☐ **B.** Le CV est un document analysant le parcours du candidat.

☐ **C.** Le CV est un document de synthèse des expériences du candidat.
☐ **D.** La rubrique « Centres d'intérêt » n'est pas indispensable dans un CV.
☐ **E.** Le CV est un élément purement formel sans intérêt argumentatif.

❼ Les éléments à retenir pour un CV de qualité sont :
☐ **A.** Le CV est de préférence organisé chronologiquement.
☐ **B.** L'utilisation de termes clés décrivant les compétences est souhaitable.
☐ **C.** Un CV en couleur est plus expressif qu'en noir et blanc.
☐ **D.** Un CV doit obligatoirement tenir sur une seule page.

4. La rédaction de la lettre de motivation

❽ Parmi les affirmations suivantes laquelle (ou lesquelles) est (sont) vraie(s) :
☐ **A** Il s'agit d'une simple lettre demandant d'accéder à la formation souhaitée.
☐ **B.** Il s'agit d'un document tapé à l'ordinateur.
☐ **C.** La lettre de motivation est facultative.
☐ **D.** Il s'agit d'une lettre de présentation argumentant le bien-fondé de la candidature.
☐ **E.** L'évocation d'une situation professionnelle est purement descriptive.
☐ **F.** Faute d'expérience professionnelle, une expérience vécue peut être argumentée.
☐ **G.** Argumenter c'est démontrer sa capacité à devenir soignant.

5. La rédaction du document manuscrit

❾ Parmi les affirmations suivantes laquelle (ou lesquelles) est (sont) vraie(s) :
☐ **A.** Il n'y a pas de limite de pages pour cette rédaction.
☐ **B.** Il est obligatoire de rédiger ce document de sa propre main.
☐ **C.** Si l'on n'a pas eu d'expérience professionnelle, il n'est pas possible de rédiger le document manuscrit.
☐ **D.** Il est possible d'intégrer les mêmes arguments et expériences que ceux évoqués dans le CV.
☐ **E.** Le document manuscrit doit détailler et argumenter tous les éléments repris dans le CV ou la lettre de motivation.

Corrigé

❶ **C.**

❷ DTPolio, tuberculose et Covid-19.

❸ **B.**

❹ **A.** et **B.**

❺ **A.** et **B.**

❻ **B.** et **C.**

❼ **A.**, **B.** et **C.**

❽ **D.**, **E.**, **F.** et **G.**

❾ **B.** et **D.**

PARTIE 2

Tout savoir sur les études, le métier et l'environnement professionnel

1. Les études en IFAS

CONSEIL DU FORMATEUR

Consultez impérativement les sites des instituts auprès desquels vous souhaitez candidater pour connaître toutes les informations mises à jour concernant les modalités d'inscription et le déroulement des études en IFAS.

1. Comment est organisée la formation d'aide-soignant ?

L'arrêté du 10 juin 2021 relatif à la formation conduisant au diplôme d'État d'aide-soignant abroge l'arrêté du 22 octobre 2005 et définit le nouveau référentiel de formation et de certification du diplôme d'État d'aide-soignant, dont l'application entre en vigueur à la rentrée de septembre 2021.

Une avancée très importante de cette réforme concerne la passation du diplôme d'aide-soignant au niveau 4 au lieu du précédent niveau 3. Elle augmente également le nombre d'heures de formation et sa durée, pour les porter respectivement à 1 540 heures et 44 semaines.

La rentrée dans les instituts de formation se fait la première semaine de septembre. Toutefois, certains instituts, en accord avec l'agence régionale de santé (ARS), organisent leur rentrée la première semaine de janvier. La sélection pour ces derniers se fait donc entre septembre et octobre de l'année précédente.

■ La formation en IFAS est également ouverte aux titulaires d'autres diplômes d'État, sous forme de passerelles spécifiques. **Les diplômes et titres concernés par ce dispositif sont :**

- le diplôme d'État d'auxiliaire de puériculture ;
- le diplôme d'assistant de régulation médicale ;
- le diplôme d'État d'ambulancier ;
- le baccalauréat professionnel « Services aux personnes et aux territoires » (SAPAT) ;

– le baccalauréat professionnel « Accompagnement, soins et services à la personne » (ASSP) ;

– le diplôme d'État d'accompagnant éducatif et social (ou diplôme d'État d'auxiliaire de vie sociale, certificat d'aptitude aux fonctions d'aide à domicile, mention complémentaire aide à domicile, diplôme d'État d'aide médico-psychologique, certificat d'aptitude aux fonctions d'aide médico-psychologique) ;

– le titre professionnel d'assistant de vie aux familles ;

– le titre professionnel d'agent de service médico-social.

Un arrêté à venir précisera les équivalences et adaptations ou validations de certains blocs de compétences pour ces postulants. Les agents des services hospitaliers qualifiés (ASHQ) de la fonction publique hospitalière et les agents de service sont dispensés de la période de stages de cinq semaines. Le nombre de candidats admis en formation est fixé en fonction des besoins locaux et des possibilités d'accueil de l'institut. 15 % du total d'étudiants est représenté par des candidats titulaires des baccalauréats professionnels cités ci-dessus.

■ Les titulaires de diplômes étrangers

Les personnes détenant un diplôme d'aide-soignant délivré par un État membre de l'Union européenne ou un autre État partie à l'accord sur l'Espace économique européen peuvent être dispensées de certaines unités de formation après avis du conseil technique et décision du directeur, sur la base d'une comparaison entre la formation suivie par les candidats et les unités de formation du diplôme d'État d'aide-soignant.

Le conseil technique est une instance consultée sur toutes les questions concernant la formation des élèves et constituée par arrêté du directeur général de l'ARS, qui le préside également (ou son représentant). Le conseil technique inclut parmi ses membres deux représentants des élèves élus chaque année par leurs pairs.

2. Qui valide le diplôme d'État d'aide-soignant ?

Le jury du diplôme d'État d'aide-soignant est nommé par le préfet de la région et comprend :

– le directeur régional de l'économie, de l'emploi, du travail et des solidarités ou son représentant en qualité de président ;

– le directeur général de l'agence régionale de santé ou son représentant ;

– le cas échéant, un représentant d'un centre de formation des apprentis avec lequel les instituts de formation de la région ont conclu une convention ou un maître d'apprentissage ;

– un directeur d'un institut de formation d'aide-soignant ;

– un aide-soignant ou un infirmier formateur permanent d'un institut de formation ;

– un infirmier en activité professionnelle ;

– un aide-soignant en activité professionnelle ;

– un représentant des employeurs d'aides-soignants du secteur sanitaire, social ou médico-social ;

– le cas échéant, un représentant d'un établissement public local d'enseignement ou d'un établissement privé d'enseignement sous contrat d'association avec l'État délivrant la formation d'aide-soignant, désigné par le chef d'établissement concerné ou son représentant.

Le diplôme d'État est obtenu si les élèves ont validé l'ensemble des compétences définies par l'arrêté du 10 juin 2021. Une session de rattrapage permet aux élèves de valider un bloc de compétences manqué. Le redoublement est autorisé pour une seule fois.

3. Que contient le diplôme d'État d'aide-soignant ?

L'arrêté du 10 juin 2021 définit trois référentiels composant le diplôme AS :

■ **Le référentiel des activités** est structuré en cinq domaines d'activité auxquels sont associés des soins. L'arrêté introduit la notion de soins aigus qui doivent cumuler trois critères pour être caractérisés de la sorte :

- être réalisables par un professionnel de santé ;
- se dérouler dans un cadre à caractère sanitaire ;
- être dispensés pendant la phase aiguë d'un état de santé.

C'est très important, car l'aide-soignant se voit ainsi habilité à pratiquer des actes de soins qui lui étaient interdits auparavant, tels que la pose de suppositoire, le recueil de glycémie par captation capillaire ou par lecture instantanée transdermique, le recueil aseptique d'une sonde urinaire, parmi quelques autres actes.

Le tableau suivant vous aidera à mieux comprendre la nouvelle réorganisation des activités relatives à la profession aide-soignante[1] :

Domaines d'activité	Activités
DA1. Accompagnement et soins de la personne dans les activités de sa vie quotidienne et de sa vie sociale en repérant les fragilités.	1. Accompagnement et soins de la personne dans les activités de sa vie quotidienne et de sa vie sociale en repérant les fragilités.
	2. Identification des risques lors de l'accompagnement de la personne et mise en œuvre d'actions de prévention adéquates.
DA2. Appréciation de l'état clinique de la personne et mise en œuvre de soins adaptés en collaboration avec l'infirmier en intégrant la qualité et la prévention des risques.	3. Observation de la personne et mesure des paramètres vitaux liés à son état de santé.
	4. Collaboration à la réalisation de soins intégrant la qualité et la prévention des risques.
	5. Installation et aide aux déplacements de la personne à partir de ses ressources et des techniques de mobilisation.

1. Extrait de l'arrêté du 10 juin 2021 relatif à la formation conduisant au diplôme d'aide-soignant.

Domaines d'activité	Activités
DA3. Information et accompagnement des personnes et de leur entourage, des professionnels et des apprenants.	6. Accueil, information et communication auprès des personnes et de leur entourage.
	7. Accueil, accompagnement et formation des pairs, des personnes en formation et des autres professionnels.
DA4. Entretien de l'environnement immédiat de la personne et des matériels liés aux activités de soins, au lieu et aux situations d'intervention.	8. Entretien des locaux et des matériels liés aux activités de soins.
	9. Repérage et traitement des anomalies et dysfonctionnements en lien avec l'entretien des locaux et des matériels liés aux activités de soins.
DA5. Transmission, quels que soient l'outil et les modalités de communication, des observations recueillies pour maintenir la continuité des soins et des activités.	10. Transmission, quels que soient l'outil et les modalités de communication, des observations recueillies pour maintenir la continuité des soins et des activités.
	11. Organisation de son activité au sein d'une équipe pluriprofessionnelle en garantissant la qualité/gestion des risques.

■ Dans **le référentiel de compétences**, les compétences sont réparties en cinq blocs :

– bloc 1 : accompagnement et soins de la personne dans les activités de sa vie quotidienne et de sa vie sociale ;

– bloc 2 : évaluation de l'état clinique et mise en œuvre de soins adaptés en collaboration ;

– bloc 3 : information et accompagnement des personnes et de leur entourage, des professionnels et des apprenants ;

– bloc 4 : entretien de l'environnement immédiat de la personne et des matériels liés aux activités en tenant compte du lieu et des situations d'intervention ;

– bloc 5 : travail en équipe pluriprofessionnelle et traitement des informations liées aux activités de soins, à la qualité/gestion des risques.

■ **Le référentiel de la formation du diplôme** établit les savoir-faire, les connaissances à acquérir en cours de formation, les objectifs et savoirs associés, les modalités d'acquisition et les critères d'évaluation et de validation. Il définit la correspondance entre les blocs de compétences et les dix modules de formation ainsi que la répartition en heures pour chacun. Il prévoit également la possibilité de réalisation à distance de l'enseignement théorique en fonction des modules et sans dépasser 70 % de la durée totale de la formation théorique.

Le tableau ci-après illustre la correspondance entre le référentiel de certification et les modules de formation[1] :

1. Extrait de l'arrêté du 10 juin 2021 relatif à la formation conduisant au diplôme d'aide-soignant.

Blocs de compétences	Compétences	Modules de formation	Modalités d'évaluation du bloc de compétences
Bloc 1. Accompagnement et soins de la personne dans les activités de sa vie quotidienne et de sa vie sociale.	1. Accompagner les personnes dans les actes essentiels de la vie quotidienne et de la vie sociale, personnaliser cet accompagnement à partir de l'évaluation de leur situation personnelle et contextuelle et apporter les réajustements nécessaires.	Module 1. Accompagnement d'une personne dans les activités de sa vie quotidienne et de sa vie sociale. Module spécifique AS.	Étude de situation. Évaluation des compétences en milieu professionnel.
	2. Identifier les situations à risque lors de l'accompagnement de la personne, mettre en œuvre les actions de prévention adéquates et les évaluer.	Module 2. Repérage et prévention des situations à risque. Module spécifique AS.	
Bloc 2. Évaluation de l'état clinique et mise en œuvre de soins adaptés en collaboration.	3. Évaluer l'état clinique d'une personne à tout âge de la vie pour adapter sa prise en soins.	Module 3. Évaluation de l'état clinique d'une personne. Module spécifique AS.	Étude de situation en lien avec les modules 3 et 4. Évaluation comportant une pratique simulée en lien avec le module 5. Évaluation des compétences en milieu professionnel. Attestation de formation aux gestes et soins d'urgence de niveau 2.
	4. Mettre en œuvre des soins adaptés à l'état clinique de la personne.	Module 4. Mise en œuvre des soins adaptés, évaluation et réajustement. Module spécifique AS.	
	5. Accompagner la personne dans son installation et ses déplacements en mobilisant ses ressources et en utilisant les techniques préventives de mobilisation.	Module 5. Accompagnement de la mobilité de la personne aidée.	
Bloc 3. Information et accompagnement des personnes et de leur entourage, des professionnels et des apprenants.	6. Établir une communication adaptée pour informer et accompagner la personne et son entourage.	Module 6. - Relation et communication avec les personnes et leur entourage.	Étude de situations relationnelles pouvant comporter une pratique simulée. Évaluation des compétences en milieu professionnel.
	7. Informer et former les pairs, les personnes en formation et les autres professionnels.	Module 7. Accompagnement des personnes en formation et communication avec les pairs.	

Blocs de compétences	Compétences	Modules de formation	Modalités d'évaluation du bloc de compétences
Bloc 4. Entretien de l'environnement immédiat de la personne et des matériels liés aux activités en tenant compte du lieu et des situations d'intervention.	8. Utiliser des techniques d'entretien des locaux et du matériel adaptées en prenant en compte la prévention des risques associés.	Module 8. Entretien des locaux et des matériels et prévention des risques associés.	Évaluation à partir d'une situation d'hygiène identifiée en milieu professionnel. Évaluation des compétences en milieu professionnel.
	9. Repérer et traiter les anomalies et dysfonctionnements en lien avec l'entretien des locaux et des matériels liés aux activités de soins.		
Bloc 5. Travail en équipe pluri-professionnelle et traitement des informations liées aux activités de soins, à la qualité/gestion des risques.	10. Rechercher, traiter et transmettre, quels que soient l'outil et les modalités de communication, les données pertinentes pour assurer la continuité et la traçabilité des soins et des activités.	Module 9. Traitement des informations.	Étude de situation pouvant comporter une pratique simulée. Évaluation des compétences en milieu professionnel.
	11. Organiser son activité, coopérer au sein d'une équipe pluriprofessionnelle et améliorer sa pratique dans le cadre d'une démarche qualité/gestion des risques.	Module 10. Travail en équipe pluri-professionnelle, qualité et gestion des risques.	

La formation répartit à durée égale les 44 semaines entre enseignement théorique et formation clinique, 22 semaines de 35 heures. La formation théorique comprend, en plus des heures spécifiques pour chaque module :

- 35 heures d'accompagnement pédagogique individualisé ;
- 7 heures de suivi individualisé des apprenants, qui prend le relais du premier module et aide au renforcement des acquis ;
- 35 heures de travaux personnels guidés.

4. Les stages

La formation clinique est répartie en quatre périodes (de A à D) qui se déroulent en milieu professionnel pour une durée de cinq semaines pour les périodes A à C. La période D comporte sept semaines et correspond, en fin de formation, à la période intégrative en milieu professionnel. Elle doit porter sur l'ensemble des cinq blocs de compétences de l'AS.

Parmi ces périodes (anciens stages), l'élève doit en effectuer au moins une auprès de personnes en situation de handicap physique ou psychique, et une autre auprès de personnes âgées.

5. Les modalités d'évaluation

Elles se déroulent sous différentes formes pendant la formation et sont effectuées par le tuteur de stage (périodes cliniques), éventuellement sous forme de situations simulées. Les modules ne sont pas compensables entre eux et une note au moins égale à 10/20 permet de les valider. Une fiche récapitulative « Validation de l'acquisition des blocs de compétences » recueille les résultats de l'évaluation sur l'ensemble de son parcours par l'apprenant[1].

6. Témoignage de professionnelle

« Les études en IFAS sont axées sur des apprentissages théoriques qui ont beaucoup évolué avec le temps pour accompagner la montée en compétences des aides-soignants. C'est ce que montrent les textes réglementaires qui régissent la formation et qui sont relativement récents, ils datent « seulement » de 2005.
Nous attendons impatiemment la refonte du référentiel des compétences et activités aides-soignantes qui donnera une nouvelle impulsion à ce métier, et en confirmera la reconnaissance et les responsabilités nouvelles déléguées aux aides-soignants. Il s'agit d'une réforme du métier d'aide-soignant, inscrite dans la stratégie nationale « Ma santé 2022 ». Rappelons que les aides-soignants n'exercent pas de rôle propre, ce qui veut dire qu'ils exercent sous la responsabilité de l'infirmier. L'évolution du référentiel implique l'affirmation de plus d'autonomie, par exemple dans les domaines de l'animation et du projet de vie de la personne, ou du tutorat, c'est-à-dire l'accompagnement de nouveaux professionnels ou stagiaires.
Nos formateurs ont à cœur de former des professionnels capables d'exercer un métier en pleine transformation, depuis que le rapport El Khomri, en automne 2019, a rappelé l'importance de le rendre plus attractif.
Attention, les candidats à nos portes ne doivent pas pour autant considérer que nous avons baissé nos exigences dans le processus de recrutement, notamment avec la suppression du concours écrit. Nous voulons avoir des élèves sérieux, conscients de la place qu'ils occupent dans un service de soin, attentifs aux besoins des autres. Ils doivent donc incarner des valeurs humanistes sans lesquelles les métiers du soin perdent leur essence même. »

Mme V., directrice d'IFAS sur l'évolution de la formation et du métier AS

1. Voir le tableau « Correspondance entre le référentiel de certification et les modules de formation ».

2. Le métier d'aide-soignant

1. L'exercice du métier

Le référentiel des activités en vigueur est fixé par l'arrêté du 28 septembre 2011. Il définit le métier d'aide-soignant :

- L'activité de l'aide-soignant est exercée sous la responsabilité de l'infirmier, dans le cadre de son rôle propre (art. R. 4311-3 à R. 4311-5 du Code de la santé publique).
- Dans ce cadre, l'aide-soignant réalise un certain nombre de soins liés aux fonctions d'entretien et de continuité de la vie en cas de diminution de l'autonomie de la personne soignée.
- Le rôle de l'aide-soignant se situe dans une approche globale de la personne soignée qui prend en compte la dimension relationnelle des soins.
- L'aide-soignant accompagne la personne dans les activités de la vie quotidienne, contribue à son bien-être et à son autonomie.

Dans la fonction publique hospitalière, les AS relèvent de la catégorie B (trois grades : classe normale, classe supérieure, classe exceptionnelle) et du corps des aides-soignants et des agents des services hospitaliers qualifiés qui comprend : les aides-soignants, les auxiliaires de puériculture, les aides médico-psychologiques, les accompagnants éducatifs et sociaux et les agents des services hospitaliers qualifiés.

2. En quoi consiste le travail d'un aide-soignant ?

Le métier d'aide-soignant s'exerce aussi bien à l'hôpital qu'en clinique, voire au domicile du patient. En collaboration avec l'infirmier et sous sa responsabilité, l'aide-soignant est investi d'une mission d'assistance aux soins et, dans ce cadre, il :

- dispense des soins d'hygiène et de confort : toilette, repas, réfection des lits, accueil, installation et transfert des patients, etc. ;
- transmet ses observations par écrit et par oral pour assurer la continuité des soins ;
- participe à la réalisation d'animations à destination des personnes admises dans des centres de soins de suite et de réadaptation.

Les journées d'un aide-soignant sont rythmées par les besoins du service et des patients et comportent des tâches précises auprès du patient allant du réveil, au petit-déjeuner, à la toilette, à la réfection des lits et à l'hygiène de la chambre. D'autres activités concernent la commande des repas et des matériels, l'entretien des locaux, sans oublier les réunions d'équipe ou la participation à des groupes de travail. L'aide-soignant peut être amené à travailler la nuit, le week-end et les jours fériés.

3. Quelle est la rémunération d'un aide-soignant ?

Le salaire mensuel brut d'un aide-soignant est très variable en fonction du secteur où il exerce. Dans le secteur public, par exemple, l'entrée dans la carrière commence par un salaire net de 1 760 € évoluant vers 2 830 € net en fin de carrière.

Ce salaire de base est agrémenté de diverses primes : pour les week-ends, les nuits, les chaussures et vêtements de travail, la spécialisation (comme pour l'assistant de soins en gérontologie). S'y ajoutent aussi des indemnités pour le supplément familial, la résidence, l'indemnité forfaitaire de risque, de toilette mortuaire ou de mise en bière, etc.

4. Quelles sont les possibilités d'évolution ?

Un aide-soignant diplômé a de très nombreuses possibilités d'évolution au cours de sa carrière. Très souvent, au bout de quelques années d'exercice, nombreux sont les AS qui se lancent dans les études infirmières. Le diplôme d'aide-soignant les dispense d'un certain nombre de modules que les deux diplômes partagent, et le statut de fonctionnaire stagiaire leur assure le maintien de leur rémunération pendant les trois années d'études infirmières.

Une autre possibilité est de se tourner vers le métier d'auxiliaire de puériculture, où un aide-soignant bénéficiera aussi de la dispense d'un certain nombre de modules que partagent les deux formations.

D'autres aides-soignants décident de se tourner vers des métiers administratifs au sein de l'hôpital. Ils peuvent alors, par reconversion professionnelle, travailler en tant qu'adjoint administratif ou bien assistant médico-administratif (AMA) ou adjoint des cadres hospitaliers (ACH). Pour être titularisé dans ces deux derniers postes, il est nécessaire de passer des concours spécifiques organisés par les établissements hospitaliers.

D'autres pistes d'évolution restent bien sûr le changement de secteur entre le privé et le public, et entre le secteur hospitalier et le secteur social et médico-social.

Les AS peuvent également continuer à exercer leur métier dans leur corps d'origine et suivre des formations complémentaires pour accéder à des emplois spécifiques :

- en service des personnes décédées, après une formation d'adaptation à l'emploi (FAE) qui dure huit jours ;
- en tant qu'assistant de soins en gérontologie, après une formation continue en alternance (140 heures étalées sur douze mois maximum).

L'arrêté du 3 juillet 2023 modifiant l'arrêté du 31 juillet 2009 relatif au diplôme d'État infirmier prévoit une évolution spécifique pour les aides-soignants disposant d'une expérience professionnelle d'aide-soignant pendant au moins trois ans à temps plein sur les cinq dernières années. En effet, après une formation de trois mois, ces aides-soignants peuvent intégrer directement en deuxième année la formation d'infirmier (voir en détail, l'article 1 de l'arrêté).

L'AS peut également travailler dans la fonction publique territoriale (communes, structures intercommunales, départements) où il relève de la filière médico-sociale, catégorie B.

Enfin, il leur est aussi possible d'exercer dans l'armée (après avoir suivi une formation spécifique à l'École du personnel paramédical des armées (EPPA)[1].

5. Témoignages de professionnelles

« Je travaille en binôme avec l'infirmière. Mon travail consiste à apporter au patient des soins d'hygiène et de confort. Je les aide dans les gestes de la vie quotidienne qu'ils ne peuvent plus réaliser en autonomie, mais je dois constamment veiller à ce qu'elle soit préservée au maximum. Ce matin, par exemple, j'ai proposé à une résidente de tartiner elle-même le beurre sur son pain, elle était hésitante, mais elle a réussi et était très contente. Il faut savoir prendre son temps. La difficulté est que ce temps est aussi compté.

Dans notre métier, l'esprit d'équipe est capital. Nous devons toujours transmettre les informations aux infirmières : il s'agit d'observations que nous relevons pendant nos soins et qui les aident à prendre les mesures nécessaires auprès des patients. Ce métier nécessite beaucoup d'humilité, de patience, il faut aimer s'occuper des gens. Il faut aussi être en forme, car c'est un métier très physique. À la fin de mon service, je profite toujours du beau jardin de notre établissement pour marcher quelques minutes. C'est comme un sas pour séparer l'univers du travail de ma vie privée. C'est un moment pour se ressourcer, où je pense à ma journée, à un moment particulier qui me rappelle à quel point j'aime m'occuper des personnes âgées. Ce n'est certainement pas facile tous les jours, le manque d'effectif dans notre EHPAD a accéléré les rythmes et j'ai l'impression d'un enchaînement de tâches plus cadencé qu'avant. Mais lorsque je vois le sourire d'un résident, cela me rappelle à chaque fois que j'aime mon métier et que j'en suis fière. »

Ludivine, 55 ans, aide-soignante en EHPAD

1. La première édition du livre consacré à ce concours vient de paraître en septembre dernier.

« À l'hôpital, les cycles de travail des aides-soignants (AS) et des infirmiers (IDE) sont bâtis de telle manière qu'une certaine régularité de collaboration est observée entre ces deux corps de métier.
La nuit, généralement, les binômes AS-IDE sont fixes. Le travail se décline entre tâches prescrites (non délégables) et actes dépendants du rôle propre infirmier, qu'il peut déléguer à l'aide-soignant après s'être assuré de sa bonne exécution. L'infirmier effectue aussi des actes qui pourraient être réalisés par l'aide-soignant seul. Il est question de confiance, chacun sachant ce que l'on peut confier à l'autre dans le partage de ce travail au service des personnes soignées et dans le respect des activités définies réglementairement. Le non-respect, autrement dit le glissement de tâches, est passible de sanctions et entraîne les responsabilités des professionnels impliqués. Au sein du binôme, on est témoin de la manière de servir de l'autre et en cas de réclamation d'un patient, le témoignage du collègue du binôme est crucial.
Ce qui est attendu de part et d'autre, c'est que le partage des tâches soit équitable et gratifiant pour chacun. La plupart du temps, la collaboration se passe bien, c'est un cercle vertueux où l'on a bien compris que plus l'on met du sien à faire en sorte que les choses se passent bien, plus le retour sur le travail est positif et reconnu tant par l'encadrement de proximité que par les personnes soignées ; donc il est plus agréable d'exercer dans ce contexte générateur de reconnaissance au travail.
Un aide-soignant qui travaille avec un infirmier qui lui laisse tout le « sale boulot » aura tendance à faire une grève de zèle lorsque l'infirmier voudra lui déléguer certaines tâches à son tour. Par exemple, une participation de l'infirmier aux soins d'hygiène et de confort est appréciée par l'aide-soignant pour la réfection des lits, la vidange des poubelles de la salle de soins, etc.
C'est la continuité de cette solidarité et de cette entraide que j'observe et que j'apprécie dans ma pratique depuis vingt ans dans différents services à l'hôpital ou dans les EHPAD. »

Karin, cadre de santé de nuit en centre hospitalier

6. Les 10 qualités indispensables de l'aide-soignant

1. Tact, douceur et délicatesse

L'aide-soignant occupe une place de première ligne auprès des patients ou personnes prises en charge. Il doit savoir s'adapter à leurs particularités, centres d'intérêt, goûts et spécificités liées à leur état de santé ou à leur situation, afin de pouvoir instaurer la confiance nécessaire à toute communication fluide et aisée. Sans oublier, bien évidemment, que ces qualités servent tout autant à assurer la meilleure communication possible avec les proches également.

2. Empathie et patience

Capacité à comprendre l'état émotionnel de l'autre, l'empathie est capitale dans les métiers de soins ; elle assure chez la personne qu'on prend en charge, même de manière imperceptible, le sentiment d'être compris et rassure le patient comme ses proches. Elle va de pair avec la patience, qualité de celui ou celle qui sait se rendre disponible, tout en maîtrisant le temps alloué à une activité.

3. Disponibilité et courtoisie

Le sens du service est également une obligation de tout agent public. L'aide-soignant étant un point de référence et d'écoute pour les proches, il doit rester accessible et accueillir chaque personne avec le respect qui lui est dû.

4. Résistance au stress et à l'effort physique

Dans des journées bien remplies d'événements prévus, agrémentés des intrusions d'imprévus, l'aide-soignant allie une capacité d'intelligence émotionnelle (capacité à reconnaître ses émotions et à les gérer) à une bonne endurance. Cette alliance est une composante importante dans la gestion du stress et fait de ce dernier un moteur plutôt qu'un frein à la réalisation des activités et à l'adaptation aux situations d'urgence.

5. Travail en équipe et capacités d'organisation

Le travail en collaboration est indispensable dans un milieu où s'entrecroisent la pluri- et l'interdisciplinarité. Le collectif d'équipe de soin, dans lequel est intégré l'aide-soignant, que ce soit à l'hôpital ou en établissement ou service social ou médico-social, implique des échanges avec les autres membres de l'équipe et avec des interlocuteurs extérieurs, dans l'objectif d'assurer le meilleur suivi pour les patients.

6. Réserve et confidentialité

Qualités indispensables, elles sont conjuguées aux obligations statuaires du professionnel de santé, afin de préserver le domaine du secret médical et la vie privée de la personne prise en charge. Elles sont premièrement un gage de confiance pour que les patients et leurs proches puissent confier aux équipes de soin leurs problèmes. C'est aussi la garantie de la transmission d'information dans le cadre des prises en charge collectives, pour assurer l'obligation de continuité des soins au sein du service public hospitalier en particulier.

7. Optimisme et assurance

Intervenir auprès de personnes âgées en perte d'autonomie, ou de personnes en situation de handicap qui peuvent être concernées par une remise en question de leur identité, de leur projet, de leur évolution nécessite un tempérament ouvert à la vie, à l'avenir et à l'espoir, à une époque où les incertitudes sont nombreuses. Cela vaut également pour adopter auprès de proches en difficulté une attitude optimiste et réconfortante. C'est préférable, car l'optimisme porte, même dans les situations les plus compliquées, un message encourageant et rassurant. Il pourra donner au patient l'envie de résister à la douleur, à la difficulté, au pessimisme en le responsabilisant et en l'autonomisant dans ses choix et décisions, guidés par le professionnel. Mais il en va de même pour rassurer les proches aidants, par exemple en difficulté dans leur rôle, et les aider à l'investir plus facilement pour trouver leur place et ne pas s'oublier dans un sacrifice qui serait nuisible à leur propre état de santé mentale et physique.

8. Créativité et inventivité

Ces capacités sont particulièrement aidantes lorsque l'on prend soin de personnes qu'il faut sensibiliser, faire réfléchir de manière ludique pour mieux toucher, éduquer, voire rééduquer en suscitant la curiosité, en intriguant. Sans oublier qu'auprès des personnes prises en charge, l'aide-soignant assure également des fonctions d'animation impliquant des activités manuelles, artistiques, par exemple l'art-thérapie.

9. Sens de l'analyse et résolution de problème

Cela implique la capacité à s'organiser, à analyser rapidement une situation et à déclencher le réflexe de se référer au cadre réglementaire pour réagir avec acuité et avec pertinence face aux situations à risque et prendre ainsi les meilleures décisions. C'est également la capacité à discerner le caractère urgent d'une situation et à en référer au responsable infirmier ou médecin pour adapter la prise en charge du patient.

10. Sens des responsabilités et réactivité

Les précédentes qualités vont de pair avec la capacité à endosser pleinement et professionnellement ses responsabilités, sans oublier le rôle qui est réglementairement déterminé pour l'aide-soignant. Rôle prescrit et rôle propre sont ainsi définis pour éviter tout glissement de tâches et tout risque d'engager sa responsabilité. C'est ainsi que la réglementation en vigueur répartit les responsabilités entre les professions médicales et les autres auxiliaires médicaux, dont les infirmiers font partie. Garder ces limites présentes à l'esprit doit toutefois compter avec les réalités du terrain où la prise de décision individuelle et collective tient également compte des particularités de l'environnement et de la situation pour agir vite et bien dans l'intérêt de la personne et dans le respect de la réglementation.

Testez-vous avec des QCM

Qu'avez-vous retenu ?

Ces dix questions vous permettront de réviser les éléments appris dans les pages précédentes. Toutes les réponses s'y trouvent.
Essayez de rédiger vos réponses avec des phrases complètes, de les relier systématiquement à votre parcours, à votre projet, car tout cela vous sera très utile par la suite, aussi bien dans la rédaction de vos lettres de motivation, CV et documents manuscrits, qu'à l'entretien avec le jury. Il n'y a pas de réponse parfaite, c'est la manière dont vous vous êtes approprié le contenu et dont vous personnalisez vos réponses qui fait la différence.

❶ Citez un ou plusieurs exemples illustrant les différents composants du diplôme d'aide-soignant.

❷ Pourquoi les études d'aide-soignant prévoient-elles des stages et où se passent-ils ?

❸ Quelles sont les différentes passerelles pour les personnes détenant d'autres diplômes et souhaitant accéder à la formation d'aide-soignant ?

❹ En quoi consiste le travail d'un aide-soignant ?

❺ Qu'avez-vous retenu des témoignages des professionnelles de chaque service ?

❻ Quelles sont les qualités indispensables pour être aide-soignant ?

❼ Que pouvez-vous dire du binôme AS/IDE ?

❽ Quelles sont vos qualités au regard de celles qu'implique le métier que vous souhaitez exercer ?

❾ Combien de modules devrez-vous valider pour obtenir le diplôme d'aide-soignant ?

❿ Quel est le module qui vous attire le plus et pourquoi ? Qu'avez-vous envie d'en apprendre ?

Corrigé

❶ Le diplôme AS contient : le référentiel d'activités du métier ciblé par le diplôme, le référentiel des compétences du diplôme, le référentiel de la certification du diplôme, le référentiel de la formation du diplôme.

❷ Les stages représentent un moyen de mieux connaître le terrain de soins et les différents services et secteurs de prise en charge des patients. Six stages sont prévus pour une durée de quatre semaines et chaque module comporte des stages spécifiques à son contenu réalisés dans les structures sanitaires, sociales ou médico-sociales.

❸ Les titulaires de diplômes et titres du secteur sanitaire et social bénéficient de passerelles leur assurant la dispense d'un certain nombre de modules en fonction de leur diplôme. Par exemple, les détenteurs du diplôme d'État d'auxiliaire de puériculture sont dispensés de six modules qui sont partagés avec le diplôme d'État d'aide-soignant et il en est de même pour les aides-soignants diplômés souhaitant devenir auxiliaire de puériculture.

❹ Le référentiel des activités en vigueur précise les activités que l'aide-soignant exerce sous la responsabilité de l'infirmier. Son travail consiste ainsi à assurer des soins liés aux fonctions d'entretien et de continuité de la vie en cas de diminution de l'autonomie de la personne soignée. Les soins incluent une dimension relationnelle et l'accompagnement de la personne dans les activités de la vie quotidienne et la contribution à son bien-être et à son autonomie.

❺ Pas de corrigé type, la réponse doit être personnalisée et montrer une capacité d'analyse et d'exploitation des propos des professionnels.

❻ Vous pouvez vous appuyer sur la liste des qualités précisée dans la partie consacrée au métier ou bien mettre en évidence d'autres qualités qui vous semblent pertinentes.

❼ Relisez le témoignage de Karin et réfléchissez aux arguments qu'elle propose. Si vous avez réalisé des stages d'observation, pensez éventuellement à ce que vous avez remarqué dans les rapports entre les soignants, le partage des tâches, des responsabilités, le climat de travail, la valorisation du métier aide-soignant, la prise en charge collégiale du patient...

❽ Vous pouvez vous appuyer sur la liste des qualités précisée dans la partie consacrée au métier ou bien mettre en évidence d'autres qualités qui vous semblent pertinentes.

❾ Tous les modules doivent être validés à travers des évaluations continues.

❿ Pas de corrigé type, la réponse doit être personnalisée.

1. L'organisation des secteurs sanitaires, sociaux et médico-sociaux

1. Les organismes de tutelle

A. Les agences régionales de santé (ARS)

a. Que sont les ARS ?

Les agences régionales de santé sont des autorités déconcentrées qui agissent sous la responsabilité de l'État pour appliquer, à l'échelle régionale, la politique nationale de santé. Depuis la réforme territoriale de 2015, la France compte treize ARS en métropole et cinq ARS pour les territoires ultramarins (La Réunion, Mayotte, Guadeloupe, Guyane, Martinique). Les ARS dans leur forme actuelle ont été créées par la loi HPST du 26 juillet 2009, en rajoutant aux précédentes agences régionales d'hospitalisation (créées en 2004) de nouvelles missions élargies aux secteurs sanitaires et médico-social.

b. Quelles sont les missions des ARS ?

Le Code de la santé publique attribue aux ARS deux missions principales :

- la mise en œuvre au niveau régional de la politique de santé, en liaison avec les autorités compétentes dans les domaines de la santé ;
- la régulation, l'orientation, l'organisation de l'offre de services de santé, en concertation avec les professionnels de santé et les acteurs de la promotion de la santé.

Pour réaliser sa mission de mise en œuvre de la politique de santé au niveau régional, l'ARS :

- définit et évalue les politiques de promotion et d'éducation à la santé de la population ;
- délivre les autorisations pour le fonctionnement des établissements de santé ;
- contribue à mettre en œuvre un service unique d'aide à l'installation des professionnels de santé ;

– établit un programme de contrôle des règles d'hygiène en fonction des orientations retenues par le projet régional de santé (PRS) ;

– définit les contours de la veille sanitaire sur l'ensemble des territoires de santé ;

– s'assure de la bonne répartition de l'offre de soins sur le territoire régional pour éviter les déperditions locales ;

– évalue la qualité de la formation des professionnels de santé.

Dans ce cadre, les ARS jouent un rôle pivot au niveau de chaque région. Ces services s'assurent, par une multiplicité d'outils, de connaître avec de plus en plus de précision l'état de santé de la population et les besoins de santé en regard. Ces éléments sont synthétisés dans un **plan régional de santé**, principal outil de planification de l'ARS. Ce plan fait également état de l'action spécifique à mener pour chaque région. Elle est expliquée dans le **Schéma Régional de Santé**. Ce schéma couvre la prévention, l'organisation des soins, l'organisation médico-sociale et l'accès aux soins et à la prévention des plus vulnérables.

c. Quel est le rôle des ARS dans l'organisation régionale de la santé ?

Pour pouvoir réguler le mieux possible l'offre de soin en tenant compte des spécificités régionales, les ARS s'appuient d'une part sur l'incitation à la coopération des différents acteurs de santé (établissements de santé publics ou privés, médecins et professionnels de santé de ville), et sur la connaissance des besoins de la population en matière de soins et de services médico-sociaux.

Les coopérations sanitaires sont marquées par la création en 2016 (loi Touraine du 26 janvier 2016) des groupements hospitaliers de territoire, qui réunissent autour d'un établissement support (généralement un CHU) plusieurs établissements membres ou parties.

Les coopérations se développent également entre les professionnels de santé et leur exercice coordonné au sein des maisons de santé pluridisciplinaires, des centres de santé, des pôles de santé ou des maisons de naissance.

Enfin, les ARS, et notamment leur directeur général, sont également l'un des principaux acteurs de la délivrance ou du renouvellement des autorisations sanitaires des activités de soin, ou de la contractualisation avec les établissements de santé.

d. Quel est le rôle des ARS dans la formation et l'organisation des professionnels de santé ?

La planification de l'offre de santé au niveau régional implique aussi, pour les ARS, une connaissance parfaite des ressources matérielles et humaines : elles doivent connaître le nombre et la répartition des professionnels de santé au niveau de toute la région, ainsi que le nombre de professionnels à former en fonction des besoins.

L'ARS est un organisme de tutelle qui valide ainsi les formations de toutes les professions de santé, en validant les dates des procédures de sélection (*via* des concours ou les dossiers), les sujets des épreuves des concours ou les critères de sélection, le nombre de professionnels à former *via* les agréments accordés aux instituts, le nombre d'instituts ou centres de formation et leur répartition sur le territoire.

Le directeur général de l'ARS détermine ainsi les autorisations d'ouverture d'instituts de formation et le nombre de places réparties sur la région. Par exemple en 2020, la région Bretagne comptait 158 places réparties sur trois sites de formation (Croix-Rouge française Rennes et Brest, et IFPS de Vannes).

B. Les organismes de tutelle : les collectivités territoriales

a. Que sont les collectivités territoriales ?

Les collectivités territoriales ou locales sont, selon la Constitution française, des personnes morales de droit public bénéficiant d'une autonomie juridique et patrimoniale. Ce sont des autorités décentralisées, c'est-à-dire distinctes de l'État. Dans ce sens, elles ont des compétences administratives sur leur territoire : la région, le département ou la commune. Ces territoires déterminent également les trois formes principales des collectivités territoriales. Chacune est investie de compétences spécifiques dans le domaine sanitaire et social :

■ **La région :** représentée par le conseil régional, il s'agit de la plus grande des collectivités territoriales. Depuis la loi NOTRe du 16 janvier 2015, le territoire métropolitain est découpé en douze régions, chacune investie de pouvoirs centrés sur le développement et l'aménagement du territoire, la formation professionnelle, la gestion des lycées et des transports hors agglomération.

Ainsi, chaque région pilote les politiques de formation et d'orientation professionnelle. Elle met aussi en place un plan spécifique de formation tout au long de la vie qui finance des formations en faveur des publics en situation sociale fragilisée, ou accessibles aux personnes handicapées. Les formations universitaires sont aussi financées par la région pour les licences pro et les masters.

■ **Le département :** représenté par le conseil départemental, il est chargé des affaires d'aide sociale, d'autonomie des personnes et de solidarité des territoires que représente l'action sociale. Il a plusieurs champs d'action :

- l'aide sociale à l'enfance (ASE), la protection maternelle et infantile (PMI), l'adoption et le soutien des familles en difficulté ;
- les personnes en situation de handicap : la politique d'hébergement et d'insertion sociale, les prestations de compensation du handicap ;
- les personnes âgées : la gestion et la création de maisons de retraite, le maintien à domicile, l'allocation personnalisée d'autonomie.

■ **La commune :** gérée par le conseil municipal et le maire, il s'agit d'une collectivité administrative de proximité chargée des affaires d'intérêt communal : aide sociale (centres communaux d'action sociale, CCAS), urbanisme, logement, scolarité élémentaire et maternelle, culture et patrimoine, etc. Depuis 2010, plusieurs communes peuvent fusionner en intercommunalités. Ces intercommunalités peuvent, entre autres, gérer des centres hospitaliers intercommunaux (CHI).

b. Les prérogatives des collectivités territoriales

Chacune de ces collectivités possède un certain nombre de prérogatives dans le domaine de la santé et des secteurs médico-sociaux. Nous avons vu que les agences régionales de santé étaient chargées de gérer l'offre de soin, les établissements de santé et les établissements médico-sociaux. Or, nombre de ces derniers relèvent des compétences des conseils régionaux et départementaux qui ont la prérogative de l'action sociale dans la protection maternelle et infantile, les personnes âgées, le handicap.

Par ailleurs, une importante loi du 16 janvier 2015, dite loi NOTRe, a profondément modifié la répartition des compétences entre collectivités territoriales en réduisant le nombre de régions (et aussi le nombre d'ARS correspondantes).

Chacune de ces collectivités territoriales gère des structures sanitaires et sociales et est l'employeur, *via* la fonction publique territoriale, des aides-soignants ou des auxiliaires de puériculture qui y travaillent. Les points suivant mentionnent les principales structures existantes.

2. Les établissements de santé

A. Typologie des établissements de santé

Depuis la loi HPST (hôpital, patients, santé, territoires), il existe trois types d'établissements de santé : les établissements publics de santé (EPS), les établissements de santé privés (ESP) à but lucratif ou non lucratif, et les établissements de santé privés d'intérêt collectif (ESPIC), qui sont des établissements de santé privés à but non lucratif.

■ **Les établissements publics de santé :** ce sont des personnes morales de droit public bénéficiant d'une autonomie financière et administrative, sous contrôle de l'État et sans objectif industriel ou commercial. Ils incluent :

- les centres hospitaliers (CH), qui peuvent aussi être des hôpitaux locaux ;
- les centres hospitaliers régionaux ;
- les centres hospitaliers universitaires ;
- les centres hospitaliers spécialisés en santé mentale ;
- les hôpitaux d'instruction des armées (qui dépendent du ministère de la Défense).

■ **Les établissements de santé privés :** ce sont des personnes morales de droit privé qui peuvent être gérées par des groupes privés de statuts divers, mutuelles, fondations, congrégations religieuses, associations, fonds de pension étrangers, etc. Ils peuvent être à but lucratif, c'est-à-dire qu'ils doivent générer des bénéfices qui sont ensuite distribués aux actionnaires. Ils peuvent aussi être à but non lucratif, ce qui signifie qu'en cas de bénéfices dégagés, ces derniers doivent être réinvestis dans la structure.

Dans cette catégorie figurent également les ESPIC, établissements de santé privés d'intérêt collectif, qui assurent le service public. Les CLC, centres de lutte contre le cancer, en font partie.

B. Les missions des établissements de santé

Tous les établissements de santé, sans égard à leur statut, assurent une série de missions définies par le Code de la santé publique (art. L. 6111-1). Parmi ces missions figurent :

– le diagnostic, la surveillance et le traitement des malades, des blessés et des femmes enceintes ;

– les actions de prévention et d'éducation à la santé ;

– les soins, ou soins palliatifs, en ambulatoire ou à domicile, ou en établissement médico-social ;

– la participation à la coordination des soins en médecine de ville et établissements médico-sociaux dans le cadre défini par l'ARS et en concertation avec les conseils départementaux pour les compétences qui les concernent ;

– la participation à la mise en œuvre de la politique de santé et des dispositifs de vigilance de sécurité sanitaire ;

– la réflexion sur l'éthique liée à l'accueil et à la prise en charge médicale ;

– les missions de recherche et d'enseignement.

C. Le service public hospitalier

Il s'agit d'un bloc de missions et obligations qui incombent par statut aux établissements publics de santé, aux hôpitaux d'instruction des armées et à tous les établissements privés qui ont fait le choix de les exercer avec l'habilitation du directeur général de l'ARS. Ces obligations garantissent :

– l'accès aux soins à tous sans discrimination et sans dépassement d'honoraires ;

– la transparence dans la gestion et le fonctionnement de l'établissement ainsi que la participation des usagers à la gouvernance de l'établissement ;

– la qualité et l'accessibilité des soins au niveau des territoires ;

– la neutralité ;

– l'adaptation et l'innovation.

D. La gouvernance hospitalière

Il s'agit de la manière dont un établissement de santé est organisé et dirigé. Pour l'hôpital public par exemple, elle consiste en plusieurs éléments :

■ **Les instances de décision :** ce sont les instances collégiales (sauf le directeur) qui élaborent, valident et décident les différentes politiques médicales, administratives et financières à l'hôpital. Ce trio assure une répartition et un contrôle des différents pouvoirs et inclut :

– le conseil de surveillance auquel participent des représentants issus des différents corps de métier au sein de l'hôpital, des représentants des usagers et des représentants des collectivités locales ;

– le directeur qui représente l'établissement et en conduit la politique générale ;

– le directoire qui réunit le directeur de l'hôpital, le président de la commission médicale de l'établissement et le président de la commission des soins infirmiers, de rééducation et médico-technique.

■ **Les instances consultatives :** la loi HPST de 2009 en prévoit cinq obligatoires et plusieurs autres facultatives.

– La CME : cette commission médicale d'établissement a pour principale mission l'élaboration de la politique médicale de l'établissement, l'amélioration continue de la qualité et de la sécurité des soins, ainsi que l'accueil et la prise en charge des usagers. Elle est composée des chefs de pôle et des membres élus du corps médical.

– La CSIRMT : la commission des soins infirmiers et de rééducation médico-technique réunit les représentants de ces deux corps de métier et élabore les projets médicaux infirmiers entre autres.

– La CDU : la commission des usagers est constituée de représentants des usagers qui sont chargés de la qualité de leur prise en charge.

– Le CSE (Comité Social de l'Établissement) : instance issue de la fusion de deux anciennes instances hospitalières dédiées à l'organisation interne de l'établissement et à ses orientations stratégies sur les politiques des ressources humaines ainsi que sur les conditions d'hygiène et de sécurité du travail. En fonction de leur taille, certains grands établissements conservent une formation dédiée aux Conditions de sécurité et d'hygiène du travail.

E. Les métiers de l'hôpital

L'hôpital est un univers professionnel multidimensionnel réunissant un nombre important de métiers qui peuvent y être exercés. Les hôpitaux représentent également pour les territoires un important vivier d'emplois et jouent un rôle majeur dans l'économie locale par le réseau professionnel qui est construit autour d'eux. Les statuts des personnels travaillant dans l'hôpital public concernent notamment :

– les personnels médicaux : ce sont les professions médicales, odontologiques, pharmaceutiques, les internes, les sages-femmes ;

– les personnels non médicaux : ils représentent la masse salariale la plus importante dans les établissements de santé, soit plus d'un million de personnes en 2019 (données de 2017, source SAE DREES) :

• soignants : infirmiers, aides-soignants, agents de services hospitaliers, auxiliaire de puériculture, psychologues, rééducateurs, etc. ;

• non soignants : personnels administratifs, éducatifs et sociaux, médico-techniques et techniques.

3. Les établissements sociaux et médico-sociaux

Les établissements médico-sociaux, au sein desquels peuvent travailler les aides-soignants, regroupent des établissements spécialisés dans l'accueil de publics spécifiques.

Ces établissements assurent des missions organisées autour des thématiques suivantes :

– la prévention, le dépistage et l'accompagnement précoce : ils accueillent des enfants ou des adultes et aident aussi à l'accueil et à l'orientation de leur famille ;

– l'accompagnement en milieu ordinaire de vie : ils assurent un soutien à l'intégration scolaire ou à l'acquisition de l'autonomie des enfants et adolescents jusqu'à 20 ans. Ils assurent les différentes formes d'accueil (familial, temporaire, de jour) pour les adultes ;

– l'accompagnement en institution : ils accueillent des enfants et adolescents atteints de troubles du comportement sans déficience intellectuelle. Les foyers d'accueil médicalisé (FAM) accueillent les adultes, et les établissements et services d'aide par le travail (ESAT) ont pour objectif l'insertion sociale et professionnelle des adultes handicapés.

A. Les principales structures dans le secteur médico-social selon les publics accueillis

a. Les structures d'accueil des jeunes handicapés

Il s'agit d'établissements qui accueillent dans leurs murs des enfants ou adolescents ayant des besoins spécifiques de prise en charge selon leur handicap ou leur déficience mentale, cognitive ou sensorielle, ou bien qui assurent un accueil permanent ou temporaire. Ils incluent également des foyers d'hébergement pour les personnes handicapées ou encore des centres d'accueil familial spécialisé. D'autres structures offrent des services de soins à domicile ou ambulatoires spécialisés dans les prises en charge des personnes handicapées avec une dimension plus importante en santé mentale.

Quelques exemples de structures accueillant des mineurs handicapés :

– les instituts médico-éducatifs (IME) accueillant des mineurs atteints de déficience mentale ;

– les instituts d'éducation sensorielle pour sourds et aveugles ;

– les instituts thérapeutiques éducatifs et pédagogiques (ITEP), accueillant des enfants, adolescents ou jeunes adultes présentant des difficultés psychologiques s'exprimant par des troubles du comportement ;

– les services d'éducation spéciale et de soins à domicile (SESSAD) : ils apportent aux familles conseil et accompagnement, et favorisent l'intégration scolaire et l'acquisition de l'autonomie des jeunes en intervenant dans leurs lieux de vie ou d'activité et dans les locaux des SESSAD. L'intervention en milieu scolaire peut se dérouler au sein des CLIS et ULIS (classe pour l'inclusion scolaire et unité localisée pour l'inclusion scolaire).

b. Les structures d'accueil des adultes handicapés

Ces structures accueillent des adultes atteints de différentes formes de handicap dans des foyers ou maisons d'accueil spécialisés, ou dans des établissements et services œuvrant pour leur insertion professionnelle ou favorisant le maintien à domicile.

Quelques exemples de structures accueillant des adultes handicapés :

– les maisons d'accueil spécialisées (MAS), qui accueillent des adultes handicapés ayant besoin d'une aide humaine et technique permanente ;

– les foyers d'accueil médicalisé pour adultes handicapés (FAM) : ce sont des structures de soins ou occupationnelles accueillant des personnes totalement ou partiellement dépendantes, nécessitant une aide permanente aux actes de la vie quotidienne ;

– les établissements et services d'aide par le travail (ESAT), qui ont pour objectif l'insertion sociale et professionnelle des adultes handicapés dont les capacités de travail ne leur permettent pas de travailler en milieu professionnel ordinaire ;

– les services d'accompagnement médico-social pour adultes handicapés (SAMSAH) : ils permettent la vie en milieu ordinaire en proposant des services d'aide pour les actes de la vie quotidienne.

c. Les structures de la protection de l'enfance

Ce sont des établissements chargés de l'aide sociale à l'enfance accueillant des enfants jusqu'à leurs 3 ans ou en scolarité, et des établissements concourant à la protection judiciaire de la jeunesse ou de l'enfance. Cette dernière catégorie implique des mesures de justice, comme le placement qui replace le mineur dans un autre milieu que son milieu familial d'origine, ou bien la soumission des mineurs à un contrôle judiciaire.

Quelques exemples de structures spécialisées dans la protection de l'enfance (ces établissements peuvent compter parmi leur personnel des auxiliaires de puériculture ou des aides-soignants) :

– les établissements d'accueil mère-enfant : ils accueillent des femmes enceintes ou mères isolées avec enfants de moins de 3 ans nécessitant un soutien matériel ou psychologique. Cela permet d'assurer le maintien du lien mère-enfant et d'éviter les abandons d'enfants. Chaque département dispose de ces structures gérées par le conseil départemental et organisées en foyers collectifs ou en réseau d'appartements ;

– les pouponnières à caractère social : elles proposent un service de garde d'urgence d'enfants non accompagnés de moins de 3 ans ne nécessitant pas de soins médicaux, fonctionnant 24 heures/24. Les enfants, séparés de leurs parents, y sont accueillis par décision de justice ou bien en accueil temporaire ;

– les maisons d'enfants à caractère social (MECS) : elles accueillent des mineurs en difficulté pour une période déterminée, en internat ou en foyer ouvert ;

– les services d'action éducative en milieu ouvert (AEMO) : ils interviennent à la demande de l'ASE (aide sociale à l'enfance) ou du juge des enfants. Ils ont pour objectif la protection des enfants maintenus dans leur milieu naturel et aident les parents dans leur rôle éducatif.

d. Les établissements et services sociaux d'aide à la famille

Ces structures recouvrent des centres sociaux (relevant des mairies) qui agissent au cœur des quartiers ou des communes pour offrir des services de proximité à vocation sociale et plurigénérationnelle, ou des services spécifiques spécialisés.

Quelques exemples de structures spécialisées dans l'aide à la famille :

– les centres de circonscription sanitaire et sociale (CCSS) : ils réunissent les services d'action sociale d'un département et mobilisent des travailleurs sociaux et médico-sociaux dans un centre médico-social ;

– les services d'aide et d'accompagnement à domicile (SAAD) : ils assurent au domicile des personnes des prestations de services ménagers ou d'activités ordinaires de la vie quotidienne. Ils emploient des auxiliaires de vie sociale.

e. Les structures d'accueil des personnes âgées

La mission principale de ces structures est d'accueillir des personnes âgées en perte d'autonomie en institution ou à domicile et de préserver les liens sociaux.

Quelques exemples de structures spécialisées dans l'accueil des personnes âgées :

– les établissements d'hébergement pour personnes âgées dépendantes (EHPAD) : ces structures médicalisées accueillent des personnes âgées de plus de 60 ans en perte d'autonomie et nécessitant des soins quotidiens. Elles peuvent être privées ou publiques et sont rattachées le plus souvent à une collectivité locale. Certains d'entre eux sont directement gérés par des établissements publics de santé. La personne âgée bénéficie d'un accueil personnalisé construit avec elle et ses proches ou sa personne de confiance autour d'un projet de vie personnalisé ;

– les résidences autonomie : ces structures permettent un accueil intermédiaire entre le domicile et l'EHPAD pour les personnes bénéficiant d'un accueil collectif et non médicalisé et qui sont autonomes. Elles peuvent bénéficier de services d'aide à domicile ;

– les centres de jour pour les personnes âgées (CAJ) : souvent proches d'un EHPAD, ils accueillent des personnes âgées atteintes de pathologie de type Alzheimer et contribuent au maintien de leur autonomie et de leur socialisation, tout en facilitant le droit au répit de leur proche aidant ou des familles.

f. Les structures d'accueil de la petite enfance

Le président du conseil départemental est le garant de l'application des normes encadrant les établissements d'accueil des jeunes enfants. Cette mission est assurée par les services de protection maternelle et infantile (PMI) : ils vérifient que les conditions d'accueil réservées aux enfants sont conformes aux règles garantissant leur santé, leur sécurité, leur bien-être, leur développement physique, cognitif, social, affectif et émotionnel.

Le décret n° 2000-762 du 1er août 2000, puis le décret du 20 février 2007 ont harmonisé et simplifié la réglementation relative aux établissements et services d'accueil des enfants de moins de 6 ans. Il s'agit :

– des services de la protection maternelle et infantile chargés d'instruire les demandes d'autorisation ou d'avis ;

– des créateurs ou gestionnaires de crèches de tous statuts juridiques (privés, publics, associatifs, d'entreprise, etc.), haltes-garderies, multi-accueils, micro-crèches, etc.

L'accueil collectif des enfants de moins de 6 ans peut être assuré :

– en crèches collectives ;
– dans des haltes-garderies assurant un accueil occasionnel ou ponctuel ;
– en jardin d'enfants ;
– en crèche familiale ;
– en structure multi-accueil.

Les établissements sont gérés par une collectivité territoriale (mairie, conseil départemental) ou un établissement ou service public. Les structures peuvent aussi être privées à but lucratif ou privées à but non lucratif.

Pour tous les établissements accueillant des jeunes enfants, la réglementation en vigueur impose un nombre de places maximum en fonction du type de service, ainsi que des règles et normes spécifiques concernant les locaux, la durée et la période d'ouverture. La réglementation inclut également tout un système normatif d'autorisation d'activité, et de qualifications et de compétences diverses des professionnels participant à la prise en charge des enfants, à leur accueil ou à leur encadrement.

Chaque structure doit ainsi définir un projet d'établissement ou de service et détailler son contenu, en plus de mettre en place un règlement intérieur. Les établissements d'accueil de la petite enfance sont enfin soumis aux contrôles et visites par le médecin de la PMI.

Les personnels exerçant dans ces structures d'accueil sont soumis à des conditions de moralité déterminées par le Code de l'action sociale et des familles. Son article L. 133-6-1 interdit ainsi qu'elles soient exploitées par une personne condamnée pour crime ou certains délits.

Tous les employés exerçant auprès des enfants ou en contact régulier avec eux, quel que soit leur statut (stagiaires, bénévoles parents ou proches, etc.), doivent avoir une couverture vaccinale à jour pour les vaccins obligatoires et un certificat médical attestant leur bon état de santé, pour protéger les enfants qui leur sont confiés.

Chaque établissement doit assurer le bon déroulement de l'activité en termes de vie en équipe, de formation et d'accompagnement des personnels. L'objectif est ainsi d'assurer une stabilité du personnel, des temps et des lieux pour fournir des services de qualité aux enfants et à leurs familles, et assurer une continuité de la prise en charge.

La formation des personnels est également indispensable pour des métiers soumis à l'évolution de la société, et aux connaissances sur le développement et la santé de l'enfant et sur ses besoins spécifiques (accueil des parents atteints de handicap, d'origine étrangère ou d'enfants porteurs de handicap).

Enfin, les établissements doivent offrir des conditions d'hygiène qui sont les mêmes que pour tous les établissements de restauration collective à caractère social.

B. Les droits des personnes accueillies en établissement social et médico-social

Les personnes accueillies dans tous les établissements sanitaires et sociaux doivent connaître leurs droits et les personnels les accueillant doivent les respecter. Une charte spécifique, en application depuis la loi du 2 janvier 2002 rénovant l'action sociale et médico-sociale, rappelle les droits et libertés de la personne accueillie.

Parmi ses principes fondamentaux figurent l'accueil sans discrimination, l'individualisation de la prise en charge, l'information et le consentement, etc. Ce sont des principes qui sont reliés aux droits et libertés fondamentaux de la personne, mais qui prennent une importance toute particulière lorsqu'il s'agit de personnes, mineures ou vulnérables, comme en accueillent ces établissements.

Charte de la personne hospitalisée

Liberté • Égalité • Fraternité
RÉPUBLIQUE FRANÇAISE

Ministère de la Santé et des Solidarités

Usagers, vos droits

Charte de la personne hospitalisée

Principes généraux*

circulaire n° DHOS/E1/DGS/SD1B/SD1C/SD4A/2006/90 du 2 mars 2006 relative aux droits des personnes hospitalisées et comportant une charte de la personne hospitalisée

Toute personne est libre de choisir l'établissement de santé qui la prendra en charge, dans la limite des possibilités de chaque établissement. Le service public hospitalier est **accessible à tous,** en particulier aux personnes démunies et, en cas d'urgence, aux personnes sans couverture sociale. Il est adapté aux personnes handicapées.

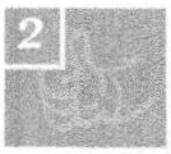

Les établissements de santé garantissent **la qualité de l'accueil, des traitements et des soins.** Ils sont attentifs au soulagement de la douleur et mettent tout en œuvre pour assurer à chacun une vie digne, avec une attention particulière à la fin de vie.

L'information donnée au patient doit être **accessible et loyale.** La personne hospitalisée participe aux choix thérapeutiques qui la concernent. Elle peut se faire assister par une personne de confiance qu'elle choisit librement.

Un acte médical ne peut être pratiqué qu'avec **le consentement libre et éclairé du patient.** Celui-ci a le droit de refuser tout traitement. Toute personne majeure peut exprimer ses souhaits quant à sa fin de vie dans des directives anticipées.

Un consentement spécifique est prévu, notamment, pour les personnes participant à une recherche biomédicale, pour le don et l'utilisation des éléments et produits du corps humain et pour les actes de dépistage.

Une personne à qui il est proposé de participer à **une recherche biomédicale** est informée, notamment, sur les bénéfices attendus et les risques prévisibles. **Son accord est donné par écrit.** Son refus n'aura pas de conséquence sur la qualité des soins qu'elle recevra.

La personne hospitalisée peut, sauf exceptions prévues par la loi, **quitter à tout moment l'établissement** après avoir été informée des risques éventuels auxquels elle s'expose.

La personne hospitalisée est traitée avec égards. Ses croyances sont respectées. Son intimité est préservée ainsi que sa tranquillité.

Le respect de la vie privée est garanti à toute personne ainsi que **la confidentialité des informations** personnelles, administratives, médicales et sociales qui la concernent.

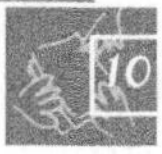

La personne hospitalisée (ou ses représentants légaux) bénéficie d'**un accès direct aux informations de santé la concernant.** Sous certaines conditions, ses ayants droit en cas de décès bénéficient de ce même droit.

La personne hospitalisée peut exprimer des observations sur les soins et sur l'accueil qu'elle a reçus. Dans chaque établissement, une commission des relations avec les usagers et de la qualité de la prise en charge veille, notamment, au respect des droits des usagers. Toute personne dispose du **droit d'être entendue** par un responsable de l'établissement pour exprimer ses griefs et de demander réparation des préjudices qu'elle estimerait avoir subis, dans le cadre d'une procédure de règlement amiable des litiges et/ou devant les tribunaux.

* Le document intégral de la charte de la personne hospitalisée est accessible sur le site Internet :

www.sante.gouv.fr

Il peut être également obtenu gratuitement, sans délai, sur simple demande, auprès du service chargé de l'accueil de l'établissement.

Éditions Sicom 06042 - Direction de l'hospitalisation et de l'organisation des soins - Direction générale de la santé - Avril 2006

2. Les droits du patient

1. Les grandes lois santé modernisant les secteurs sanitaire et social et renforçant les droits des patients et des usagers

Le droit de la santé a beaucoup évolué depuis le début des années 1990, marquées par des lois nombreuses et très importantes dans le secteur sanitaire et social. Voici une présentation succincte de celles qui ont eu un impact majeur sur le système de la santé et sur les droits du patient et de l'usager.

Les connaître permet de mieux comprendre l'évolution de notre système de santé, la place croissante qu'y prend le patient usager-acteur de ses soins, et les transformations en cours, dont la récente crise sanitaire risque à nouveau de bouleverser les calendriers.

Parcourir cette partie vous permettra également de tester votre goût pour les connaissances fondamentales relatives à ces thématiques.

A. Les lois majeures relatives au secteur sanitaire et aux droits du patient

■ **Loi du 31 juillet 1991 portant réforme hospitalière :** ce fut la première d'une liste qui s'est bien étoffée jusqu'à nos jours, après celle qui a mis en place en 1970 les centres hospitalo-universitaires. Cette loi de 1991 a introduit l'obligation pour les hôpitaux d'élaborer des projets (projet médical, d'établissement, des soins infirmiers, projet de service, etc.), d'instaurer des instances de concertation auprès de la direction, et d'être évalués tous les cinq ans.

Elle a aussi confirmé un certain nombre de droits du patient : le droit du malade au libre choix de son praticien et de son établissement de santé est un principe fondamental de la législation sanitaire dès son premier article. Enfin, cette loi a été la première à promouvoir l'hospitalisation à domicile (HAD).

■ **Les ordonnances dites Juppé du 24 avril 1996 :** elles ont été importantes dans la création des agences régionales d'hospitalisation, celles-là même à qui ont succédé en 2009 les agences régionales de santé. Ces ordonnances ont instauré la planification sanitaire (les schémas régionaux d'organisation des soins) et autorisé les établissements de santé à créer des établissements sociaux et médico-sociaux. Les hôpitaux ou cliniques peuvent ainsi créer leurs propres EHPAD ou autres structures médico-sociales pour prendre en charge les populations âgées, mineures, handicapées, etc.

■ **Loi du 4 mars 2002 relative aux droits des malades et à la qualité du système de santé**, dite « loi Kouchner », qui a consacré les droits du patient en confirmant des droits déjà existants, comme celui d'être informé, et en a instauré de nouveaux, comme celui d'être accompagné par une personne de confiance.

Cette loi majeure a aussi réformé le système de réparation des risques sanitaires en créant l'ONIAM (Office national d'indemnisation des accidents médicaux), qui assure l'indemnisation des patients par la solidarité nationale dès lors que les soins dont ils ont bénéficié sont à l'origine d'un préjudice lié à leur santé.

■ **Loi du 4 août 2004 relative à la politique de santé publique :** elle a instauré des objectifs de santé publique (100 en tout) et créé le Haut Conseil de la santé publique, autorité indépendante dont le rôle est d'évaluer la réalisation de ces objectifs et de contribuer à leur définition, voire à leur redéfinition, ainsi que d'évaluer les politiques et stratégies de prévention. Parmi les axes prioritaires qu'elle avait définis figuraient : les soins palliatifs, l'obésité, la maladie d'Alzheimer, la douleur. Cette loi a aussi renforcé les coopérations professionnelles et le parcours de soins.

■ **Loi du 22 avril 2005 relative à la fin de vie**, dite « loi Leonetti », qui instaure les directives anticipées pour pouvoir exprimer ses souhaits relatifs à la fin de vie. Cette loi a été modifiée le 2 février 2016 par la loi relative à la fin de vie dite Claeys-Leonetti : elle a supprimé le délai de trois ans pour les directives anticipées tout en instaurant un droit à la sédation profonde et continue mise en place grâce à une procédure collective définie réglementairement.

■ **Loi du 21 juillet 2009 portant réforme de l'hôpital et relative aux patients, à la santé et aux territoires (HPST) :** cette loi a créé un statut unique des établissements de santé et œuvré pour la démocratie sanitaire en renforçant la représentativité au sein de la gouvernance hospitalière. Elle a aussi renforcé les droits du patient avec de nouvelles compétences attribuées à ses représentants et en mettant en place l'éducation thérapeutique. La loi HPST a donné plus de place à la prévention en interdisant par exemple la vente d'alcool et de cigarettes aux mineurs, en mettant en place le dispositif du médecin traitant et du parcours coordonné, ou encore en rappelant l'intérêt du dossier médical personnel (DMP). Enfin, cette loi a créé les ARS telles que nous les connaissons aujourd'hui et renforcé les coopérations sanitaires sur les territoires où la démocratie sanitaire a pris aussi de l'ampleur.

■ **Loi du 26 janvier 2016 de modernisation de notre système de santé**, dite « loi Touraine », cette loi a voulu mener plus loin la transformation déjà lancée par la loi HPST surtout sur les trois plans suivants :

– l'organisation territoriale de la santé : avec de nouveaux outils de planification à l'égard des ARS, la création des groupements hospitaliers de territoire (GHT), la refonte du service public hospitalier (SPH), la mise en place des communautés professionnelles de territoire (CPTS) ;

– l'innovation en santé publique : avec des mesures pour consolider les soins de proximité – le tiers payant, la création des IPA (infirmier en pratique avancée), la relance du DMP (le P signifiant maintenant « partagé »), l'information nutritionnelle sur les aliments, la lutte contre l'alcoolisation massive des jeunes (le *binge drinking*), les salles de shoot pour réduire les risques de toxicomanie, etc. ;

– les droits du patient : le droit à l'oubli pour les maladies graves, l'action de groupe en santé, l'amélioration de l'accès à l'IVG, l'évolution des compétences de la commission des usagers dans les établissements de santé, etc.

■ **Loi du 24 juillet 2019 relative à l'organisation et à la transformation du système de santé**, dite « loi Buzyn », c'est pour le moment la dernière grande loi santé qui a suivi la stratégie nationale de la santé lancée par le président en septembre 2018, « Ma santé 2022 ». Cette loi a pour objectifs :

– de remettre le patient au centre des soins : en créant un collectif de soins à son service permettant de faire coopérer davantage médecine de ville et médecine de l'hôpital (en renforçant la place des hôpitaux de proximité en collaboration avec les secteurs sociaux, médico-sociaux, les usagers, etc.), ainsi que les GHT, à travers une stratégie médicale commune et un partage plus important des ressources médicales ;

– de développer le numérique en santé : le DMP sera ainsi mis en place à la naissance de l'enfant et un espace numérique de santé sera ouvert pour chaque assuré social.

■ **Loi du 26 avril 2021 visant à améliorer le système de santé par la confiance et la simplification**, dite « loi Rist », qu'on retient ici pour son important volet permettant de déployer les services d'accès aux soins (SAS) et la plateforme « Mon Parcours Handicap » :

– le service d'accès aux soins est un nouveau service orientant et guidant l'usager dans le système de santé et facilitant la coopération ville-hôpital dans l'accès aux soins non programmés (les urgences) ;

– la plateforme « Mon Parcours Handicap » représente un guichet numérique unique offrant des services d'informations et autres téléservices pour les personnes handicapées et leurs accompagnants et vise à simplifier l'ensemble de leurs démarches administratives. Sa généralisation est prévue en 2025. Les services sanitaires (urgences, d'accès aux soins, établissements de santé) devront être dotés d'un référent handicap.

■ **Loi du 19 mai 2023 portant amélioration de l'accès aux soins par la confiance aux professionnels de santé,** deuxième « loi Rist », qui vise à apporter une réponse à la pénurie médicale en accordant un accès direct à certaines professions d'auxiliaires médicaux – infirmier en pratique avancée (IPA), masseur-kinésithérapeute, orthophoniste. De plus, elle élargit les compétences d'autres auxiliaires médicaux, dont les assistants dentaires, les pédicures-podologues, etc.

B. Les lois majeures concernant le secteur social et médico-social et les droits des usagers

■ **Loi du 2 janvier 2002 rénovant l'action sociale et médico-sociale :** elle a pour objectif de développer les droits des usagers pris en charge dans les établissements sociaux et médico-sociaux.

■ **Loi du 11 février 2005 pour l'égalité des droits et des chances, la participation et la citoyenneté des personnes handicapées :** elle donne une définition du handicap (voir fiche dans la partie 5) et vise l'application des droits fondamentaux des personnes handicapées, notamment concernant l'accessibilité des lieux et l'insertion dans l'emploi et la citoyenneté des personnes en situation de handicap.

■ **Loi du 5 mars 2007 réformant la protection de l'enfance :** elle vise à renforcer la prévention (en graduant l'intervention extérieure auprès des parents et en renforçant les compétences de la protection maternelle et infantile, à améliorer le dispositif d'alerte et de signalement (à travers l'information préoccupante), et à diversifier les modes d'intervention auprès des enfants et de leurs familles. Cette loi a rendu obligatoire par exemple l'entretien psychosocial au cours du quatrième mois de grossesse, et a amélioré le suivi médical des enfants avec un bilan de santé obligatoire dans le cadre de l'école maternelle pour tous les enfants de 3 à 4 ans.

■ **Loi du 5 mars 2007 réformant la protection juridique des majeurs :** tout en renforçant les régimes de protection juridique existants (sauvegarde de justice, curatelle, tutelle, remontant à une loi de 1968), cette loi instaure le mandat de protection future, une nouvelle forme de protection qui permet à toute personne majeure de définir une ou plusieurs personnes qui pourront la représenter lorsqu'elle ne serait plus en capacité de le faire.

■ **Loi du 28 décembre 2015 relative à l'adaptation de la société au vieillissement**, qui remplace les logements-foyers par les résidences autonomie ou encore fait évoluer les compétences des SPASAD (services polyvalents d'aide et de soins à domicile). Cette loi importante crée aussi le droit au répit pour les aidants et met en place et renforce les droits des usagers accueillis en établissement, notamment à travers trois droits fondamentaux :

- le droit au consentement ;
- le droit à désigner une personne de confiance ;
- la liberté d'aller et venir.

■ **Loi du 14 mars 2016 relative à la protection de l'enfant ;** cette loi vise à mieux prendre en compte les besoins de l'enfant à travers trois objectifs : la prévention à tous les âges ; le repérage des situations de danger ; la cohérence et la stabilité du parcours des enfants sous mesure de protection. Cette loi oblige le préfet, le président de conseil départemental et les autres acteurs intervenant auprès de jeunes, à conclure un protocole pour coordonner leurs interventions.

Une loi exceptionnelle pour des circonstances exceptionnelles : la loi du 23 mars 2020 d'urgence pour faire face à l'épidémie de covid-19

La survenue de la crise inédite provoquée par le coronavirus responsable de la covid-19 a incité le gouvernement à proclamer une loi d'état d'urgence sanitaire.

L'état d'urgence sanitaire étant une mesure exceptionnelle, il est décrété une première fois en Conseil des ministres pour une durée d'un mois. La prolongation de ce délai maximal ne peut être faite que par une loi, tout comme l'organisation de sa sortie. Pour éviter une surcharge législative, la loi prévoit des modalités d'ajustement, comme l'autorisation donnée au gouvernement de prendre des mesures exceptionnelles pour une durée déterminée pour faire face à l'épidémie.

Pourquoi a-t-il fallu une loi d'urgence sanitaire ?

La loi est nécessaire, car les mesures prises limitent des droits fondamentaux de l'individu comme celui de la liberté d'aller et venir, la liberté d'entreprendre et la liberté de se réunir. De plus, elle renforce les pouvoirs de la police et permet des mesures de réquisition de biens et services nécessaires ou de contrôle de prix. Souvenez-vous du plafonnement du prix de vente du gel hydroalcoolique.

Des décrets successifs définissent les modalités d'application de ces restrictions et autorisations spécifiques. Dans cette période d'épidémie, les préfets ont également vu renforcer leurs compétences en matière de mesures sanitaires. Un décret a élargi en mars 2020 les pouvoirs de police du préfet avec notamment la réquisition de matières premières pour la fabrication des masques (pendant le confinement), ou bien l'obligation de port d'un masque (décision par arrêté préfectoral depuis août 2020).

Quant aux ARS, leur rôle a été majeur dans le suivi épidémiologique de la population, le décomptage de nouveaux cas par région, le nombre de malades hospitalisés en réanimation, le nombre de décès. L'ensemble de ces informations est ensuite remonté par chaque ARS à l'Agence de santé publique qui les rend publiques *via* les points presse quotidien. Les ARS assurent également le traçage des cas contacts, les personnes qui ont été en contact avec des personnes atteintes du virus et qui peuvent être asymptomatiques.

2. Les notions de secret, discrétion, confidentialité

Ces trois notions sont fondamentales pour que soit préservée la relation de confiance entre le patient et le soignant, quel que soit le statut ou le métier de ce dernier.

A. Un droit du patient et une obligation du soignant : le secret médical

L'article 9 du Code civil stipule que « chacun a droit au respect de sa vie privée ». Ce droit individuel, fondamental, explique que le secret professionnel concerne de très nombreuses personnes qui, dépositaires d'informations concernant des clients, des usagers, des patients, n'ont pas à les divulguer. Les métiers concernés sont nombreux, de l'avocat au notaire en passant par le policier ou encore le médecin.

Lorsque les professionnels possédant des données personnelles sur des patients sont des soignants, on parle plus précisément de secret médical.

a. Qu'est-ce que le secret médical ?

Le serment d'Hippocrate fixait déjà le cadre de l'exercice du médecin en énonçant que « admis dans l'intérieur des maisons, mes yeux ne verront pas ce qui s'y passe, ma langue taira les secrets qui me seront confiés et mon état ne servira pas à corrompre les mœurs, ni à favoriser le crime. Je tairai ce qui n'a pas besoin d'être divulgué ».

Légalement, le secret médical constitue une obligation générale et absolue qui interdit à tout médecin, sous peine de poursuites pénales, de communiquer des informations à une tierce personne sur les patients dont il a la responsabilité, quels que soient l'âge et l'état de santé de ce patient. La discrétion dont doit faire preuve le médecin en assurant la confidentialité concerne aussi bien les informations contenues dans le dossier du patient que ce qu'il a pu être amené à voir, entendre ou comprendre à son sujet.

Ce secret professionnel s'impose également à tous les autres personnels de santé, ainsi qu'à tous les professionnels intervenant dans le système de santé qui pourraient avoir accès à des informations concernant les patients. Des modules sont prévus sur cette thématique dans les études de santé afin que chacun ait été sensibilisé à cette problématique et connaisse ses obligations.

Bien sûr, dans certains cas, des professionnels de santé peuvent toutefois échanger des informations médicales sur un patient, car cette communication sur certaines données peut être indispensable pour assurer une bonne prise en charge. Dans ce cas, les informations échangées doivent être nécessaires à la continuité des soins, à la prévention et au suivi médico-social et social du patient. Il est à noter que le partage d'informations entre professionnels ne faisant pas partie de la même équipe de soins nécessite le consentement préalable du patient.

b. Pourquoi le secret médical ?

Pour le patient, avoir l'assurance que toute information relative à sa vie privée, à son intimité restera confidentielle permet l'instauration d'une relation de confiance avec les soignants qui le prennent en charge. Sans cet espace de confidentialité, difficile d'oser livrer des informations dont les soignants ont pourtant besoin pour proposer l'accompagnement le mieux adapté possible.

c. La réalité sur le terrain

Légitime et justifié, le secret médical demeure pourtant difficile à maintenir dans certains contextes où l'information circule sans véritable cadre. La méconnaissance de la législation en vigueur concernant la confidentialité et le secret professionnel peut entraîner des indiscrétions involontaires qui portent atteinte au patient.

Ainsi, bien que tous les professionnels aient l'obligation de se montrer respectueux de la confidentialité qui est due aux usagers dont ils assurent la prise en charge, le secret professionnel est fréquemment mis à mal involontairement : les lieux d'accueil des patients manquent souvent d'espace pour assurer une totale confidentialité, les échanges entre patients et soignants ou entre soignant et soignant ne peuvent pas toujours se faire dans la discrétion, du fait par exemple que les chambres ne sont pas systématiquement individuelles ; le public, en circulant librement dans les couloirs, peut accéder, en assistant à certaines scènes ou en entendant certains propos, à des informations très personnelles.

De même, le dossier médical peut se trouver exposé aux regards, qu'il soit informatisé ou sur support papier, et fournir des informations qui n'ont pourtant pas à être divulguées, sur des diagnostics, des traitements, des données personnelles, etc.

Il n'est pas rare non plus que du personnel soignant soit amené à transmettre par téléphone des informations à des interlocuteurs dont ils ne peuvent pas vérifier l'identité, et pour lesquels ils ne connaissent pas précisément le niveau d'information autorisé par le patient concerné.

Ainsi, des personnes non autorisées peuvent se trouver en possession d'informations qui n'étaient pas censées leur parvenir, sans qu'il y ait eu intention délibérée de porter attention aux droits du patient.

d. Les textes de lois encadrant le secret médical

Selon l'article L. 1110-4 du Code de la santé publique, dans le domaine de la santé, sauf exceptions légales, le secret médical couvre l'ensemble des informations concernant la personne venues à la connaissance du professionnel de santé.

La loi du 4 mars 2002 relative aux droits du patient réitère son droit à ce que la confidentialité des informations confiées aux soignants lui soit garantie.

Sont soumises au secret professionnel les informations relatives :

- aux faits confiés par le patient lui-même ou appris par son entourage, même si leur caractère secret n'est pas précisé ;
- aux faits découverts (constatations effectuées au cours de soins), devinés, compris ou déduits du fait de la maladie ;
- aux faits ou circonstances en rapport avec l'état du malade, la nature de son affection et les éléments du traitement ;
- à tout élément de la vie privée du patient (mésentente familiale, difficultés matérielles, pratique inhabituelle, etc.).

Cependant, pour tous les professionnels de santé, l'article 226-14 du Code pénal introduit la possibilité encadrée pour le professionnel de ne pas être pénalement poursuivi en cas de révélation d'une information à caractère secret : il s'agit des « limites à l'obligation de se taire ».

En effet, face à certaines situations, le soignant peut être autorisé à parler selon sa liberté de conscience, s'il estime que ne pas le faire risquerait de porter préjudice au patient. Il se rendrait alors coupable de non-assistance à personne en danger (article 223-6 du Code pénal).

e. Quelles sont les sanctions en cas de violation du secret professionnel ?

La révélation intentionnelle d'informations confidentielles sur un patient fait encourir à un soignant des sanctions pénales et disciplinaires puisque cela relève à la fois de l'infraction et de la faute professionnelle.

Concernant les sanctions pénales : l'article 226-13 du Code pénal dispose que la révélation d'une information à caractère secret par une personne qui en est dépositaire soit par état ou par profession, soit en raison d'une fonction ou d'une mission temporaire, est punie d'un an d'emprisonnement et de 15 000 euros d'amende.

f. Qu'est-ce que le secret partagé ?

La prise en charge d'un patient, qu'elle soit dans un établissement ou au domicile, implique toujours une équipe. La loi du 4 mars 2002 relative aux droits du patient tient compte de cette réalité puisqu'elle dispose que, sauf opposition de cette personne dûment avertie, les informations confiées à un membre de l'équipe sont réputées confiées par le malade à l'ensemble de l'équipe.

Par ailleurs, la loi de modernisation de notre système de santé (26 janvier 2016) élargit la définition de l'équipe grâce à deux décrets du 20 juillet 2016 : ils proposent un partage de ces informations avec l'ensemble des acteurs de la prise en charge, incluant le secteur social (assistante sociale, éducateurs), mais également des personnes en charge de l'accueil sur des lieux de vie (personnes âgées ou handicapées...) ou autres mandataires judiciaires. Cependant, les informations partagées doivent être :

- strictement nécessaires à la coordination ou à la continuité des soins, à la prévention, ou au suivi médico-social et social du patient ;
- uniquement dans le périmètre de leur mission.

B. La discrétion et la confidentialité

En plus d'être un des droits fondamentaux du patient, le secret médical est aussi une obligation déontologique des soignants, y compris des aides-soignants. Ces derniers sont également soumis à deux autres notions liées à des obligations déontologiques ou statutaires (pour celles et ceux qui relèvent du statut des fonctionnaires des trois versants de la fonction publique) : la discrétion et la confidentialité.

a. La discrétion

Il s'agit d'attitudes ou de comportements qui marquent une forme de réserve dans le but de protéger les informations tombant sous le coup du secret professionnel. C'est aussi le fait de ne pas divulguer des informations relatives aux « coulisses » de son service, des relations avec la hiérarchie ou les collègues, par exemple des informations circulant en interne, dans les notes de service, etc.

La discrétion est aussi une façon d'agir de manière à rendre sa présence la moins intrusive possible. Par exemple, dans une chambre double, prêter attention à utiliser le rideau de séparation entre les patients pour préserver l'intimité de l'un d'entre eux pendant les soins de toilette. C'est aussi le fait de parler à voix basse pour ne pas attirer l'attention sur ce qui se dit. C'est un peu le principe de la ligne jaune devant le guichet de la banque, de la poste ou de la pharmacie, cela ne constitue pas un mur du son, mais permet de signaler que les informations qui circulent sont particulières et nécessitent une protection.

b. La confidentialité

La confidentialité est la marque d'informations qui ne doivent pas être communiquées à n'importe qui. Par exemple, le numéro de la chambre d'un patient ou son numéro de téléphone, le rendez-vous médical, en font partie. Il s'agit aussi d'une marque de confiance de la part du patient qui confie souvent à l'infirmier, aux aides-soignants ou aux auxiliaires de puériculture des informations personnelles sur sa situation privée, sa vie intime, ses relations familiales, amicales, amoureuses, etc.

D'ailleurs, le dossier du patient contient un volet tout entier destiné à recueillir des informations concernant des tiers ou transmises par ces tiers, et qui ne sont pas divulgables lorsque le patient ou un tiers autorisé accède à son dossier. Si par exemple un aide-soignant vient à entendre de telles informations pendant les soins prodigués à un patient et qu'il en fait état pendant les réunions de service (parce que cela relève du cadre du secret partagé), il ne peut pas les divulguer à un des proches de la famille pour autant, car il romprait cette confidentialité.

3. Les droits et les obligations du patient

A. Les droits du patient

En 2002, la loi Kouchner a été une loi fondamentale pour sanctuariser les droits du patient, les faire connaître par le grand public et les faire respecter à tous les niveaux de la prise en charge du patient. Parmi ces droits figurent des droits fondamentaux de la personne, des droits du malade pris en charge en établissement de santé (quel que soit le statut juridique de ce dernier). Il s'agit donc de libertés fondamentales comme celle d'avoir le choix du professionnel ou de l'établissement où les soins seront prodigués, ou encore celle d'accepter ou de refuser les traitements (sauf cas particuliers pour les soins en santé mentale, qui peuvent être contraints médicalement ou judiciairement).

Le Code de la santé publique expose ces différents droits du patient, confirmés ou issus de la loi Kouchner, dès son chapitre préliminaire intitulé « Droits des personnes » (Art. L. 1110-1 à L. 1113-10).

■ Nous y retrouvons un certain nombre de droits fondamentaux de la personne :

- la protection de la santé et l'accès égal de chaque personne aux soins nécessités par son état de santé, la continuité de soins et la meilleure sécurité sanitaire possible ;
- le respect de la dignité, même après la mort, qui est un principe à valeur constitutionnelle et déontologique pour les professionnels de santé ;
- le respect de ses croyances et la liberté de les pratiquer ;
- l'interdiction de toute forme de discrimination dans l'accès à la prévention ou aux soins, ce qui implique qu'un soignant ne peut refuser de prodiguer des soins sous un quelconque motif discriminatoire d'âge, de sexe, de religion, de statut ou de situation sociale, ou de provenance ethnique de la personne qui en fait la demande, sous peine de sanctions ;
- le respect de la vie privée et du secret des informations la concernant ;
- le droit de recevoir des soins de qualité et de sécurité, compte tenu de son état de santé et de l'urgence des interventions ;
- le droit de toute personne à avoir une fin de vie digne et le meilleur apaisement possible de la souffrance ;
- le libre choix du praticien et de l'établissement de santé et de son mode de prise en charge (ambulatoire ou à domicile) ;
- le droit à bénéficier d'une médiation sanitaire et de l'interprétariat linguistique qui visent à améliorer l'accès aux droits, à la prévention ;
- le droit de participer à la recherche biomédicale et de bénéficier de la même qualité de prise en charge en cas de refus d'y participer (et d'autres droits issus des lois bioéthiques).

■ D'autres droits visent l'information des usagers du système de santé et l'expression de leur volonté :

– le droit d'être informé sur son état de santé concernant les soins, les traitements, les risques, mais aussi (loi Touraine) l'information sur les coûts de la prise en charge et le reste à charge éventuel ;

– le droit à participer à la prise de décision : il s'agit du droit de consentir, donc d'accepter ou de refuser les soins proposés ;

– le droit de désigner une personne de confiance et d'être accompagné dans son parcours de soin. Cette personne rend compte de la volonté du patient et son témoignage prévaut sur tout autre, si le patient se trouve hors d'état de s'exprimer. Pour les personnes en situation de handicap, il s'agit aussi de pouvoir désigner un aidant naturel ;

– le droit d'accès aux informations, notamment par le biais du dossier du patient ;

– le droit de rédiger des directives anticipées qui s'imposent au médecin lorsque le patient se trouve hors d'état de s'exprimer.

■ D'autres droits précisent les conditions d'accueil de la personne en établissement :

– le droit à recevoir des soins de qualité et à une information claire fournie dans le livret d'accueil ;

– le droit de protection des biens possédés pendant sa prise en charge dans l'établissement ;

– le droit d'être représenté, notamment par les représentants des usagers, au sein de la commission des usagers de l'établissement et par les associations des malades.

B. Les obligations et les devoirs du patient

Le patient bénéficie bien d'un nombre de droits lui garantissant le respect de sa dignité d'être humain et les soins de qualité que requiert son état de santé. Ces droits ne lui donnent toutefois pas « tous les droits » et ils vont de pair avec un certain nombre de devoirs qui lui incombent, et qui indirectement influent aussi sur la qualité et la sécurité du système qui le prend en charge.

Parmi ces obligations, nous pouvons citer :

– le devoir d'informer le soignant de tous les éléments relatifs à son état de santé, traitement en cours, antécédents médicaux, pratiques à risque, etc. ;

– l'obligation de respecter le règlement intérieur, les horaires de visite de l'établissement d'accueil ;

– le respect des règles d'hygiène. L'hôpital est un milieu à risque et l'hygiène est l'affaire de tous, encore plus dans des circonstances d'épidémie ;

– l'interdiction de fumer et de boire de l'alcool dans l'espace public qu'est celui de l'établissement ;

– le respect de la tranquillité des autres patients et de leur intimité ;

– l'interdiction d'actes ou de comportements de violence ;

– l'interdiction de tout activité de prosélytisme.

4. Les chartes du patient

Il existe une douzaine de chartes spécifiques à des statuts de malades ou personnes accueillies différents. Nous en avons sélectionné quatre qui touchent de près les publics auprès desquels interviennent les soins et l'accompagnement d'un aide-soignant : la charte de la personne hospitalisée, la charte de l'enfant hospitalisé, la charte de l'usager en santé mentale, la charte de la personne âgée dépendante. Vous pourrez les retrouver en téléchargement sur le site Vuibert.

Les chartes sont à télécharger sur www.vuibert.fr/site/216080

Dans ces chartes se retrouvent non seulement les droits cités précédemment, mais aussi des droits spécifiques à la particularité de la situation de la personne âgée dépendante, de l'enfant hospitalisé. Il n'est bien sûr pas question de les connaître par cœur, mais de vous sensibiliser à y reconnaître les différents droits de l'individu et de la personne vulnérable ou temporairement vulnérable du fait de son état de santé.

Cela vous permettra aussi de mieux comprendre les obligations que ces droits représentent pour les professionnels et les établissements de santé. Vous pouvez ainsi vous entraîner à mémoriser des droits spécifiques pour chacune de ces chartes.

Vous pouvez également consulter sur Internet d'autres chartes :

- la charte de la laïcité ;
- la charte du patient hospitalisé ;
- la charte de l'accueil de la personne handicapée ;
- la charte « mains propres » ;
- la charte du patient européen hospitalisé ;
- la charte de la bienveillance ;
- la charte éthique et accompagnement du grand âge.

PARTIE 3

Réussir **son entretien oral**

1. Le déroulement de l'entretien

CONSEIL DU FORMATEUR

Nous vous invitons à consulter régulièrement les sites des IFAS pour vous tenir informé des dernières modalités de sélection.

Plus vous aurez de renseignements sur l'organisation concrète de l'entretien, plus vous l'aborderez de manière sereine. Les questions qui suivent et leurs réponses vous aideront à vous faire une idée précise de son déroulement. Aucun risque pour vous d'être déstabilisé le jour J !

1. Pourquoi un entretien oral pour sélectionner les futurs AS ?

■ L'entretien prend tout son sens dans cette sélection puisque vous vous préparez à exercer un métier dont le cœur est l'humain. S'assurer que les candidats mesurent ce dans quoi ils se lancent est tout à fait légitime.

Bien que très rapide (seulement 15 à 20 min), cette épreuve doit permettre au jury de comprendre le **cheminement de votre parcours**, ce qui vous amène à vous présenter à cette sélection. Il doit aussi s'assurer que la perception que vous avez de la profession correspond bien à la réalité du terrain. Quoi de plus dommageable pour vous, et pour l'école qui vous a sélectionné, que de réaliser au bout de quelques semaines de formation qu'elle ne répond pas à vos attentes. Enfin, le jury doit estimer si votre **projet** est **réaliste et compatible** avec les impératifs de la formation et du métier.

■ Le jury s'attarde donc, comme vous le verrez plus loin dans les diverses questions traitées, sur des **points** parfois très **concrets**. Par exemple : est-il possible de vouloir intégrer une formation sans savoir quelles matières y sont enseignées ? Ou encore, est-il raisonnable de souhaiter entrer dans une école pour exercer un métier aux horaires atypiques sans avoir réfléchi en amont à l'organisation familiale que cela va impliquer ? Le candidat a-t-il suffisamment réfléchi à la façon de financer ces 10 mois d'études ?

■ L'entretien **angoisse** souvent les candidats : ils redoutent de ne pas parvenir à convaincre le jury en si peu de temps. Ayez conscience qu'il en va de même pour le jury : il a la lourde **responsabilité** de déterminer quels candidats seront les plus à même de suivre avec sérieux et assiduité la formation, afin d'éviter au maximum les abandons en cours de route. Bref, cette étape est cruciale aussi bien pour les évalués que pour les évaluateurs.

2. Puis-je choisir la date de mon entretien oral ?

■ Les candidats ne choisissent pas la date du passage de leur entretien oral.

■ Chaque candidat reçoit sa **convocation**, indiquant la date et l'heure de passage de l'épreuve. Elle est envoyée par l'école, par courrier postal, quelques semaines auparavant. Vous pouvez toutefois connaître les dates de début et de fin des oraux en consultant le site Internet des organismes auxquels vous êtes inscrit. Si vous vous étonnez de ne pas recevoir votre convocation alors que la date de début est proche, n'hésitez pas à contacter le secrétariat pour signaler votre situation et obtenir des renseignements.

■ Les IFAS adoptent des **calendriers différents**. Leur sélection pour l'entrée en formation n'a donc pas lieu au même moment. Certains programment les entretiens au printemps pour des résultats en juin et une rentrée en septembre, alors que d'autres optent pour une sélection en automne avec une rentrée en février.

3. Je passe plusieurs oraux et ils ont lieu aux mêmes dates. Puis-je demander à faire reporter l'un d'eux ?

■ Il peut arriver que, vous présentant aux entretiens de plusieurs instituts, vous soyez convoqué le **même jour** pour passer les épreuves d'oral.

■ Si tel est le cas, il ne faut pas hésiter à **contacter les écoles** concernées et à leur exposer votre situation. Insistez sur le fait que leur école vous tient particulièrement à cœur et que vous ne voulez perdre aucune chance de l'intégrer. Pensez aussi à l'argument des frais d'inscription : il serait dommage de les avoir payés inutilement. À de rares exceptions près, les écoles vous proposeront des solutions pour que vous puissiez vous rendre à tous vos entretiens.

4. Comment l'entretien est-il organisé ?

Chaque jury est libre d'organiser le déroulé de l'entretien comme il le souhaite.

Cependant, on retrouve le plus souvent les mêmes étapes, quel que soit l'ordre adopté : il s'agit tout d'abord de laisser la possibilité au candidat de se présenter en donnant les informations qui permettent de cerner son profil : âge, situation familiale, lieu d'habitation, études suivies, etc. L'exposition du parcours professionnel est également importante, puisque cela nécessitera peut-être de prendre un temps pour expliquer comment l'on passe d'une activité sans aucun lien avec la santé par exemple, au projet de devenir AS. Les motivations seront au cœur de l'entretien : quels arguments présente le candidat pour justifier le choix de son nouveau projet professionnel, quels événements, rencontres, aléas de la vie l'ont orienté vers cette profession ?

Il est très important également de prévoir un temps dédié à l'évocation de la réalité du terrain, avec la présentation des stages ou expériences professionnelles en lien avec le métier.

5. Dois-je me présenter avec des documents particuliers ?

■ Le jour de l'entretien, vous devez impérativement vous munir de votre **convocation** (normalement reçue quelques jours auparavant par courrier postal) et d'une **pièce d'identité** (carte d'identité, passeport, permis de conduire).

■ Tout autre document est strictement **interdit** sauf s'il est spécifié que vous devez en apporter un en particulier. Il n'est donc pas possible de venir avec une trame de présentation de votre projet professionnel ou encore votre *curriculum vitæ* (CV). C'est à vous de bien préparer, en amont, votre discours, à savoir l'enchaînement des différentes étapes de votre parcours, vos motivations et vos ambitions pour l'avenir. Il s'agit de mémoriser les étapes-clés que vous voulez absolument évoquer. Et veillez à ne pas vous laisser surprendre par le temps qui s'écoule très vite.

6. Combien de personnes constitueront le jury ? Quelle sera leur profession ?

■ Le jury se compose de deux personnes. L'arrêté du 7 avril 2020 dispose qu'il s'agit d'un aide-soignant en activité professionnelle ou l'ayant arrêtée depuis moins d'un an et d'un formateur infirmier ou cadre de santé d'un institut de formation paramédical.

■ Quel que soit le nombre de personnes face à vous, prenez le temps de **saluer** chacune individuellement, puis de les **regarder** tour à tour durant l'entretien. Évitez de vous focaliser sur l'une d'elles, par respect pour les autres.

7. Serai-je assis ou debout devant le jury ?

■ Lorsque vous arrivez dans la salle où se déroule l'entretien, le jury vous invite à vous **asseoir**. Vous ne restez donc pas debout.

En général, les écoles procèdent de la sorte. Toutefois, l'**organisation de l'espace** varie. Le candidat peut être invité à s'installer très à proximité du jury qui l'évalue : deux tables sont collées l'une à l'autre et chacun se fait face. Parfois, les tables sont disposées en U, laissant plus d'espace entre le candidat et le jury.

■ Dans tous les cas, veillez à adopter une **attitude ouverte et respectueuse** envers les membres du jury. Tenez-vous droit sur votre chaise et parlez de manière audible.

Car au-delà du contenu de l'échange verbal et de votre argumentaire, le jury cherche à obtenir des informations sur votre personnalité, vos valeurs, votre état d'esprit. Alors que vous n'en aurez parfois pas conscience, certains signes seront interprétés : regard, gestuelle, timbre de voix, posture… Ils peuvent compléter ou contredire la communication verbale.

Par exemple, si votre stress est tout à fait compréhensible, le jury sera intéressé de voir comment vous le gérez : vous laissez-vous déborder par vos émotions ? Vous rendent-elles plutôt agressif ? Vous font-elles perdre vos moyens ?

Votre **comportement général** est donc pris en compte. Il est important d'avoir conscience des messages non verbaux que vous émettez afin d'en garder le contrôle, même si une part de l'image qu'on renvoie nous échappe toujours, qu'on le veuille ou non.

8. Vais-je composer dans la salle où je présenterai mon sujet ?

■ L'organisation des épreuves orales peut **différer d'un établissement à l'autre**, chacun étant libre de mettre en place le fonctionnement qui lui convient.

9. Aurai-je le droit de me présenter devant le jury avec mes notes ?

■ Vous aurez déjà fourni des écrits lorsque vous aurez constitué votre dossier. Il n'est pas prévu que vous vous présentiez à l'entretien avec des notes. Les points que vous allez aborder sont censés avoir fait l'objet d'une préparation préalable qui vous permettra d'être à l'aise pour en exposer le contenu sans avoir vos notes sous les yeux.

10. Pendant l'entretien, dois-je surveiller moi-même le temps qui s'écoule ou m'en informe-t-on ?

■ Il est préférable que vous ayez sur vous une **montre** pour surveiller l'écoulement du temps. Sachez que vous n'aurez pas le droit de consulter votre téléphone portable, même si vous argumentez qu'il fait office de montre. Les risques de triche sont évidemment trop élevés.

■ Afin de gérer au mieux votre temps le jour J, il vous est vivement conseillé de vous entraîner régulièrement. Si vous avez suivi une prépa, vous serez certainement rodé à ce type d'exercice. Mais si tel n'est pas le cas, faites l'exercice de **chronométrer votre temps de parole**. Accordez-vous 10 min pour présenter, devant votre miroir, vos motivations et votre projet professionnel. Vous vous apercevrez que le temps passe très vite. Et vous prendrez conscience de l'obligation de savoir, avant l'entretien, quelles étapes de votre parcours vous tenez absolument à évoquer.

■ Quoiqu'il en soit, c'est le jury qui est le **vrai maître du temps** durant l'entretien. C'est lui qui vous demande de vous attarder sur certains points ou, au contraire, d'être plus concis sur d'autres. Les expériences des candidats sont très variées sur la question. Alors que certains sont frustrés de ne pas avoir pu évoquer tout ce qu'ils avaient préparé, faute de temps, d'autres ont constaté que le jury débordait sans problème des 20 min normalement imparties.

11. Le jury pose-t-il exactement les mêmes questions à tous les candidats ?

■ Chaque entretien est **unique** et diffère du précédant comme du suivant. Le jury s'adapte à toute nouvelle personne qu'il rencontre. Bien sûr, certaines étapes sont incontournables et donc similaires à tous les entretiens des candidats.

■ Selon la présentation qu'un candidat fait de son parcours, de ses motivations, le jury choisit de s'attarder sur certains points plutôt que d'autres. Il creuse une remarque qui lui semble intéressante, invite son interlocuteur à développer son ressenti sur l'un de ses stages... Le jury ne sait donc pas exactement, avant chaque prestation, quelles questions il posera. L'entretien est avant tout une rencontre, un **échange entre personnes** qui ne se connaissent pas encore. Il est primordial de laisser une part d'imprévu. Il va guider le dialogue, le rendre vivant et par là-même intéressant.

■ Bien sûr, l'entretien comporte des **passages obligés**. Le jury souhaite toujours connaître le parcours de son interlocuteur et cherche immanquablement à cerner ses ambitions. D'autres questions, récurrentes, ont trait aux préoccupations concrètes auxquelles sont immanquablement confrontés les candidats sélectionnés. Il s'agit de leur future organisation financière ou familiale. Il importe de « recruter » des personnes qui n'abandonneront pas la formation en cours de route, laissant des places vacantes. De même, les candidats doivent s'attendre à être systématiquement interrogés sur le contenu de la formation. Autant de sujets auxquels réfléchir pendant vos quelques semaines de préparation.

■ Enfin, n'ayez pas peur de vous laisser surprendre par des **interrogations plus inattendues**. Leur but n'est pas de vous piéger, mais de cerner au mieux votre projet. Que ce soit pour vous ou pour l'école qui vous accueillera, il est essentiel qu'il soit suffisamment solide pour assurer votre réussite.

12. Serai-je informé du résultat à l'issue de mon oral ?

■ Les résultats des entretiens oraux ne sont **jamais communiqués** au candidat à l'issue de l'entretien. D'une part, le jury doit délibérer quelques instants pour évaluer la candidature présentée. D'autre part, tous les candidats doivent être passés pour savoir lesquels sont retenus.

■ Il est normal qu'en sortant de l'entretien le candidat ait des impressions, favorables ou défavorables. Il en tirera la conclusion que sa prestation a été ou non couronnée de succès. Mais il convient de rester prudent et de ne pas interpréter systématiquement la moindre parole ou le moindre regard.

Un jury peut se montrer cordial, attentif et souriant, mettre le candidat à l'aise en engageant une discussion « sympathique ». Cela n'annonce pas pour autant une note exceptionnelle de sa part. Il peut estimer que le niveau du candidat n'est pas à la hauteur des exigences de la formation. À l'inverse, un jury un peu froid et distant, qui écoute en intervenant très peu, ne doit absolument pas laisser penser que l'évaluation sera mauvaise. Il est peut-être simplement très concentré sur ce que vous dites, ou alors peu expansif. Sachez que le **jugement du jury sera toujours objectif**.

■ De toute façon, un certain temps est nécessaire aux différents jurys pour délibérer. Les résultats vous seront transmis par courrier ou mail à la **date indiquée** sur le site Internet de l'école. D'ici-là, aucune information ne peut filtrer.

13. Sur quels critères le jury se base-t-il pour m'évaluer ?

■ Chaque école est libre de fixer les **critères d'évaluation** sur lesquels le jury s'appuie pour noter les candidats. En toute logique, ces critères sont très proches d'une école à l'autre. Il s'agit de :

– votre capacité à argumenter, à prendre en compte la parole de votre interlocuteur, à présenter une analyse structurée ;

– votre ouverture sur le monde et l'actualité ;

– votre manière de gérer vos émotions…

Autant d'indications précieuses pour évaluer votre prestation.

■ Voici **deux exemples de grille** d'évaluation.

Exemple n° 1

Éléments évalués	
Valeurs et motivations (état d'esprit)	– exposées – cohérentes – argumentées – pertinentes
Aptitudes à la formation (niveau de maturité)	– anticipation, réflexion – réalisme, argumentation – inscription dans la durée
Projet professionnel (connaissance du métier)	– présenté – construit – personnalisé
Capacités relationnelles (comportement général)	– diction, vocabulaire – écoute, empathie – attitude non verbale

Exemple n° 2

Éléments évalués	TRÈS BIEN	BIEN	ASSEZ BIEN	INSUFFISANT	Justification
Capacité à se présenter					
Explique et argumente son intérêt pour la formation					
Relate ses expériences					
Fait le lien avec le métier					
Est concret, s'inscrit dans la durée					
Connaissance du secteur					
Connaît les structures					
Connaît les équipes, les partenaires					
S'intéresse à tous les aspects du métier					
Aptitude à intégrer la formation					
Connaît le contenu de la formation					
A conscience des implications matérielles de la formation					
Capacité d'expression orale					
Est à l'aise, sait gérer son stress					
S'exprime clairement					
Fait preuve de dynamisme					

14. Que se passe-t-il si l'un des membres du jury s'aperçoit que nous nous connaissons ?

■ L'**objectivité d'un jury** doit être préservée. Pour cela, il est souhaitable que vous ne soyez pas évalué par une personne qui vous connaît, quel que soit le contexte dans lequel vous vous êtes rencontrés.

■ La **liste des candidats** que le jury va rencontrer dans la journée est toujours mise à sa disposition quelque temps avant l'épreuve. Toutefois, il arrive qu'un des membres du jury ne fasse pas le rapprochement entre un nom inscrit sur sa feuille et une personne de sa connaissance, qu'il ne connaît peut-être d'ailleurs que de vue.

Si ce membre s'aperçoit à temps du problème, il doit simplement le signaler avant le passage du candidat pour qu'il soit procédé à une **inversion jury-candidat**. Cette situation est la plus fréquente.

Si c'est trop tard et que le candidat a déjà commencé son entretien, le membre du jury peut laisser l'oral se dérouler en se mettant **en retrait**. Il signale alors qu'il n'est pas en position de donner son avis dans de telles circonstances.

2. La préparation de l'entretien

Ne disposer que de 15 à 20 min pour convaincre un jury que votre candidature est pertinente peut être angoissant. Que dire pour que l'essentiel apparaisse ? Et, surtout, comment formuler ce que vous voulez absolument évoquer ? Les réponses apportées aux questions suivantes vous aideront à y voir plus clair.

1. Dois-je rédiger auparavant une trame, que j'apprends par cœur et que je récite le jour de mon oral ?

■ Pour optimiser vos chances de réussite, la présentation orale de votre projet professionnel et de vos motivations doit répondre à certaines exigences. Elle doit être **structurée** par les étapes suivantes :

1. Votre **présentation personnelle**

Elle comporte votre état civil : nom, prénom, âge, situation familiale, lieu d'habitation. Elle évoque également, rapidement, une pratique sportive, une activité bénévole, un engagement associatif qui comptent à vos yeux...

2. Votre **cursus scolaire**

Vous indiquez votre niveau d'études, les raisons qui ont motivé vos choix d'orientation et, éventuellement, les réorientations que vous avez connues.

3. Votre **parcours professionnel**

Si vous avez travaillé avant de passer cette sélection, il est important que vous présentiez rapidement vos précédents emplois, en faisant le lien avec votre nouveau projet professionnel. Évoquez également vos stages.

4. Vos **motivations** pour devenir AS

Quel a été pour vous le déclic : rencontre, expérience, échanges... ? La présentation de vos motivations doit s'accompagner d'une argumentation démontrant que vous avez une réelle connaissance du métier. En d'autres termes, vous en avez une représentation claire et vos perceptions sont exactes. Appuyez-vous sur des exemples concrets, tirés de vos expériences, de votre réflexion personnelle sur la profession.

5. Votre **connaissance de la formation**

Vous devez être capable de présenter son contenu pédagogique ainsi que son organisation : nombre de périodes de stage, durée, modes d'évaluation...

■ C'est cette **trame** que vous respecterez, **oralement**, durant l'entretien. Mais n'apprenez pas pour autant votre texte par cœur. Il est important de savoir vous laisser guider par les questions du jury, tout en énonçant les informations importantes que vous aviez prévues. Pour réaliser cette trame, appuyez-vous sur des **mots-clés** plutôt que des phrases, bien trop longues. Procédez par notes rapides qu'il vous sera plus facile de mémoriser, d'autant que vous ne pourrez pas vous présenter avec vos notes sous les yeux.

2. Comment faire s'il existe dans mon parcours des points dont je ne veux pas parler ?

■ En seulement **15 à 20 min**, vous devez être capable d'exposer votre parcours et l'émergence de votre projet, puis de répondre aux questions du jury qui cherchera à bien comprendre la cohérence de votre démarche.

Vous constaterez que, bien que ce temps puisse vous paraître long, il passera finalement vite.

■ Il est donc plutôt simple d'éviter d'évoquer certaines étapes de votre parcours, notamment celles qui posent problème, soit parce qu'elles s'intègrent difficilement à votre projet, soit parce qu'elles font écho à des événements douloureux.

Le meilleur moyen de ne pas attirer l'attention du jury sur ces étapes est de focaliser votre préparation sur ce qui vous semble pertinent et **essentiel à la compréhension de votre projet professionnel**. À vous de trier et d'éliminer tout ce qui est accessoire et dont le jury peut se dispenser. Il ne s'agit pas de cacher ces étapes, mais de valoriser celles qui font le lien avec votre volonté de devenir AS.

3. Dois-je impérativement évoquer ma situation familiale ?

■ Lorsque vous débutez l'exposé de votre parcours et de vos motivations, il semble incontournable de renseigner le jury sur votre **situation familiale**. L'objectif est qu'il cerne ce qu'implique pour vous ce projet professionnel, notamment en termes d'organisation.

Avez-vous des enfants en bas âge pour lesquels un mode de garde compatible avec le rythme de la formation sera indispensable ? Êtes-vous mobile géographiquement ou préférez-vous rester vivre dans un périmètre proche du lieu de travail de votre conjoint ? S'agit-il d'un projet décidé avec le soutien de votre famille ? Si vous ne percevez aucun revenu, votre famille peut-elle vous aider à subvenir à vos besoins durant la période de votre formation ? Etc.

■ Les questions relatives à votre vie privée n'ont pas pour but d'obtenir des informations strictement personnelles. Le jury cherche uniquement à bien appréhender les conséquences qu'aura la formation sur votre **organisation quotidienne**. Aussi, il vous est vivement conseillé d'aborder de vous-même ces aspects de façon que le jury n'ait pas besoin d'y revenir, ni éventuellement de s'attarder sur des points que vous souhaitez éviter.

4. Peut-on me poser des questions personnelles sur le culte que je pratique ou sur mes opinions politiques par exemple ?

■ Cet entretien oral n'a pas pour but de sélectionner des candidats sur des critères personnels, qui ne regardent qu'eux et qui relèvent de la sphère privée. Aussi les questions relatives à vos **convictions politiques et/ou religieuses** n'ont-elles absolument pas leur place ici.

■ Cependant, si vous affichez vos convictions de manière ostensible, le jury peut vous interroger, non parce qu'il souhaite connaître plus précisément vos opinions, mais parce qu'il les estime au contraire trop présentes dans vos propos. Il voudra s'assurer qu'elles ne risquent pas d'orienter votre pratique du métier ; ce qui serait contraire au **Code de déontologie**.

■ Tout ce qui pourrait laisser penser que vos convictions personnelles priment sur les **valeurs** liées à la profession et sur les **responsabilités et obligations** qui incombent aux soignants fera obstacle à votre entrée en formation. Il est, par exemple, impossible d'espérer être sélectionné si on exprime l'idée que le don d'organes est offensant car il va à l'encontre de principes éthiques (la santé et le bien-être d'un proche prévaut sur celle d'un inconnu).

5. Il s'agit d'une reconversion professionnelle et mon précédent métier ne concernait pas du tout le domaine du paramédical. Dois-je quand même l'évoquer ?

■ Il n'est pas rare que des candidats se présentant à la sélection AS soient en **reconversion professionnelle** et qu'ils aient exercé auparavant dans des domaines totalement différents de celui du soin. Cela ne constitue absolument pas un handicap. On pourrait même presque dire, au contraire !

■ En effet, avoir évolué pendant plusieurs années dans des univers professionnels comme l'artisanat, la vente, la restauration... vous aura inévitablement permis d'acquérir des **savoir-être** et des **compétences**. Même si, de prime abord, ils ne paraissent pas en lien direct avec les métiers du soin, ils ne lui sont pas totalement étrangers.

Prenons l'exemple d'une personne qui aura exercé pendant 10 ans en tant que cuisinier. Cette expérience professionnelle lui aura permis d'expérimenter le travail en équipe et d'être sensibilisée aux questions d'hygiène. Son travail aura également exigé de l'organisation, le respect d'étapes établies afin de parvenir au résultat demandé, de la patience et de la minutie… Autant de savoir-faire qui seront très utiles pour assurer au mieux la prise en charge des patients.

C'est donc à vous d'établir des liens entre vos diverses expériences professionnelles, en valorisant les compétences acquises au cours de chacune d'elles. Vous rendrez ainsi cohérent votre nouveau projet.

■ Les jurys qui vous évaluent sont en général très intéressés par les **profils « hors normes »**, voire atypiques, telles les personnes en reconversion professionnelle. Ils apprécient bien souvent la maturité de ces candidats qui ont déjà été confrontés au monde du travail et qui ne s'orientent pas dans une nouvelle voie par lubie.

6. Certains propos sont-ils rédhibitoires lors de l'entretien oral ?

■ Il arrive parfois que des candidats, sans s'en rendre compte, tiennent des **propos choquants** qui interpellent le jury. Quand bien même ils n'auraient pas le sentiment d'exprimer des idées malvenues, leurs opinions personnelles peuvent s'avérer difficilement défendables.

Cela peut correspondre à deux cas de figure :

- Le candidat n'a pas conscience que ses **opinions** sont **dérangeantes** et **incompatibles** avec l'exercice de la profession à laquelle il prétend. Cette situation est évidemment problématique dans le sens où elle montre son incapacité à prendre du recul sur sa propre analyse et à la remettre en question. Comment imaginer intégrer en formation un candidat qui, par exemple, qualifierait de pénibles les personnes âgées et qui serait rebuté par la déchéance de leur corps, ou encore qui banaliserait l'usage des violences physiques et psychologiques dans les pratiques éducatives ?
- Le candidat a la volonté de proposer une analyse fondée sur des idées pertinentes, mais il les formule avec beaucoup de **maladresse**. Il tient des propos dérangeants qui n'expriment pas le fond de sa pensée. C'est le cas, par exemple, d'une personne affirmant qu'elle aime pratiquer les toilettes mortuaires. Ses propos maladroits laissent supposer une fascination malsaine pour la mort, alors que la personne souhaite simplement évoquer l'importance d'accompagner dignement et avec le plus de soin possible le patient, même décédé.

Ceci montre l'importance de formuler très clairement sa pensée pour éviter toute ambiguïté. Le jury n'a pas toujours les clés pour saisir ce qu'un candidat a exprimé avec maladresse. C'est donc à lui de proposer une analyse explicite et précise.

■ En revanche, certains propos expriment sans équivoque un **manque évident de respect et de tolérance** vis-à-vis d'autrui, ou bien encore banalisent le recours à des actes répréhensibles et blessants. Les exprimer ouvertement lors de l'entretien a au moins l'avantage, pour le jury, de détecter immédiatement tout candidat « incompatible » avec une prise en charge de qualité des futurs patients. Celui qui les prononce ne sera pas apte à exercer la profession d'AS en l'état des choses.

■ Enfin, sachez qu'exprimer des **doutes** sur sa propre capacité à supporter le travail en équipe, les horaires atypiques ou encore l'obligation de respecter des protocoles d'hygiène stricts se révélera rédhibitoire. Tout ce qui est inhérent au métier d'AS ne peut faire l'objet de remise en question de la part du candidat qui cherche à convaincre de sa motivation.

7. Est-il possible de refuser de répondre à une question ?

■ Vous avez le droit de refuser de répondre à une question du jury, mais c'est à vos risques et périls... L'entretien oral n'a absolument pas vocation à vous interroger sur votre vie privée. Normalement, aucune question n'est censée susciter chez vous un blocage tel que vous refusiez de proposer des éléments de réponse.

L'objectif de cette épreuve est d'évaluer, entre autres, votre capacité à échanger et à faire preuve d'ouverture d'esprit. Un **refus catégorique** de dialoguer ne peut qu'inciter le jury à vous fermer les portes de la formation ; cette attitude révélant des traits de caractère plutôt inverses à ceux recherchés.

■ Si, toutefois, une question vous met **en difficulté**, commencez par demander au jury de la reformuler. Peut-être l'avez-vous mal comprise ? Ou bien reformulez-la vous-même, en demandant au jury si c'est bien là ce sur quoi il vous interroge.

Gardez à l'esprit que ça n'est pas au jury de faire l'effort de chercher à découvrir quel candidat vous êtes exactement. Au contraire, c'est à vous d'aller à sa rencontre, de vous montrer ouvert à la discussion et disponible pour échanger sur la formation que vous souhaitez intégrer, puis sur le métier qu'elle vous permettra d'exercer.

■ La timidité et le stress généré par la situation peuvent excuser une certaine confusion, voire une certaine gêne. En revanche, l'entêtement et le manque de bonne volonté pour **instaurer un vrai échange** sont inacceptables et ne feront que vous desservir.

8. Dois-je signaler un éventuel problème de santé ?

■ La profession d'AS est difficilement compatible avec certains problèmes de santé, notamment tout ce qui est relatif aux **troubles musculosquelettiques** (TMS). Alors, si vous souffrez d'une pathologie de cet ordre, il faut vraiment vous interroger sur votre projet professionnel. Est-il cohérent de projeter d'exercer un métier particulièrement physique (nombreuses manutentions et manipulations) si vous rencontrez d'ores et déjà des difficultés pour certains gestes ?

Cette **réflexion** doit impérativement être menée lorsque vous élaborez votre projet, bien **en amont** de l'entretien. À vous ensuite d'en tirer les conclusions qui s'imposent. Soyez sûr que le jury réagira à toute évocation d'un souci de dos, de tendinite, de hernie... Si vous n'êtes pas en mesure d'assurer que le problème est résolu ou en passe de l'être, il est fort probable que le jury souligne l'incompatibilité de ce type de mal avec les missions qui vous attendent.

■ Pour tout autre problème de santé, il est préférable de demander un **avis médical** à votre médecin traitant avant de vous lancer dans l'aventure. Vous devez aussi, en principe, en référer au médecin agréé par l'ARS qui en tiendra compte dans son appréciation pour établir le certificat de non-contre-indication à la profession d'AS. Il sera en mesure de vous dire si votre projet professionnel est compatible avec votre état de santé. En cas, par exemple, de dépression, il vous recommandera peut-être de différer votre projet le temps de recouvrer une certaine stabilité émotionnelle. Car vous risquez d'être soumis, durant vos stages de formation, à des situations qui pourraient mettre votre émotivité à rude épreuve.

■ Sachez enfin que toute admission définitive est subordonnée à la production d'un **certificat médical** émanant d'un médecin agréé. Il confirmera que vous présentez les aptitudes physiques et psychologiques nécessaires à l'exercice de la profession d'AS. Ce document fait partie de votre dossier et rassure le jury et vous aussi sur le fait que vous êtes apte à devenir AS.

9. J'ai déjà tenté la sélection et j'ai échoué. Dois-je en parler ?

■ La question de l'échec est légitime car il vaut toujours mieux éviter de se présenter sous un jour défavorable. Privilégiez donc les **formulations « positives »** du type « *je possède un niveau terminale* » plutôt que « *j'ai raté mon bac deux fois de suite.* »

■ Cependant, un échec à la sélection peut être vu comme un **signe favorable**. Si vous vous présentez à nouveau, c'est que ce projet vous tient vraiment à cœur et que vous êtes déterminé. Un bon point pour vous !

Il est alors pertinent de démontrer au jury que vous avez su tirer des enseignements de vos erreurs précédentes. Pour cela, il faut les avoir clairement identifiées et suffisamment travaillées afin de ne pas les reproduire. Par exemple, si le jury vous avait reproché une connaissance trop sommaire de la réalité du métier, vous avez dû depuis effectuer des stages. Ils prouvent votre volonté d'aller à la rencontre des professionnels et des patients afin de mieux appréhender les divers aspects de la profession. Autre exemple, le jury a pointé votre méconnaissance du contenu de la formation : présentez-vous cette fois avec la certitude de ne pas être mis en difficulté sur ce point.

■ Ainsi, il est tout à fait possible d'évoquer vos précédentes tentatives à la sélection. Le tout est de prouver que ce qui a empêché votre sélection a depuis fait l'objet d'une réflexion et d'un travail aboutissant à une **véritable progression**. Être capable de se remettre en question pour évoluer est toujours valorisant.

10. J'ai l'intention de m'engager dans des actions humanitaires. Dois-je en informer le jury ?

■ Avoir pour projet de s'engager dans des actions humanitaires est parfaitement louable et n'a pas à être éludé, bien au contraire. Toutefois, il faut être en mesure de démontrer qu'il ne s'agit pas là d'un rêve fondé sur une conception idéalisée de l'engagement humanitaire. En quelques questions simples, le jury peut évaluer la **cohérence de votre projet**. Êtes-vous en mesure d'indiquer, parmi vos compétences futures, celles qui intéresseront une organisation humanitaire ? Quelle contribution voudriez-vous apporter précisément ? Dans quel pays prévoyez-vous d'aller ? Pour quelle durée ? etc.

■ Les personnes qui cherchent à s'engager dans un projet humanitaire ont des **motivations variées**, parfois peu compatibles avec la réalité du terrain. C'est le cas de ceux pour qui humanitaire signifie sauver le monde, réaliser son idéal, rencontrer d'autres cultures ou encore fuir des problèmes personnels. Ce projet correspond souvent à des aspirations altruistes, à un profond désir de donner du sens à sa vie en la consacrant temporairement ou durablement à ceux qui ont besoin d'aide. Mais il s'agit d'une véritable aventure qui implique de posséder des qualités humaines allant bien au-delà de l'envie de partage : la réactivité, le sang-froid, la capacité à réagir en toute circonstance… Une mission comporte aussi toujours une part de risques (situations de crise, zones de guerre). Enfin, les désillusions existent.

■ Pour se lancer dans une mission humanitaire, il faut être capable d'évaluer objectivement les **compétences** que l'on mettra au service des autres, aussi basiques soient-elles. Les tâches qui seront assumées priment sur celles qui sont espérées. Il faut également réfléchir à la **forme** qu'on veut donner à son projet. C'est à tout cela que vous devez penser avant d'annoncer au jury votre souhait d'engagement, au risque sinon d'être rapidement rappelé à la réalité par ceux qui vous évaluent.

3. La bonne attitude à adopter

Certains aspects, très concrets, n'ont pas de lien direct avec l'entretien. Ils peuvent néanmoins se révéler déterminants le jour J. Voici des éléments de réponse pour vous aider à les anticiper.

1. Comment dois-je m'habiller pour me présenter à l'entretien oral ?

■ Même les candidats les moins soucieux de leur apparence se posent sans doute la question, la veille de l'entretien, de leur **tenue vestimentaire**. Et ils ont raison. Il est important de choisir une tenue confortable. Se savoir évalué est déjà suffisamment anxiogène, inutile d'y ajouter un souci d'habillement en étant mal à l'aise.

Vouloir être à la hauteur des exigences « intellectuelles » de l'entretien ne doit pas rendre accessoires les **messages non verbaux** que vous adressez inconsciemment au jury dès votre entrée dans la salle. Votre attitude générale transmet de nombreuses informations avant même que vous ouvriez la bouche.

■ Vous vous apprêtez à exercer dans le domaine du soin. Il est par conséquent indispensable de vous présenter au jury dans une **tenue appropriée**. Elle doit être **sobre et confortable**. Bannissez les vêtements trop serrés dans lesquels vous avez du mal à respirer ; les chaussures jamais portées qui rendent votre démarche malhabile car elles vous font mal aux pieds ; les tenues trop sophistiquées qui donnent l'impression que vous vous rendez à une soirée… Le tout est d'être à l'aise et disponible pour l'échange avec le jury.

Quant aux **accessoires**, ils sont à éviter à moins d'être discrets. Les bijoux qui font du bruit ou qui tombent, ou les *piercings* que vous tripotez machinalement tout au long de l'entretien risquent de perturber votre prestation, tant vous-même que le jury.

■ La **propreté** des cheveux et des ongles doit être irréprochable. C'est le « b.a.-ba » des métiers du soin. Tout manquement serait rédhibitoire. De même, évitez les ongles trop longs, sources de bactéries et qui pourraient griffer les patients pendant les soins. Et choisissez une coiffure qui vous évitera d'avoir les cheveux dans les yeux et de répéter les gestes pour les remettre en place.

■ Ne cherchez pas à vous démarquer des autres candidats par ce que vous portez mais par ce que vous dites. Gardez à l'esprit que votre tenue exprime le respect que vous portez au jury. Par exemple, les jeans troués ou tachés n'ont pas leur place ici. Surtout, **anticipez** la question pour ne pas avoir à vous en soucier le matin du jour J.

2. Existe-t-il des méthodes spécifiques pour gérer mon stress avant et pendant l'entretien ?

■ Quelles que soient votre personnalité et votre expérience, prendre la parole en situation d'évaluation suscite toujours une certaine appréhension. Pour éviter qu'elle ne se transforme en angoisse et ne vous paralyse, **anticipez-la.**

Sachez qu'il existe de nombreuses **méthodes pour gérer ce stress**, somme toute naturel. Adoptez celle qui vous réussit le mieux et développez-la de façon à pouvoir la mettre en place le moment venu.

■ Quelques **conseils** essentiels pour aborder l'entretien sereinement.

- **Préparation :**

Avant tout, la confiance en soi. Si vous êtes d'un naturel timide et peu à l'aise à l'oral, maîtriser parfaitement votre sujet est une condition essentielle. Une bonne organisation dans le travail vous permettra d'être efficace. Travaillez régulièrement avant l'entretien, mais pas trop la veille et pas du tout le jour même.

- **Entraînement :**

Rien ne vaut l'expérience ! Entraînez-vous autant que possible à développer un sujet face à un « jury » constitué d'amis bienveillants ou en vous filmant. Si vous êtes très timide, contraignez-vous petit à petit à prendre davantage la parole en groupe. Vous y gagnerez en aisance.

- **Respiration :**

Pensez à travailler votre respiration abdominale. Rien de tel pour se déstresser, au quotidien et plus encore avant un entretien visant à évaluer votre candidature. C'est une méthode simple et efficace à pratiquer assidûment. Essayez éventuellement la respiration alternée, avec projection, ou encore la cohérence cardiaque et optez pour celle qui « marche » le mieux.

- **À proscrire absolument :**

Les cures de caféine, les nuits blanches, l'alcool, le tabac, les drogues. Ne prenez pas un médicament censé vous détendre juste avant l'épreuve si vous ne l'avez jamais essayé. Vous pourriez mal le supporter et le résultat serait catastrophique !

- **La veille et les jours précédents :**

Ayez une vie saine : coucher de bonne heure, repas équilibrés, sport au grand air, temps de détente… Fuyez les personnes anxiogènes. Changez-vous les idées.

- **Pendant l'entretien :**

Pensez à : ne pas parler trop vite, vous tenir correctement, sourire, regarder le jury dans les yeux (chercher l'examinateur le plus bienveillant et s'y raccrocher lorsque nécessaire), ne pas craindre les silences (vous avez le droit de réfléchir).

3. Que dois-je dire en arrivant dans la salle ?

■ Lorsque vous entrez dans la salle où vous attend le jury, celui-ci s'assure tout d'abord de votre **identité**. Il ne doit pas y avoir de confusion sur le candidat prévu à ce créneau horaire.

■ **Saluez** chacun des membres du jury, par un simple « *Bonjour Madame / Monsieur.* » Généralement, c'est lui qui procède aux présentations et qui vous donne ensuite la parole. Vous n'avez donc pas à prendre l'initiative de vous lancer de vous-même dans votre présentation.

■ Tout au long de l'épreuve, il vaut mieux que vous vous laissiez **guider** par les indications que vous donnent les membres du jury. Par exemple, s'ils estiment que vous avez suffisamment présenté votre parcours, montrez-vous à l'écoute s'ils vous invitent à exposer dans le détail vos motivations.

4. Que dire au jury si je sens que je perds mes moyens pendant l'entretien ?

■ Le jury sait parfaitement que se savoir évalué suscite un stress important chez les candidats. Le plus souvent, ils parviennent à **gérer leurs émotions**. Mais il arrive parfois qu'ils se laissent submerger par l'angoisse. Les **manifestations** sont alors diverses : souffle court, plaques rouges qui apparaissent sur le visage ou dans le cou, yeux embués de larmes, voix chevrotante, palpitations… S'ils sont désagréables à vivre pour le candidat, tous ces signes d'émotivité ne sont nullement rédhibitoires.

■ Si cela vous arrive, il ne faut pas vous catastropher en en déduisant que vous avez ruiné toutes vos chances de réussite. Les membres des jurys se montrent bienveillants face à ces manifestations de stress qui ne nécessitent, bien souvent, qu'une **rapide pause** pour reprendre sa respiration et se reconcentrer sur son propos.

Quand vous sentez que vous commencez à perdre vos moyens, n'hésitez pas à signaler poliment au jury que vous souhaitez interrompre votre exposé quelques secondes. Il s'agit pour vous de retrouver le fil de ce que vous disiez, puis de reprendre calmement en vous appliquant à contrôler votre respiration.

■ Évidemment, il n'est pas possible de s'arrêter toutes les 2 min, au risque de donner l'impression au jury que vous avez le plus grand mal à **garder votre calme** et à retrouver votre sang-froid. Ce serait dommage car le jury sait que vous vous apprêtez à travailler dans des situations qui nécessitent de garder la tête bien sur les épaules. Apprenez à ne pas vous laisser envahir par des pensées parasites ; celles qui vous poussent à vous préoccuper davantage des manifestations de votre trop-plein d'émotion que du contenu de votre exposé. Lorsqu'on est très concentré sur son propos, on oublie rapidement de se laisser submerger par le stress.

5. Dois-je attendre que le jury me pose des questions ou prendre seul l'initiative de présenter mes motivations ?

■ L'entretien oral doit respecter le **déroulement souhaité et établi par le jury**. Commencez par vous présenter, enchaînez avec votre parcours puis votre projet professionnel. Soyez à l'écoute des questions ou des remarques du jury qui vous dirigeront dans les différents points à aborder.

■ Certains jurys vous guident tout au long de l'entretien, en vous posant de façon systématique des **questions**. Parfois, ils vont même jusqu'à vous interrompre, estimant que vous vous attardez trop sur un aspect. D'autres jurys interviennent beaucoup moins, vous laissant développer vos motivations. Le fait qu'ils gardent le **silence** peut se révéler tout aussi déconcertant.

■ Quelle que soit l'attitude des personnes qui vous évaluent, essayez de bien garder en tête les étapes de votre **projet professionnel** tel que vous l'avez élaboré. Cela vous permet de revenir sur les informations que vous souhaitez absolument transmettre.

Sachez cependant qu'il est inenvisageable d'interrompre un membre du jury ou de refuser de répondre à une question, au motif que ça n'est pas ce dont vous souhaitiez parler.

6. Est-ce embêtant d'avoir des tatouages ou des *piercings* lorsqu'on se présente devant le jury ?

■ De nombreux candidats portent désormais des *piercings* ou des tatouages, devenus banals. Certains craignent qu'ils soient peu appréciés du jury et que les arborer pendant l'entretien ne joue en leur défaveur. Or, les raisons pour lesquelles ces « accessoires » peuvent leur porter préjudice ne sont pas forcément celles qu'ils imaginent.

En effet, **personne ne vous reprochera** de porter un tatouage ou un bijou de type *piercing* au motif que celui-ci vous différencie ou qu'il est choquant. Sauf s'ils sont volontairement provocants ; auquel cas il faudra l'assumer ! Nul ne peut affirmer qu'avoir un tatouage sur le bras empêche de proposer une prise en charge de qualité au patient, au même titre qu'une couleur ou une coupe de cheveux originale.

■ En revanche, le jury pourra légitimement vous interroger sur leur **pertinence**. Notamment s'il estime qu'ils posent problème au niveau de l'**hygiène** et du contact avec les patients ou les enfants. Un *piercing* au visage peut s'avérer dangereux quand on travaille dans un service auprès de bébés, de personnes âgées ou handicapées qui sont agités. D'un geste brusque, ils risquent de vous les arracher, se blessant et vous blessant. La question de l'asepsie se pose également : un *piercing* ou un tatouage mal cicatrisé peut provoquer des infections.

Aucun texte de loi n'interdit de porter ce type d'« accessoire » quand on est soignant. C'est le bon sens qui prévaut. S'ils risquent de poser problème lors de soins, les *piercings* sont enlevés et si certains tatouages peuvent heurter les patients (ils recouvrent une très large partie du corps ou comportent des messages ou motifs qui choquent), ils sont cachés sous la tenue.

■ C'est cette même démarche de **bon sens** que vous devez adopter le jour de l'oral. Si vous craignez que vos « accessoires » vous mettent mal à l'aise ou suscitent des interrogations auxquelles vous n'avez pas envie d'être confronté, enlevez-les ou recouvrez-les. Si vous les assumez pleinement, soyez capable d'entendre du jury qu'ils seront peut-être inadaptés à certaines situations professionnelles. Enfin, si vous savez que lorsque vous êtes stressé vous avez tendance à tripoter nerveusement vos boucles d'oreille ou *piercings*, il est préférable de les enlever.

Les questions du jury le jour J

1. Vos motivations

Démontrer sa motivation n'est pas chose aisée. Assurer de sa détermination est loin de suffire ; ce qu'il faut, c'est être capable d'en apporter la preuve. Les éléments de réponse qui suivent vous aideront à réfléchir à tous les arguments qui peuvent justifier votre choix. À vous d'anticiper votre réflexion !

1. Pourquoi souhaitez-vous vous orienter vers le domaine du paramédical ?

■ Vouloir travailler dans le domaine du paramédical ouvre un **large panel de professions.** Quelle que soit l'activité à laquelle vous vous destinez, le jury vous demandera de justifier votre choix. Pourquoi ce secteur professionnel et pas un autre ?

■ Les motivations sont nombreuses et diverses, propres à chacun. L'essentiel est d'être en mesure de les **évoquer clairement**.

- Vous pouvez vouloir travailler dans le secteur social car les échanges entre usagers et professionnels n'y sont pas fondés sur des intérêts financiers.
- Vous pouvez rechercher un métier permettant d'effectuer des soins au quotidien, au plus près du patient.
- Vous pouvez favoriser un emploi dans lequel les modes d'exercice sont multiples, l'évolution professionnelle rapide et attractive.
- Vous pouvez avoir envie de travailler en équipe, dans un cadre favorisant la collaboration et l'entraide.
- Vous pouvez être à la recherche d'une profession où l'aspect social est important, mais pas exclusif, dans la prise en charge de l'usager.
- La crise de Covid que nous traversons depuis de longs mois maintenant a aussi pu faire naître des vocations en mettant en lumière le rôle déterminant des soignants et vous donner ainsi envie de vous investir dans un secteur clé pour l'ensemble de la population.

■ Avant de vous « lancer » dans cette sélection à l'entrée en formation, si vous avez hésité avec d'**autres domaines professionnels**, il est tout à fait possible de les évoquer au jury. Le fait que vous ne les ayez finalement pas retenus peut justifier votre motivation et votre intérêt pour les métiers du soin.

2. Proposez une définition du métier d'AS en citant ses principales missions

■ Il ne s'agit pas de réciter une **définition** du métier d'aide-soignant apprise par cœur. Celle qui vous est proposée ici cerne l'essentiel. À vous de la reformuler pour vous l'approprier.

Le rôle de l'AS s'inscrit dans une approche globale de la personne soignée. L'AS dispense des soins de prévention, de maintien de la relation et d'éducation. Il travaille en collaboration avec l'infirmier sous la responsabilité duquel il est placé.

Ses activités ont pour but de préserver et restaurer la continuité de la vie, le bien-être et l'autonomie de la personne. Il réalise des soins liés aux fonctions d'entretien et de continuité de la vie, visant à compenser partiellement ou totalement un manque ou une diminution d'autonomie de la personne ou d'un groupe de personnes.

Dans la mesure de ses compétences et dans le cadre de sa formation, il participe aux soins infirmiers préventifs, curatifs et palliatifs. Ces soins visent à promouvoir, protéger, maintenir et restaurer la santé de la personne, dans le respect de ses droits et de sa dignité.

Les lieux d'exercice de l'AS sont variés : service hospitalier ou extrahospitalier, domicile du patient. Il travaille au sein d'une équipe pluridisciplinaire.

■ Vous devez cependant être en mesure de décrire avec précision le métier d'aide-soignant. Ses **missions** sont les suivantes :

- assurer les soins d'hygiène et de confort ;
- observer et recueillir les données relatives à l'état de santé ;
- aider l'infirmier dans la réalisation des soins ;
- entretenir l'environnement immédiat (ex : réfection des lits) ;
- entretenir le matériel de soin et gérer les stocks ;
- transmettre les observations par écrit et par oral pour maintenir la continuité des soins ;
- accueillir, informer, soutenir le patient et son entourage ;
- accueillir et accompagner les stagiaires ;
- aider et accompagner aux activités quotidiennes (ex : repas, toilette) ;
- réaliser des animations à destination des patients.

3. Dans le domaine du paramédical, pourquoi préférez-vous exercer ce métier plutôt qu'un autre ?

■ Cette question est **cruciale**. Sa réponse synthétise à elle seule le propos que vous devez tenir lors de votre entretien.

Pour convaincre le jury de vous intégrer dans une formation d'AS, vous devez savoir expliquer pourquoi vous souhaitez exercer cette profession. Ce qui est évident pour vous ne l'est pas forcément pour le jury. Répondre « *je veux devenir aide-soignant parce que ma mère l'est* » n'est pas satisfaisant car trop superficiel. Votre **argumentation** doit être claire dans votre esprit. Il ne s'agit pas pour autant de réciter un texte appris par cœur. Vous devez être capable de faire part de vos principales motivations. Soyez convaincant !

■ Les raisons de votre choix peuvent être variées. L'important est de les avoir bien **identifiées**. Par exemple : vous évoluez dans un milieu familial dont plusieurs membres travaillent dans ce domaine et vous y êtes sensible ; vous avez vécu une expérience déterminante qui vous a orienté vers ce choix ; dans le cadre d'un bilan de compétences, les caractéristiques de ce métier vous correspondaient parfaitement ; vous avez fait des rencontres décisives ; ce choix est pour vous une vocation ; des stages ont renforcé votre intérêt pour ce métier...

4. Avez-vous déjà rencontré des professionnels ?

■ Répondre par la **négative** à cette question n'est assurément pas à votre avantage. Comment prétendre aspirer à un métier quand on n'a jamais échangé à son sujet avec quelqu'un qui l'exerce ? Qui de mieux placés que des professionnels AS pour évoquer la réalité du terrain ?

■ Cette démarche de rencontrer des AS est un **préalable indispensable** à toute élaboration de projet professionnel concernant ce métier. Bien sûr, tout le monde n'a pas la chance d'en compter parmi ses proches. Mais il faut savoir provoquer les occasions. Activez votre réseau de connaissances : voisins, amis, amis d'amis, collègues de travail... Rendez-vous à des forums ou des salons de l'étudiant. Guettez les dates des portes ouvertes des IFAS. Il y a fort à parier qu'en vous en donnant la peine, vous ferez connaissance de personnes très utiles et obtiendrez de précieuses informations sur le métier. Le mieux reste évidemment d'échanger avec les professionnels du secteur, directement sur le terrain, lors de stages par exemple.

■ Selon le contexte de la rencontre et le temps disponible, posez le **maximum de questions**. Renseignez-vous sur les avantages et les inconvénients du métier, sur les possibilités d'évolution de carrière, sur les missions propres à chacun ou encore sur la rémunération, le temps de travail, l'ambiance au sein des équipes...

5. Qu'attendez-vous de votre future profession ?

■ Les réponses sont nombreuses et surtout très **personnelles**. Alors ne vous contentez pas d'un cliché du type « *me sentir utile* », vide de sens à force d'être répété et applicable à une infinité de professions. De même, évitez les formules que le jury pourrait facilement contester : « *Je veux guérir les gens.* » Il existe beaucoup de situations dans lesquelles les soignants ne guérissent pas leurs patients. Leur rôle est de les accompagner au quotidien en cherchant à améliorer leur confort de vie. Dans le même ordre d'idées, évitez le « *c'est mon rêve d'enfance* ». À part indiquer que ce projet vous tient à cœur depuis longtemps, cette réponse n'apporte aucune explication précise à votre choix.

■ La motivation première de tout un chacun pour travailler est de permettre de subvenir à ses besoins grâce à une rémunération. Heureusement, bien d'autres motivations existent !

Les métiers du soin permettent notamment de travailler au plus proche de l'humain. Vous pouvez aspirer à exercer une profession qui donne du sens aux **relations humaines**. Une profession dans laquelle l'autre est au cœur des préoccupations, dans des rapports éloignés de tout échange commercial.

Votre métier est aussi le moyen de développer des savoir-faire et des **compétences professionnelles spécifiques**, des savoir-être et des qualités humaines que vous ferez progresser tout au long de votre vie grâce à la formation continue.

■ Exercer un métier est une façon de trouver et d'occuper une **place dans la société**. C'est le reflet des valeurs, des envies et des besoins de chacun. Votre métier doit être en adéquation avec vos aspirations.

6. Avez-vous réfléchi à un « plan B » si vous échouez à cette sélection ?

■ Une réponse affirmative à cette question n'est en aucun cas la preuve d'une faible motivation. Elle montre tout simplement que vous êtes **prévoyant**. Être sélectionné pour la formation que l'on vise n'est jamais acquis d'avance. Il est donc raisonnable d'envisager d'autres options en cas d'insuccès. Vouloir rebondir et ne pas s'appesantir sur un échec est légitime.

■ Répondez en toute honnêteté au jury. Inutile de lui cacher, par exemple, que vous envisagez d'autres domaines d'études si vous n'êtes pas admis à la formation. Vos explications doivent simplement faire apparaître clairement que votre choix premier se porte sur les **métiers du soin**. Cela n'empêche pas que d'autres secteurs professionnels puissent vous intéresser.

■ Si vous hésitez entre différents métiers du social, précisez au jury que vous donnez la **priorité** à ceux du soin. C'est pourquoi vous tentez cette sélection à l'entrée en formation. En cas d'échec, vous envisagerez une autre orientation. L'essentiel est qu'aucune ambiguïté n'apparaisse aux yeux du jury quant à votre réelle motivation de devenir AS au moment de l'entretien.

7. Combien de fois êtes-vous prêt à tenter d'intégrer un IFAS ?

■ Face à ce type de question, mieux vaut éviter les **réponses excessives** comme « *autant de fois que nécessaire* » ou « *si je dois le tenter 10 années de suite, je le ferai* ». Elles révèlent plus de naïveté que de détermination. En revanche, admettre que l'on y consacrera 2 ou 3 années maximum semble plus raisonnable. Ensuite, il faudra envisager une réorientation car tenter indéfiniment une entrée en formation ne mène à rien. Vous perdez votre temps.

■ Cette question a pour but d'évaluer votre **degré de motivation**, mais pas seulement. Le jury cherche à connaître votre capacité à vous remettre en cause, à vous interroger sur ce qui n'a pas fonctionné lors de votre première tentative. Avez-vous pris conscience de vos points faibles ? Avez-vous compris comment faire pour progresser ?

■ Ainsi, faites preuve de **lucidité**. Admettez que tenter 3 ou 4 fois une sélection en vain indique soit que vous n'avez pas adopté la bonne méthode pour la préparer, soit que vos capacités sont en-dessous du niveau d'exigences requis.

Si vous vous présentez pour la première fois à la sélection, indiquez au jury qu'en cas d'échec, vous saurez vous interroger sur ce qui n'a pas fonctionné et a empêché la réalisation de votre objectif.

8. Si vous êtes titulaire du baccalauréat, pourquoi ne tentez-vous pas plutôt de devenir infirmier ?

■ Cette question, très fréquente, est légitime. Les sélections à l'entrée en formation AS sont accessibles sans diplôme particulier. Alors être **titulaire d'un bac** n'est pas indispensable pour les tenter et, si vous possédez ce diplôme, vous pouvez envisager des études supérieures : par exemple, la formation d'infirmier qui correspond à un bac+3 et que vous pouvez intégrer *via* Parcoursup (plateforme d'admission dans l'enseignement supérieur). C'est une formation plus longue qui vous permettra, par la suite, de prétendre à des responsabilités plus larges que celles assumées par les AS. Elle vous offrira également une rémunération plus attrayante et des possibilités d'évolution de carrière.

■ Cependant, le choix d'un futur métier ne se fonde pas que sur le niveau d'études. Ce qui prime, c'est de savoir ce qu'on a réellement **envie de faire**. Infirmier est un métier bien différent de celui d'AS. Les gestes pratiqués ne sont pas les mêmes ; les rapports entre soignant et soigné non plus. Quand l'infirmier a en charge principalement des soins techniques, les AS pratiquent des soins de *nursing* qui les amènent à être plus fréquemment auprès des patients. Infirmier et AS constituent généralement un binôme dont les activités se complètent pour une prise en charge plus efficace du patient.

Il est donc indispensable de **connaître les missions** propres à chacune de ces professions pour être sûr de son choix. Les stages sur le terrain constituent le meilleur moyen de les découvrir. En vous posant cette question, le jury veut s'assurer que vous ne vous trompez pas de projet professionnel. Il vous amène à réfléchir sur ce que vous attendez précisément de votre future profession. Prenez le temps de lister ce que vous en attendez, puis comparez vos critères avec les missions des différents métiers du soin.

■ Nombreux sont les candidats qui souhaitent avant tout devenir infirmiers. Ils tentent tout de même la sélection à l'entrée à la formation AS pour s'assurer un plan B en cas d'échec à l'entrée en institut de formation en soins infirmiers (IFSI). S'il est légitime, ce choix n'est pas forcément le bon. Un jury expérimenté saura rapidement se rendre compte, grâce à des questions ciblées (ex : « *souhaitez-vous effectuer des gestes techniques ?* ») que le candidat n'est pas véritablement attiré par le métier d'AS. Il vaut donc mieux éviter cette option du choix par défaut.

Le cas est différent si, au moment de l'entretien, vous souhaitez réellement devenir AS et que vous projetez d'évoluer, dans les années à venir, vers le métier d'infirmier. Il s'agit d'une **évolution professionnelle** logique et fréquente. Exposer votre projet au jury sera bienvenu.

9. Souhaitez-vous exercer des soins techniques ?

■ Cette question a pour but de s'assurer que vous ne vous trompez pas de voie. Pour certains candidats, en effet, la **formation d'infirmier** conviendrait mieux. En devenant AS, vous effectuerez au quotidien des soins dits de « *nursing* » consistant à l'aide à la toilette, au déplacement, aux repas… Si un infirmier doit être en mesure, lui aussi, d'effectuer ces gestes, les compétences qu'il acquerra durant sa formation lui permettront en plus d'effectuer des soins techniques bien spécifiques. Alors si vous vous rendez compte, lors d'un stage ou d'échanges avec des professionnels, que ce sont principalement ces actes-là qui vous attirent dans les métiers du soin, il vous faut revoir votre projet professionnel. Il n'est peut-être pas orienté vers le bon diplôme.

■ Le jury a toute légitimité de s'assurer, pendant l'entretien, que vous faites le **bon choix d'études**. Par ailleurs, il vous est possible d'expliquer que, même si les soins techniques vous intéressent fortement, vous privilégiez pour le moment un métier vous permettant d'accompagner au plus près le patient dans son quotidien. Mais vous n'excluez pas de venir aux soins techniques d'ici quelques années, en évoluant vers le métier d'infirmier.

10. Qu'est-ce qui pourrait vous faire renoncer à ce métier ?

■ *A priori*, cette question est **déstabilisante** et la réponse qui vient à l'esprit est « *rien* », à moins de paraître bien peu motivé.

■ Pourtant, chacun a le droit de fixer des limites et de décider que certains **critères** sont **rédhibitoires** : devoir renier les valeurs pour lesquelles on exerce ce métier ; avoir le sentiment de l'exercer de façon mécanique, après des années en poste ; se rendre compte qu'on n'est plus capable de bienveillance, usé par le rythme imposé... Dans ces cas, il faut savoir passer à autre chose.

■ Il serait dangereux, par contre, de répondre en évoquant des **critères strictement personnels**. Cela prouverait une incapacité à se détacher de convictions idéologiques, comme de renoncer à ce travail parce qu'il est incompatible avec la manifestation de son culte (ex : le port du voile est interdit selon le principe de neutralité des personnels de santé), refuser de se soumettre à une hiérarchie, estimer que les médecines alternatives et complémentaires (MAC – acupuncture, hypnose, homéopathie...) ne sont pas suffisamment reconnues.

■ Un autre danger serait de citer, parmi les critères rédhibitoires, des **caractéristiques inhérentes au métier** : travail en équipe, horaires atypiques, nécessité de proposer une prise en charge adaptée à tous les patients sans distinction (ex : effectuer des soins à un homme qui s'est blessé en frappant sa femme)... Si le jury perçoit que vous tiquez fortement sur l'un de ces aspects, il ne pourra que douter de votre réelle motivation à exercer la profession d'AS.

11. Y a-t-il un public avec lequel vous redoutez de travailler ?

■ Vous avez parfaitement le droit de vous sentir **plus ou moins à l'aise** avec les différents publics que vous côtoyez. Certains AS, par exemple, préfèrent de loin travailler auprès de personnes âgées plutôt qu'avec des nourrissons ou des enfants en bas âge. Les troubles mentaux peuvent impressionner ceux qui n'ont jamais effectué de stage dans un service psychiatrique. Chez un futur soignant, les soins palliatifs où l'on accompagne les personnes en fin de vie peuvent susciter de la peur, celle d'être submergé par ses émotions...

■ Il est légitime de s'interroger sur ses réactions, sur la conduite à tenir lorsqu'on s'apprête à exercer un métier dans lequel on est confronté à des publics qu'on connaît mal ou pas. Il est donc possible de faire part au jury de ses craintes, de ses doutes, du moment que ceux-ci ne se muent pas en jugement catégorique du type : « *jamais je n'accepterai de travailler auprès de personnes handicapées.* » Par ailleurs, le jury attend de vous la capacité à **remettre en question vos doutes** et à dépasser vos appréhensions. Si cette question vous est posée, indiquez que vous comptez sur les stages, obligatoires tout au long de la formation, pour vous confronter à des situations nouvelles. Mettez l'accent sur votre envie d'apprendre à connaître de nouveaux publics. Vous montrerez ainsi que vous êtes ouvert à l'éventualité d'exercer un jour auprès d'eux.

12. Avez-vous déjà une idée précise du public auprès duquel vous souhaitez exercer ?

■ Cette question n'est pas un piège et il n'existe ni bonne ni mauvaise réponse. Le jury veut juste savoir si vous avez, grâce à des stages par exemple, identifié le **public** auprès duquel vous apprécieriez particulièrement de travailler, quelle qu'en soit la raison.

Un futur AS peut avoir apprécié la compagnie des personnes âgées et se projeter, à l'avenir, avec ce public. Ce qui compte, c'est votre capacité à argumenter et à montrer que vous n'êtes pas pour autant fermé à d'autres publics. Une telle attitude serait problématique.

■ Tout candidat à l'entrée en formation d'AS doit faire preuve d'**ouverture d'esprit**. Qu'un futur AS annonce ne surtout pas vouloir travailler auprès de personnes âgées serait malvenu. Surtout à une époque où l'allongement de la durée de la vie entraîne le vieillissement de la population et l'accroissement des situations de dépendance. C'est précisément auprès d'elles que les besoins en personnel sont le plus importants. C'est un passage obligé pour tout AS.

■ Répondre que vous vous sentez particulièrement à l'aise avec un public plutôt qu'un autre est possible. Mais n'hésitez pas à compléter : vous comptez sur la formation pour découvrir, *via* les stages, d'autres lieux d'exercice et donc d'**autres types de patients**. Vous avez conscience que votre préférence vient tout simplement du fait que vous n'avez pas encore eu l'occasion de les découvrir tous. À l'inverse, si vous êtes en reconversion professionnelle et que vous avez eu la possibilité, au cours de votre vie professionnelle, de travailler dans des secteurs différents, analysez et argumentez les bénéfices que vous en avez retirés, la manière dont cela a canalisé la construction de votre projet professionnel.

13. Travailler de nuit, les week-ends et les jours fériés vous pose-t-il problème ?

■ Si vous comptez exercer un métier avec des horaires de bureau, passez votre chemin ! Les questions relatives aux horaires de travail atypiques sont fréquentes. Elles permettent au jury d'évaluer votre prise de conscience des **implications** de votre future profession sur votre **organisation familiale et personnelle**. Alors ne donnez pas l'impression de découvrir cet aspect du métier au moment où l'on vous en parle !

■ Être AS impose de travailler tôt le matin, tard le soir, parfois de nuit, certains week-ends et jours fériés. Cette réalité se comprend aisément : les besoins des patients en soins ne cessent jamais, qu'on soit dimanche ou en pleine nuit. Il est impératif d'**avoir réfléchi aux conséquences** que cela pourrait avoir pour vous. Si vous avez des enfants nécessitant un mode de garde, sera-t-il compatible avec vos horaires ? Si vous vivez en couple, vos rythmes de travail respectifs permettront-ils de trouver un équilibre familial ?... Les réponses à ces questions sont fondamentales pour vous : quoi de plus dommageable que de réaliser, une fois entré en formation, que les horaires atypiques pèsent trop sur votre qualité de vie !

■ Si des **expériences professionnelles antérieures** vous ont amené à travailler en horaires atypiques, n'hésitez pas à les mettre en avant. Expliquez comment vous avez su gérer votre organisation personnelle. Cela prouvera que vous savez dans quoi vous vous lancez et que cela ne vous pose pas de problème particulier. Un bon indicateur de votre maturité !

Pour certains AS, le travail en horaires décalés **convient particulièrement**. Ces soignants préfèrent travailler de nuit, dans une ambiance complètement différente de la journée, plus apaisée, moins stressante. D'autres apprécient le travail tôt le matin car il libère les après-midi pour s'occuper de leurs enfants...

Dans tous les cas, mettez en avant votre ressenti pour que le jury se rende compte que vous avez pleinement **intégré** la particularité des horaires de travail dans votre projet.

■ Sachez, en revanche, qu'émettre des **doutes** sur votre capacité à supporter les horaires atypiques jouerait en votre défaveur. La fatigue engendrée, les difficultés d'organisation, le décalage avec le reste de la société... sont des contraintes inhérentes aux métiers du soin, difficilement évitables.

14. Savez-vous si vous privilégierez le travail à domicile ou le travail en structure ?

■ Il vous sera peut-être difficile de répondre à cette question si vous n'avez jamais expérimenté, par des stages, ces deux façons de travailler. Vous n'avez pas forcément eu le temps ou l'occasion de les découvrir. Dans ce cas, prenez la peine de **vous renseigner** sur les particularités de chacune. Faites des recherches sur les caractéristiques du travail à domicile et du travail en structure. Discutez-en avec des professionnels.

Au contraire, si vous avez eu cette possibilité, n'hésitez pas à mettre en avant vos **expériences**. Évoquez votre ressenti et votre préférence. Expliquez quels aspects de l'un ou de l'autre de ces modes d'exercice les déterminent.

■ L'AS peut intervenir chez le patient. Travailler **à domicile** induit que le soignant est en contact direct avec le lieu de vie de son patient. Il doit se montrer respectueux de son intimité. Il est aussi contraint de « faire avec les moyens du bord », lorsque le logement se révèle peu adapté aux soins à effectuer. Ce mode d'exercice présente toutefois une forme de liberté quant à l'organisation de son travail.

Le travail **en structure**, quant à lui, implique de travailler en équipe et de s'adapter à l'organisation du service où l'on exerce.

15. Professionnellement parlant, comment vous voyez-vous dans 5 ans ?

■ Cette question permet au jury d'évaluer votre capacité à vous projeter dans le temps. Il cherche à savoir si vous avez une vision sur le long terme de votre **évolution professionnelle**. Ne pas en avoir n'est pas rédhibitoire. Nul n'est tenu d'avoir une vue d'ensemble sur sa carrière professionnelle. Sachez simplement répondre que vous attendez de la formation qu'elle fasse émerger l'envie de travailler dans certains domaines.

■ Au cas où vous auriez déjà en tête des **projets précis**, il peut être intéressant d'échanger avec le jury à leur sujet. Cela démontre indéniablement votre motivation. Définir des projets vous incite à tout mettre en œuvre pour les réaliser.

Peut-être envisagez-vous d'évoluer, quelques années après le diplôme d'AS, vers la formation d'infirmier. Vous pouvez évidemment le signaler au jury. Il profitera de cette occasion pour vous interroger sur les caractéristiques de ces métiers et ainsi vérifier que vous les différenciez bien.

Si vous comptez expérimenter à la fois le travail en milieu hospitalier et à domicile, n'hésitez pas, là encore, à en parler au jury. Tout indice d'une réflexion personnelle autour de votre projet professionnel est digne d'intérêt pour votre échange.

2. La gestion de vos émotions

Aucune des questions portant sur la gestion de vos émotions ne saurait se satisfaire de réponses stéréotypées. En vous interrogeant ainsi, le jury cherche à vous faire parler de vous-même. Alors soyez honnête !

1. Comment réagissez-vous en cas de conflit ?

■ Parmi les points incontournables de votre préparation à la sélection à l'entrée en formation, se trouve la réflexion sur la façon dont vous vous sentez capable d'aborder des **situations « délicates »**. Vous y serez confronté tôt ou tard dans votre vie professionnelle.

■ Au quotidien, les occasions de rencontrer des conflits sont multiples. Le but ici n'est pas de les lister, mais de réfléchir à la **réponse la plus adaptée**. Le jury aimerait savoir si, en cas de conflit au sein d'une équipe, vous serez prêt à adopter le rôle de médiateur. Saurez-vous offrir une oreille attentive aux doléances de vos collègues ? Serez-vous capable d'initier une sortie de crise par le dialogue ?

■ Faire preuve d'**honnêteté** face au jury ne signifie pas gâcher vos chances de réussite, même si cela implique de vous présenter sous un jour finalement peu glorieux. Bien sûr, il faut éviter les réponses catégoriques du type : « *moi, je dis ses vérités à chacun. Je préfère que ça pète une bonne fois pour toutes !* » Même si on comprend l'idée, un peu de diplomatie sera bienvenue. Si vous estimez que chaque situation conflictuelle doit être désamorcée avant de dégénérer, présentez votre opinion de façon plus consensuelle : « *en cas de conflit, il est important de préserver des temps d'échange. Chacun doit pouvoir s'exprimer pour que le problème soit réglé et ne s'aggrave pas.* »

■ Ayez toujours en tête que le jury doit projeter en vous un **futur professionnel** capable de faire face à des tensions sans dévier de la mission qui lui revient.

2. Redoutez-vous d'être confronté à la mort dans votre vie professionnelle ?

■ Il n'y a évidemment ni bonne ni mauvaise réponse à une telle question. L'essentiel est de montrer que vous ne la découvrez pas, maintenant qu'on vous la pose. Vous vous y êtes déjà confronté afin de sonder votre capacité à **gérer vos émotions**. Vous avez déjà réfléchi au sujet de la mort.

■ Rester soi-même et répondre en toute **franchise** est la meilleure attitude à adopter. Si vous redoutez d'être confronté à la mort dans le cadre professionnel, dites-le sans chercher à cacher votre sensibilité. Le décès d'un patient est une réalité qui, selon le contexte, peut impressionner. Expliquez qu'aujourd'hui, vous peinez à envisager comment vous réagirez car c'est une situation à laquelle vous n'avez jamais été confronté. Vous aviserez le moment venu, selon les ressources qui seront à votre disposition pour vous aider à garder la distance professionnelle souhaitable. Si cette première « expérience de la mort » se fait alors que vous travaillez en équipe, le soutien de vos collègues, voire la possibilité de l'évoquer en réunion, seront des aides précieuses.

Si, dans votre vie personnelle, vous avez côtoyé un ou des proches décédés, ayez conscience que votre rapport à la mort sera totalement différent dans l'exercice de votre profession. Avec le temps, vous apprendrez à faire preuve d'une profonde humanité, tout en tenant l'affect à distance. Il s'agit de ne pas vous effondrer à chaque décès d'un patient.

■ Enfin, s'il vous est proposé au cours d'un stage de participer à la **toilette mortuaire** d'un patient, prenez votre décision en toute liberté de conscience. En tant que stagiaire, rien ni personne ne vous impose cette épreuve. À vous de savoir si vous y êtes prêt. Si vous sentez que l'équipe autour de vous saura vous guider et vous accompagner durant ce moment particulier, peut-être est-ce l'occasion à saisir ? Vous vivrez une étape-clé dans votre découverte des missions qui incombent aux AS. Il est important de souligner le caractère douloureux de cette étape quand il s'agit d'un enfant. Mieux vaut se sentir sûr de soi pour accepter de participer à la toilette mortuaire dans ces circonstances. N'hésitez pas à quitter la pièce si l'épreuve est trop difficile, surtout si c'est la première fois.

3. Comment réagirez-vous face à la souffrance des patients ?

■ En vous posant cette question, le jury veut s'assurer que votre vision des missions de l'AS n'est pas idéaliste. Souvent, les candidats expliquent vouloir devenir soignant pour **aider les patients à guérir**. Or, cette réponse ne correspond pas au rôle du soignant puisque les situations sans guérison sont nombreuses : la vieillesse (qui n'est pas une maladie), le handicap, certaines maladies incurables, etc. L'AS est là pour accompagner, pour soutenir le patient dans tous les actes de sa vie quotidienne.

Il faut donc que le soignant accepte de ne pas toujours pouvoir faire disparaître la souffrance causée par les problèmes de santé. Il peut seulement l'**apaiser**, la calmer, l'accompagner. Ce n'est pas évident à vivre, surtout pour le patient, mais aussi parfois pour le soignant qui peut se sentir impuissant.

■ Prenez le temps de bien réfléchir à ce problème quand vous vous préparez à devenir AS. Vous aurez à effectuer des actes qui peuvent **faire mal** et, même avec la meilleure volonté du monde, vous ne pourrez pas soulager la douleur des patients au-delà d'une certaine limite. Bien que les pratiques enseignées en formation visent à apporter des soins les moins pénibles possible, ils s'avèrent parfois trop invasifs, trop lourds. Et ce qui aurait dû soulager échoue.

Cette souffrance est à la fois **physique et psychique**. Par exemple, chez une personne âgée, une simple toilette au lit peut être douloureuse. *Idem* lorsque des escarres cicatrisent difficilement et font mal au moindre mouvement.

4. Comment supportez-vous la vue du sang ? de plaies ? de chairs abîmées ?

■ Il est **paradoxal** de vouloir exercer dans les métiers du soin si la vue d'une plaie, du sang insupporte ou en cas de forte sensibilité aux odeurs (selles, urines, vomissements...). Il vous faut impérativement être au clair avec ces aspects du métier, avant de vous lancer dans la préparation de cette sélection.

■ Si vous avez de sérieux **doutes** quant à votre aptitude à supporter ces éléments, pas d'autre solution que de vous y confronter une bonne fois pour toutes. Faites un **stage d'immersion** grâce auquel vous appréhenderez directement et concrètement le sujet. N'essayez pas de vous rassurer en comparant la blessure des autres à la vôtre. Si, pour vous, vous n'avez pas de réaction forte, cela peut paraître bien plus impressionnant chez autrui.

En stage, vous côtoierez des personnes dont les chairs peuvent être abîmées. Par exemple, les escarres sont fréquentes chez les patients qui restent longtemps alités ou chez les personnes âgées en maison de retraite. Ces lésions de la peau s'avèrent impressionnantes si elles sont creusées, infectées, odorantes... Si une infirmière vous autorise à rester dans la pièce lorsqu'elle effectue un soin technique, saisissez cette occasion pour tester votre capacité à supporter la vue de ce qui rendrait d'autres personnes malades.

■ Ne cherchez pas à donner l'impression au jury que vous êtes insensible aux lésions qui peuvent affecter le corps. Elles sont souvent associées à de vives douleurs pour le patient et personne ne peut les observer froidement, sans compatir. La question est plutôt de démontrer que vous êtes en mesure d'agir avec **professionnalisme** : face à des situations potentiellement délicates, vous gardez le contrôle de vos émotions.

5. Savez-vous garder votre sang-froid ?

■ Vous vous apprêtez à exercer une profession où la réactivité et la capacité à garder son sang-froid dans des périodes stressantes sont d'**indéniables atouts**.

Bien souvent, les candidats mettent en avant leur volonté de se sentir utiles, leur capacité d'écoute, leur patience... Ce sont des qualités indispensables à tout professionnel compétent et attentif aux patients. Mais elles sont souvent citées au détriment d'autres compétences, au moins autant si ce n'est plus importantes encore.

Être fiable, calme et maître de soi quand une situation devient complexe permet bien souvent de désamorcer les tensions. Cela favorise également l'apaisement des patients qui se sentent entre de bonnes mains.

■ Il est donc préférable de répondre à cette question par l'affirmative et d'illustrer votre propos par des **exemples concrets** tirés de votre expérience. Qu'il s'agisse de situations professionnelles (autres secteurs d'activité), de vécu de stage ou encore d'événements survenus dans votre vie personnelle, plus un exemple est parlant, plus il convainc le jury de votre aptitude à réagir en cas d'urgence ou de complication.

6. Avez-vous déjà eu l'occasion de vous remettre en question ? Si oui, dans quel contexte ?

■ Répondre « oui » à cette question n'est intéressant que si vous êtes en mesure de proposer des **illustrations concrètes** de remise en cause.

■ Savoir se remettre en question est important quand on souhaite exercer un métier où les **pratiques professionnelles** évoluent régulièrement. D'abord, cela vous assure de proposer à chaque patient la prise en charge qui lui convient le mieux. En effet, votre ouverture d'esprit vous incitera à enrichir vos compétences et à modifier vos habitudes grâce à des formations. Elles bousculeront parfois vos façons de faire ! Ensuite, cela vous aidera à entretenir de bonnes relations avec les membres de l'équipe dans laquelle vous travaillerez.

■ Avant de vous présenter à l'entretien, réfléchissez à des situations, professionnelles ou non, qui ont fait **évoluer** votre perception des choses et/ou vos pratiques.

3. Votre personnalité

Ne vous méprenez pas sur les questions concernant votre personnalité. Le jury ne cherche pas à obtenir des informations qui relèvent de votre vie privée (culte, opinion politique, orientation sexuelle). En vous interrogeant sur vos qualités et défauts, goûts et hobbys..., il veut simplement mieux cerner votre profil. Il doit savoir dans quelle mesure vous ferez un bon étudiant d'abord, un bon professionnel ensuite. Il n'y a pas de piège à éviter, pas de réponse toute faite à donner. Soyez honnête et le plus naturel possible. Tout au long de l'entretien, faites en sorte d'énoncer les informations importantes pour bien cerner la pertinence de votre candidature.

1. Citez plusieurs qualités qui vous caractérisent

■ Passage obligé de cet entretien oral, la présentation d'au moins une de vos qualités nécessite que vous y réfléchissiez en amont. Rappelez-vous que vous candidatez à une formation d'AS. Alors mettez en valeur les **traits de votre caractère les plus pertinents** dans ce cadre professionnel.

■ Le plus simple est de **lister**, sur une feuille, les traits de votre caractère qui vous viennent à l'esprit spontanément et le plus objectivement possible. Si l'exercice vous semble difficile, sollicitez vos proches. Ils sont les plus à même de porter un regard clairvoyant sur vous.

Ensuite, conservez les trois qualités qui vous paraissent les plus susceptibles d'être utiles dans votre **quotidien de futur soignant** : vous êtes une personne fiable ? Vous avez une bonne capacité à garder votre sang-froid ? Vous savez apaiser les angoisses de vos proches ? Votre sens de l'organisation est reconnu de tous ? Si des tensions apparaissent dans un groupe, vous parvenez à les désamorcer grâce à votre humour ? Autant d'atouts qu'il ne faut pas hésiter à citer. Ils vous permettront de vous démarquer des autres candidats aux réponses stéréotypées : « *je suis très à l'écoute* », « *j'aime me rendre utile* », « *je suis patient* ». Certes, ces qualités sont bien réelles et essentielles au métier, mais trop entendues par les jurys.

■ Certains candidats s'interrogent, par ailleurs, sur les qualités qui peuvent aussi être considérées comme des **défauts**. Être franc en est certainement une ; mais si cela entraîne des tensions au sein de l'équipe parce qu'on dit trop facilement les choses, en est-ce toujours une ? Avoir le souci de la perfection est un atout ; mais dans une profession où il faut souvent aller vite et renoncer aux détails, cette qualité en reste-t-elle une ? Ne risque-t-elle pas d'être source de frustration ?

■ Finalement, ce qui importe, c'est d'**argumenter** les qualités qu'on énonce. Pas de place pour la fausse modestie ou la crainte de paraître prétentieux. Chacun a des qualités humaines et savoir les valoriser est une force !

2. Citez plusieurs défauts qui vous caractérisent

■ Il n'est pas facile de juger avec **objectivité** de ses défauts. Encore moins quand c'est pour les révéler à un jury qui vous évalue et décide de votre avenir professionnel. Fort heureusement, ça n'est pas là ce qu'on vous demande !

Quant à faire la liste de vos petits défauts du quotidien, savoir que vous êtes gourmand ou « radin » est dénué d'intérêt pour le jury car sans lien avec votre future profession.

■ Lorsqu'un jury vous pose cette question, il cherche plutôt à percevoir si certains traits de votre caractère pourraient compliquer votre **pratique du métier**. Être susceptible peut créer des tensions avec les collègues. Se montrer entêté peut empêcher de remettre en cause ses pratiques professionnelles aux moments opportuns.

Les défauts qu'on vous demande de citer sont ceux sur lesquels vous avez conscience de devoir **progresser** afin de faire preuve de professionnalisme. Par exemple, si vous êtes bavard, expliquez au jury qu'il vous faudra adopter une attitude professionnelle en présence des patients : vous ne pourrez pas « papoter » avec vos collègues comme vous le feriez en salle de pause. Vous pouvez aussi évoquer votre volonté de mieux gérer votre impulsivité. Vous savez que vos actes et décisions devront être mesurés et réfléchis dans votre travail de *nursing* au quotidien.

Ne sont donc attendus du jury que vos traits de caractère permettant d'ouvrir un échange sur votre perception de l'**attitude professionnelle** adéquate.

3. Dans un groupe, quelle attitude adoptez-vous généralement ?

■ Le jury ne cherche pas à intégrer en formation exclusivement des personnes au profil de *leader* ou, au contraire, d'observateur. Ce qui lui importe, c'est de savoir si vous avez conscience de l'attitude qui est la vôtre. Cela témoigne d'une capacité à **analyser son propre comportement**, ses façons de faire. C'est essentiel pour un travail en équipe.

■ Pour répondre à cette question, il vous faut prendre le temps d'une petite introspection. Interrogez-vous sur l'attitude que vous adoptez le plus souvent quand vous êtes en groupe. N'hésitez pas à faire varier les critères : groupe de collègues, d'amis, de proches. Vos réactions sont certainement différentes selon le contexte. Avez-vous plutôt tendance à initier des projets ? Ou êtes-vous celui qui rationnalise, qui étudie les différentes options lorsque des décisions sont à prendre ? Avez-vous l'habitude de favoriser le débat ? Êtes-vous celui qui tente systématiquement de désamorcer les conflits ? Appuyez-vous sur vos expériences, personnelles et/ou professionnelles.

Faites appel à votre **entourage** en lui demandant comment il vous perçoit, quel(s) rôle(s) il vous attribue spontanément lorsque vous êtes réunis. L'évocation de situations concrètes appuiera vos propos et sera particulièrement bienvenue.

■ Tous ces renseignements permettront au jury de vous projeter en tant que futur étudiant, puis **futur professionnel**, puisque vous vous trouverez évidemment confronté à des situations de travail en équipe.

4. Avez-vous une passion, un hobby ?

■ Ici, votre réponse ne sera ni bonne ni mauvaise, chacun étant libre d'occuper son temps comme il l'entend.

L'évocation de votre passe-temps favori, à l'occasion de cette question ou de votre présentation au début de l'entretien, permet au jury de mieux vous connaître. Il peut éventuellement établir des **liens entre celui-ci et la profession d'AS**. Vous adorez cuisiner ? C'est une activité qui nécessite de l'organisation, le respect d'étapes établies en amont, un grand soin accordé au matériel, à l'hygiène, de la patience, de la créativité. Autant de caractéristiques que vous pouvez aisément rapprocher de celles requises pour exercer dans le domaine du soin. De même, le fait que vous pratiquiez un sport, à niveau élevé ou non, signifie que vous vous maintenez en forme. S'il s'agit d'un sport collectif, il contribue peut-être à vous sensibiliser au besoin de se montrer solidaire et complémentaire, de désamorcer les tensions pour gagner en efficacité. Ainsi, en parlant de vos activités extraprofessionnelles/extrascolaires, vous pouvez orienter l'entretien vers des remarques en **lien avec le métier**.

■ Si le terme « passion » vous semble excessif pour qualifier vos activités de temps libre, expliquez ce que les balades en forêt, le jardinage, la lecture... vous procurent. Le jury sera intéressé d'apprendre que vous savez vous réserver des temps de pause. En d'autres termes, vous serez capable de **vous déconnecter** d'une vie professionnelle généralement prenante. Savoir s'accorder des respirations, des exutoires est essentiel.

Il faut être en forme physiquement et psychiquement pour supporter les conditions de travail parfois difficiles des métiers du soin. Et le jury n'attend pas que vous vous engagiez à sacrifier tous vos loisirs pour vos études, puis votre profession.

Par contre, si vous pratiquez un sport de haut niveau ou toute autre activité accaparant votre temps, sachez démontrer que vous saurez **vous organiser** tout au long de votre formation afin qu'elle ne pâtisse pas de cet investissement chronophage.

5. Comment faites-vous pour vous changer les idées ?

■ Vous vous préparez à intégrer une formation puis à exercer une profession au rythme soutenu, impliquant une fatigue physique bien réelle. Il est important, d'une part, d'être disponible intellectuellement pour acquérir toutes les nouvelles connaissances qui vous seront enseignées pendant les 10 mois de formation. D'autre part, vous devez apprendre, si vous ne le faites pas déjà, à vous **réserver des temps de pause**. Vous les consacrerez à un passe-temps qui vous aérera la tête et vous permettra de « recharger vos batteries ».

■ Il ne faut pas négliger ces temps à part. Ils contribuent à éviter la surcharge mentale et vous aideront par la suite, lorsque vous travaillerez, à **prendre de la distance** avec un quotidien parfois pesant. Certaines situations professionnelles, sur le terrain, s'avèrent en effet douloureuses et sont source de tensions psychologiques. Sachez vous délester de leur poids difficile à supporter. Ne pas trouver d'exutoire risque de favoriser un mal-être, une fatigue psychique qui peuvent impacter vos relations professionnelles mais aussi familiales.

■ Le jury, composé entre autres de professionnels de la santé, a conscience de cet état de chose. C'est pourquoi il veut s'assurer que vous saurez vous **accorder ces respirations nécessaires**, quelles qu'elles soient : sorties entre amis, séances de natation, cinéma, lecture, etc. Les bienfaits de ces moments consacrés à soi, dans le cadre d'une activité qui vous délasse, sont multiples et malheureusement trop souvent négligés.

6. Pratiquez-vous un sport de façon régulière ?

■ Ne craignez pas d'être recalé simplement parce que vous ne pratiquez pas de sport assidûment. Cette question vise plutôt à évaluer si vous êtes **en bonne condition physique**. Si tel n'est pas le cas, le jury vous conseillera de trouver une activité sportive qui, en correspondant à vos goûts, vous permettra de vous aérer l'esprit et de garder la forme.

■ Vous vous apprêtez à exercer un métier très physique dans lequel les **efforts** sont **nombreux** et parfois **intenses**. Votre dos, en particulier, risque de souffrir des positions inconfortables qu'il vous faudra adopter pour mobiliser les personnes dont vous devrez supporter la charge. Il est primordial de muscler votre corps car il sera fortement sollicité lors des différents soins. Toutes les structures ne disposent pas de lève-malades et, quand c'est le cas, ils sont rarement en nombre suffisant.

Autant de réalités qui nécessitent d'entretenir sa forme physique, au risque de souffrir de **troubles musculo-squelettiques (TMS)** dont il est difficile de se débarrasser une fois qu'ils sont installés.

■ Alors si vous ne pratiquez pas d'activité sportive, réfléchissez à celle qui vous conviendrait le mieux, sans vous lasser. Pas besoin de vous lancer dans des sports intenses et très physiques. Vous pouvez maintenir votre forme avec la marche, la gymnastique douce, le yoga, la natation, etc. L'essentiel est de s'y tenir sur le long terme pour en tirer un **bénéfice durable**.

7. Aimez-vous travailler en équipe ?

■ Cette question touche un point essentiel de votre future profession, auquel il vous faut bien réfléchir avant de vous lancer dans l'aventure de cette sélection. En tant qu'AS, vous ne travaillerez pas seul. Vous aurez toujours à **composer avec une équipe**, y compris si vous exercez à domicile. Ne pas apprécier cette forme de travail est donc rédhibitoire à un projet tel que le vôtre.

■ Observer **comment fonctionnent différentes équipes** est un aspect particulièrement enrichissant des stages. Vous constaterez qu'une équipe qui fonctionne bien gagne en efficacité et offre aux patients une prise en charge de qualité. Sachez qu'ils sont malheureusement toujours les premiers à pâtir de tensions entre professionnels, sans que ceux-ci en aient toujours conscience.

Les causes de **tensions** au sein d'une équipe sont variées. Il s'y côtoie des personnes aux caractères parfois très opposés, se révélant au mieux complémentaires, au pire incompatibles. Les pratiques, les habitudes, la conception même de la mission de chacun peuvent être très différentes d'une personne à une autre. Cela peut susciter de l'incompréhension.

Le travail en équipe constitue généralement une **force**, parce qu'il permet de partager les tâches et les responsabilités. Lorsque les compétences et les missions de chacun sont clairement identifiées, la répartition du travail se fait naturellement. Quand des questions se posent, être à plusieurs permet de confronter les avis et d'opter pour la solution la plus adéquate. Travailler en groupe signifie également pouvoir déléguer aux autres, passer le relais si une tâche ne peut être assurée. À charge, en retour, de soulager un collègue de ses obligations si l'occasion se présente.

Toutefois, il faut être vigilant à ce que l'entente, si bonne soit-elle, ne glisse pas lentement vers le **copinage**, du moins devant les patients. Les équipes où on s'entend si bien qu'on rit entre soi et qu'on s'interpelle pour se raconter son week-end ne sont certainement pas aussi attentives aux patients qu'elles le devraient. Une telle attitude, trop relâchée, est un manque de professionnalisme dont il découle une prise en charge défaillante.

■ Une équipe dans laquelle la communication est bonne et les pratiques professionnelles complémentaires est une **équipe qui gagne**. Son efficacité assure une prise en charge de qualité des patients. Il est essentiel que chacun de ses membres fasse les efforts nécessaires pour atteindre cet objectif. Des temps d'échange, organisés par les personnels encadrants, sont donc à prévoir.

■ Pendant l'entretien, n'hésitez pas à faire part au jury de vos **expériences** de travail en équipe, qu'elles aient eu lieu dans un cadre professionnel ou autre (équipe sportive en compétition, organisation de groupes au sein d'une association, etc.). Exprimez votre ressenti sur les relations qui se sont établies : que vous ont-elles permis ou non d'atteindre ? Vous ont-elles été bénéfiques ? Si oui, de quelle manière ?

8. Comment supportez-vous les rapports hiérarchiques ?

■ Surtout, n'ayez pas un avis catégorique du type : « *je ne supporte pas d'avoir un supérieur hiérarchique* » ou « *d'après moi, les bonnes relations avec les supérieurs hiérarchiques sont illusoires car impossibles* ». Ces propos seraient fort malvenus !

En devenant AS, vous serez impérativement **soumis à l'autorité d'un supérieur hiérarchique**, à savoir un cadre de santé. Il gère les personnels paramédicaux des différents services. C'est à lui que vous devrez vous référer en cas de difficultés ou de questionnements sur votre travail. La profession d'AS impose d'accepter une forme de subordination qui ne saurait être remise en cause au motif qu'on ne supporte pas d'être le subalterne d'une autre personne.

■ Cette question est souvent posée par les jurys car elle a trait à une problématique récurrente dans les services hospitaliers, celle du **travail en équipe**. Pour qu'il soit efficace et permette une prise en charge optimale des patients, les relations intra-équipes et inter-équipes doivent être sereines et professionnelles ; ce à quoi veillent les cadres de santé. Or, la réalité n'est pas toujours aussi idyllique : il n'est pas rare que des soignants ressentent un malaise sur leur lieu de travail, dû aux tensions qui règnent dans leur équipe ou entre les équipes.

■ Peut-être avez-vous vécu, antérieurement, des situations professionnelles aux **relations hiérarchiques tendues**, difficiles à supporter et donc pénibles. En parler au jury peut attiser sa curiosité : il cherchera à comprendre ce qui a pu favoriser de tels dysfonctionnements. S'il perçoit que vous avez un problème avec les relations hiérarchiques, qu'elles vous sont pesantes, il y a fort à parier qu'il se trouve dans des dispositions peu favorables à votre égard. Dans ce cas, il est essentiel de ne pas tenir de propos accusateurs. Ils indiqueraient chez vous une remise en question de la relation hiérarchique qui vous est imposée.

A contrario, exposez ce qui, d'après vous, favorise un bon fonctionnement d'équipe. Montrez que vous connaissez les responsabilités qui incombent à chacun et que vous comprenez l'utilité de l'échelle hiérarchique.

9. Quelles valeurs priment pour vous dans l'exercice de votre profession ?

■ Cette question est assez classique, mais les réponses que les candidats lui apportent le sont parfois trop. Vous pouvez tout à fait répondre l'entraide, la tolérance, le respect… à condition de savoir définir précisément ces termes et de les justifier par des **explications fournies**. Faute de quoi, vidés de leur sens, ils n'ont que peu d'intérêt.

■ Il vous faut tout d'abord vous interroger sur ce qu'est une valeur. C'est ce à quoi vous accordez une **grande importance**, une règle de vie qui prime sur les autres parce qu'elle renvoie à une notion qui fait particulièrement sens pour vous.

■ Une fois vos valeurs déterminées, voyez si vous pouvez les appliquer à vos **futures pratiques professionnelles**. Cela peut être respecter une absolue discrétion quant aux informations détenues sur vos patients, ne jamais porter atteinte à la dignité de la personne, s'efforcer de toujours favoriser le dialogue dans vos équipes de travail, ne jamais renoncer à votre conception du soin en tant qu'approche globale de la personne, laisser vos soucis personnels hors de votre environnement professionnel, etc. De tels engagements peuvent paraître utopiques, le quotidien nous rattrapant parfois et nous obligeant à revoir certaines de nos priorités. Mais il est toujours bon d'être en mesure d'indiquer le **cadre qu'on se fixe**, au-delà des obligations purement légales, une sorte d'idéal à atteindre et à renier le moins possible.

10. Quel regard portez-vous sur le travail d'équipe dans les soins ?

■ Vous vous apprêtez à exercer une profession dont le cœur de l'activité est le travail en équipe. Il est indispensable que vous ayez réfléchi à **ce qu'implique ce mode de fonctionnement** : ce qu'il permet de faire, ses avantages, mais aussi les difficultés qu'il peut engendrer, ses inconvénients.

■ On peut **définir une équipe** comme un groupe de personnes en interaction autour d'une visée commune. Cela implique une répartition des tâches et la mutualisation des efforts de chacun des membres. Ainsi, une équipe est un système fragile, très dépendant des individus qui la composent. Son énergie totale est la somme des énergies individuelles et son niveau de qualité correspond à celui des interactions entre les personnes. Chacun des membres partage le même but à atteindre auprès d'une cible, un patient ou un autre usager. L'équipe réalise ses tâches grâce à des ressources et des procédures qui lui sont spécifiques. La convergence des efforts de chacun, c'est-à-dire leur collaboration, est alors nécessaire.

■ Idéalement, une équipe partage les mêmes valeurs, les mêmes codes moraux auxquels tous les soignants croient et adhèrent. Ils fédèrent les agents et créent le **véritable esprit d'équipe**, essentiel à sa réussite. Toutefois, il arrive que la confrontation de caractères variés, de personnes d'âges divers et aux aspirations parfois différentes impacte négativement la cohésion de l'équipe. L'entente n'est pas une évidence et sa mise en place est longue. Une équipe est une construction humaine où chaque individu a son importance : il suffit d'un seul élément pour détruire cet équilibre instable ou, au contraire, insuffler motivation et apaisement.

11. D'après vous, quels éléments permettent un travail d'équipe efficient ? À l'inverse, lesquels peuvent lui nuire ?

■ Il apparaît souvent qu'une **communication de qualité** entre les membres d'une équipe est au cœur de son bon fonctionnement. C'est pourquoi les désaccords et les tensions doivent pouvoir être verbalisés. Il est également essentiel que chaque membre puisse compter sur l'aide des autres en cas de difficulté. Personne ne doit mettre de mauvaise volonté à la suppléance d'un collègue défaillant.

■ Cependant, la cohérence d'une équipe est fragile : elle repose sur un **équilibre** parfois difficile à trouver et/ou à préserver. D'autres critères sont à prendre en compte pour favoriser son bon fonctionnement. D'abord, des **causes internes** à l'équipe et au milieu dans lequel elle évolue peuvent nuire à l'harmonie entre les membres : l'hétérogénéité du groupe – par les différentes personnalités qui s'y côtoient – peut être source de tensions, les désaccords sur les méthodes et outils de travail, les conflits d'intérêts, les luttes de pouvoir, les systèmes de valeurs différents, les conflits culturels, générationnels, etc. Ensuite, des **causes externes** à l'équipe : le manque de planification des tâches, l'insuffisance de moyens humains et matériels, les rythmes imposés, la mauvaise répartition des fonctions et des responsabilités, etc.

■ Dans un service hospitalier, l'**infirmier-cadre** joue un rôle essentiel au travail efficient des équipes. C'est lui qui les constitue et qui veille à leur cohésion interne, donc à leur bon fonctionnement. Si des tensions apparaissent, il sert de relais entre les soignants qui peuvent compter sur son écoute. Il organise des temps de parole et d'échange pour éviter et/ou désamorcer les situations de crise. Il sait négocier mais également trancher lorsque cela s'avère nécessaire.

■ Finalement, la cohésion et l'efficience d'une équipe dépendent, d'une part, de ce que chacun de ses **membres** y amène et de la place que chacun laisse à l'autre, d'autre part, de la façon dont elle est **dirigée**.

12. Redoutez-vous la routine ?

■ De nombreux candidats à l'entretien pour entrer en formation AS expliquent vouloir exercer cette profession car c'est un domaine où aucune journée ne ressemble à une autre et où la routine n'a pas le temps de s'installer. Même si ce **souhait de variété** est compréhensible et légitime, il est préférable, lors de l'entretien, de ne pas donner l'impression que la répétition de tâches est rédhibitoire à vos yeux.

■ Selon les services où ils exercent, les AS sont amenés à reproduire fréquemment les **mêmes gestes** et à respecter le **rythme** adopté par la structure ou l'organisme où ils travaillent. C'est le cas dans une maison de retraite où s'installent forcément des habitudes dues à la pratique quotidienne des mêmes soins, souvent avec les mêmes équipes et auprès des mêmes patients.

Vous pourrez toujours essayer d'éviter les aspects routiniers du métier en choisissant d'exercer dans un service comme les **urgences**. Mais, même dans ce contexte, la prise en charge des patients vous semblera parfois répétitive. De plus, il n'est pas évident que vous accédiez au service souhaité dès le début de votre carrière.

■ La routine présente aussi des **aspects appréciables**. Elle permet d'établir des liens sur le long terme, de laisser se développer une connaissance des personnes et une confiance mutuelle. Souvent, elle facilite les échanges et la compréhension des besoins, contribuant ainsi à une meilleure prise en charge des personnes.

■ Il n'est pas pertinent de rejeter en bloc les aspects routiniers de métiers qui, de toute façon, sont très variés et offrent des possibilités d'exercice diverses. Si l'imprévu et le mouvement comptent beaucoup pour vous, sachez démontrer que vous avez conscience qu'ils ne seront pas prépondérants durant vos stages ni, plus tard, au cours de votre vie professionnelle. Quoiqu'il arrive, vous serez capable de vous en **accommoder** quelque temps sans que cela vous pèse trop.

13. Comment réagiriez-vous face à l'agressivité ou à l'hostilité d'un patient ?

■ En vous posant cette question, le jury vous amène à vous projeter en tant que futur soignant confronté aux **réalités du terrain**. Avoir l'air surpris ou déstabilisé reviendrait à reconnaître que vous n'y avez jamais réfléchi. Cette réaction serait gênante pour le jury qui a besoin de s'assurer du bien-fondé de votre projet professionnel : avez-vous une connaissance suffisante du métier dont cet aspect, même s'il est plutôt désagréable, fait partie ?

■ Une personne qui se destine à être AS porte généralement sur l'autre un regard bienveillant et souhaite favoriser son bien-être par une prise en charge adaptée. Or, il arrive qu'un patient rejette tout simplement l'aide proposée par le soignant. Ce refus s'exprime parfois à travers une agressivité, une hostilité qui laissent le soignant dans l'**incompréhension**.

Une étape importante pour un futur AS est de prendre conscience que la relation soignant-soigné peut être parasitée par des **émotions** empêchant une prise en charge efficiente. Le soignant ne doit pas vivre ces situations comme un échec, mais plutôt comme une occasion de **s'interroger** sur ses pratiques professionnelles, sur leurs limites et, bien sûr, sur l'attitude à adopter face à ce type de patient (ou ses proches). Que cherche à exprimer une personne qui ne trouve pas d'autre **mode de communication** que l'agressivité verbale ? Derrière l'hostilité affichée, ce patient ne cache-t-il pas de la peur ? de la frustration ? En vouloir à ceux qui prennent en charge sa santé n'est-ce pas, finalement, déplacer la colère qu'il ressent de se savoir malade, diminué ? Son agressivité ne peut-elle être provoquée par l'exaspération de souffrir, tant physiquement que psychologiquement ?

■ Pour certains soignants, l'agressivité exprimée par un patient s'apparente à un **échec**. Ils la vivent comme leur incapacité à mettre cette personne en confiance. Mais il faut savoir relativiser ce ressenti. Chaque patient arrive avec son vécu, ses émotions et ses expériences. Le soignant n'accède qu'à une part infime de ce bagage et ne peut pas toujours saisir le pourquoi et le comment des réactions propres à chacun. Sachez, par exemple, que certaines pathologies neurodégénératives rendent les patients agressifs, injurieux, voire violents. Ces réactions ne sont que des symptômes de leur maladie et ne doivent pas heurter les soignants.

■ Quels que soient le motif et la forme de l'hostilité exprimée, il importe de réagir avec professionnalisme : garder son calme et ne pas considérer que cette agression vous est personnellement destinée. Il s'agit plutôt d'un rejet de la fonction, voire du corps médical dans son entier. Il ne s'agit pas non plus d'accepter cette agressivité – il est indispensable de fixer des limites – mais de la **tenir à distance**.

■ Aussi pouvez-vous évoquer cette autre réalité du métier qu'est l'intrusion de la **violence** au sein des établissements de soin. Elle est malheureusement de plus en plus fréquente et oblige les équipes à se former pour réagir avec sang-froid et professionnalisme.

14. D'après vous, que signifie être respectueux de l'intimité du patient ?

■ L'époque n'est pas si lointaine où les **blouses**, imposées aux patients par souci de praticité et d'hygiène, devaient se porter sur le corps nu, alors même qu'elles ne fermaient pas derrière. Elles laissaient donc les patients exposer bien involontairement leurs fesses à la vue de tous quand ils se déplaçaient.

■ Pourtant, le respect dû à chaque patient impose aux soignants de préserver leur intimité. Les soins qui sont prodigués au corps ne doivent pas amener à banaliser la **nudité**. Quels que soient l'âge et l'état physique ou mental de la personne prise en charge, rien de ce qui pourrait heurter sa pudeur ne doit lui être imposé si c'est évitable. Par exemple, lors d'une toilette au lit, l'AS dénude les différentes parties du corps au fur et à mesure du soin. Il les recouvre dès qu'elles sont lavées. De même, les soignants veillent à toujours faire sortir les personnes présentes dans la chambre avant de pratiquer un soin. Il s'agit de préserver l'intimité du patient qui n'a pas forcément envie que sa nudité soit exposée, même à ses proches.

■ C'est grâce à des **gestes de bons sens** que l'intimité du patient est le mieux respectée. Ces principes s'appliquent à tous, que le patient soit un enfant, un adulte, une personne âgée, une personne handicapée, qu'il soit conscient ou non, qu'il possède toutes ses facultés mentales ou non.

15. Est-il important pour vous de vous voir confier des responsabilités au travail ?

■ Sans être un piège, cette question demande une **réponse dépourvue d'ambiguïté** quant à votre projet professionnel.

Un « oui » pourrait amener le jury à vous demander pourquoi, alors, vous n'envisagez pas plutôt la formation d'infirmier. Cette profession vous permettrait d'endosser plus de responsabilités que celle d'AS.

Un « non » ferait craindre au jury que vous ne vous sentiez pas capable d'assumer des responsabilités pourtant indispensables à la bonne prise en charge des patients.

■ Il semblerait donc que la meilleure réponse à apporter se situe entre ces deux options. Vous aspirez à assumer pleinement les responsabilités relevant **des missions de l'AS**. Vous vous sentez également capable de prendre des initiatives le moment venu. En revanche, vous ne souhaitez pas endosser actuellement les responsabilités propres à d'autres professions.

De toute façon, infirmiers et AS travaillent fréquemment en binôme. Vous serez certainement amené à devoir assumer des responsabilités confiées par l'infirmier, toujours dans le respect des missions de chacun, ainsi que le dispose l'article R. 4311 du Code de la santé publique.

16. Quelle expérience professionnelle vous a le plus marqué jusqu'à maintenant ?

■ Cette question n'a de sens que si vous avez énoncé, durant votre présentation, des expériences professionnelles antérieures.

Même si elles n'ont aucun lien avec le domaine du soin, elles méritent que **vous y réfléchissiez** avant votre entretien. Avec le recul, que vous ont-elles apporté ? Y a-t-il des aspects, dans ces activités, qui vous ont pesé ? qui vous manquent aujourd'hui ? Quelles compétences vous ont-elles permis de développer ? Est-il possible d'établir du lien entre ces expériences et votre désir actuel de devenir AS ?

■ Vous vous êtes nourri de ces étapes passées pour élaborer votre projet. Elles ont contribué à l'émergence de cette nouvelle perspective professionnelle. Un peu comme dans un bilan de compétences, il est intéressant d'en décortiquer certaines, en prenant soin de **sélectionner les plus significatives**. Ce travail préparatoire vous permettra d'aller à l'essentiel le jour de l'entretien.

■ *Via* cette question, le jury veut tester votre capacité à **analyser vos expériences antérieures**. Il cherche aussi à savoir ce que vous en avez tiré, le sens que vous leur attribuez. Votre réflexion permettra éventuellement de mieux comprendre ce qui vous a manqué et, au contraire, les rapprochements que vous faites avec les métiers du soin. Avoir exercé dans le domaine commercial vous aura permis, par exemple, de prendre conscience de votre envie d'échanges basés sur l'humain et non la recherche du profit. Ou bien encore, votre expérience d'aide à domicile vous a fait comprendre que vous aimez prodiguer des soins et que vous souhaitez vous professionnaliser dans ce domaine.

4. Votre connaissance du terrain

Les questions relatives à la connaissance du terrain sont décisives. Vos connaissances ne doivent donc pas se limiter aux représentations, souvent caricaturales, qui en sont données dans les séries télévisées par exemple. Vous devez appréhender la réalité du métier de manière approfondie et bien avant la sélection.

1. Avez-vous déjà fait des stages ?

■ Les stages ont un caractère **indispensable**. Ils permettent une véritable découverte du terrain. Ils sont source d'observations et d'échanges concrets sur lesquels vous appuyer lors de l'entretien. Les recherches sur Internet ou le visionnage de documentaires à la télévision ne sauraient les remplacer.

■ Les stages que vous aurez réalisés avant votre entretien doivent absolument être mis en avant pendant votre **échange avec le jury**. Même s'ils ne vous ont pas totalement enthousiasmé, ne pas les aborder serait une erreur stratégique. Vous en aurez toujours retiré des réflexions, une analyse, des connaissances. Pensez aussi à ce qui vous aura dérangé, car cela participe à faire évoluer votre projet professionnel et votre conception du métier.

■ Pour chacun de vos stages, notez dans un **journal de bord** vos ressentis et le descriptif de ce que vous observez au quotidien. Ce travail peut se révéler très précieux au moment de préparer votre entretien. Faites alors une synthèse du déroulement de chaque stage. Sélectionnez ce dont vous souhaitez absolument parler parce que cela vous a semblé particulièrement instructif. N'hésitez pas à illustrer vos propos d'exemples directement tirés de vos observations.

■ Le jury appréciera toujours que vous vous appuyiez sur des **exemples précis**, issus de votre vécu et de votre analyse, plutôt que sur des généralités ou des cas identiques à tous les candidats. Il est important que vous prouviez votre capacité à tirer un enseignement de vos stages, à montrer qu'ils ont participé à l'enrichissement de vos connaissances sur le métier et, surtout, qu'ils vous ont conforté dans votre choix d'études.

2. Vos précédents stages ont-ils modifié votre perception du métier ? Si oui, de quelle façon ?

■ Cette question fait suite à la précédente et sa réponse doit s'appuyer sur vos ressentis, sur votre expérience.

À vous d'expliquer au jury que les stages vous ont fait découvrir des **réalités de terrain** que vous ignoriez jusque là et/ou qui vous ont **bousculé**. Dans certains établissements, le manque de personnel et de moyens peut aboutir à des situations très tendues qui rendent l'exercice du métier difficile. Inversement, vous avez pu découvrir des aspects du métier que vous ne soupçonniez pas et qui vous ont **enthousiasmé** ou interpellé, étonné positivement, etc.

Le fait que vous vous présentiez à la sélection est, de toute façon, la meilleure preuve pour le jury que ces expériences n'ont en rien entamé votre projet d'entrer en formation.

■ Parlez en toute honnêteté des questions que vos observations ont suscitées chez vous. C'est précisément en évoquant le **cœur du métier** que vous pourrez exprimer le plus clairement votre motivation à être formé pour l'exercer.

3. Quel est le salaire d'un AS ?

■ Le **salaire** d'un AS varie selon son grade et son échelon (lié à l'ancienneté). Différentes **primes** peuvent venir s'ajouter à ce salaire de base, en fonction du poste occupé. Le ministère chargé de la Santé annonce un salaire de 1 760 € nets mensuels en début de carrière et 2 830 € nets en fin de carrière, pour un AS travaillant en structure publique et relevant de la catégorie B de la fonction publique hospitalière, depuis un décret du 29 septembre 2021.

■ Les salaires peuvent être plus élevés en secteur privé.

4. D'après vous, quels sont les inconvénients relatifs à l'exercice de ce métier ?

■ Il ne s'agit pas d'affirmer avec conviction que le métier d'AS ne comporte aucun inconvénient et qu'il vous ravit en tout point. Tout métier, même le plus passionnant, se révèle contraignant, voire pénible, sous certains aspects.

Être en mesure d'énumérer **quelques inconvénients** démontre que vous y avez réfléchi et que vous êtes lucide sur la profession. Ces inconvénients existent, mais ils ne sont pas rédhibitoires et n'entament en rien votre souhait de devenir AS.

Vous pouvez donc lister plusieurs aspects négatifs en les contrebalançant, à chaque fois, par des **solutions**. C'est une façon de vous positionner en tant que futur professionnel adoptant la meilleure attitude.

■ Les **horaires atypiques** sont contraignants et peuvent nuire à l'équilibre familial.

➲ L'anticipation et une **organisation solide** rendent ce métier compatible avec une vie de famille harmonieuse. Les possibilités d'exercice étant nombreuses, chacun peut, en fonction de l'évolution de sa vie personnelle, postuler dans des **services** où les horaires correspondent mieux à ses impératifs.

■ C'est un métier **très physique** qui implique de se maintenir en forme sous peine de souffrir rapidement de maux du type troubles musculo-squelettiques (TMS).

➲ Pratiquer une **activité physique régulière** est bénéfique à tout point de vue, physique et psychique. Il s'agit d'adopter le bon réflexe de prévoir, chaque semaine, des temps de marche, natation, jardinage, gymnastique douce... surtout ce qui permet de muscler le dos. Il est également possible de suivre des **formations** sur les bons gestes et postures pour préserver dos et articulations. Enfin, ne pas négliger le **matériel** mis à disposition qui permet de s'économiser.

■ Il n'est pas toujours évident d'être insensible aux situations douloureuses des patients et de garder une **distance professionnelle** permettant de se protéger.

➲ Des **temps d'échange** sont généralement prévus, parfois en présence d'un psychologue, pour que les membres d'une même équipe expriment leur mal-être ou leur difficulté à gérer une situation qui les touche particulièrement.

■ De nombreux soignants dénoncent des situations d'épuisement professionnel dues à un manque fréquent de **moyens humains et matériels.**

➲ L'**entraide** entre collègues est un des meilleurs remparts contre l'épuisement. Il faut savoir déléguer lorsque les soins risquent d'être de moins bonne qualité et il faut savoir suppléer un collègue en difficulté.

■ La **mésentente** au sein d'une équipe peut compliquer le fonctionnement et l'organisation du service.

➲ Des **temps de discussion** sont alors organisés, parfois autour d'un psychologue. Ils permettent à chacun d'exprimer son mal-être et de désamorcer les tensions.

5. Quels professionnels serez-vous amené à côtoyer en exerçant cette profession ?

■ La prise en charge des patients est souvent assurée par une **équipe pluridisciplinaire** qui associe le domaine médical, paramédical, social, etc. Chaque professionnel a un rôle bien défini avec des compétences spécifiques et complémentaires.

■ Tous ces **professionnels** :

- sont soumis au respect du secret professionnel et de la confidentialité ;
- exercent leurs activités dans le respect de la déontologie professionnelle, de l'éthique, des libertés individuelles et de la citoyenneté des personnes soignées ;
- s'inscrivent dans une démarche continue d'amélioration de la qualité des soins ;
- veillent au bien-être, à la bientraitance et à la prise en charge de la douleur des patients.

■ Au quotidien, l'AS est amené à côtoyer **différents corps de métier**. Parmi eux, les professionnels :

- du domaine **médical et paramédical** : médecin, infirmier, psychologue, orthophoniste, psychomotricien, ergothérapeute, kinésithérapeute, ambulancier, brancardier, agent de service hospitalier, etc. ;

– du domaine **social** : éducateur spécialisé, accompagnant éducatif et social, éducateur de jeunes enfants, assistant de service social, etc. ;

– en charge des aspects **administratifs** : secrétaire médicale, agent administratif, etc.

Dans l'univers hospitalier, les soignants travaillent aux côtés de bien d'**autres corps de métier** : enseignant, forces de l'ordre, secouriste, esthéticien, religieux, etc.

6. Que peut vous apporter le travail en équipe pluridisciplinaire ?

■ Les équipes pluridisciplinaires fonctionnent d'autant mieux que chacun de leurs membres connaît le domaine de compétences et les missions des autres. Il est important que tous les intervenants soient tournés vers un même objectif, en ayant identifié ce que **chacun peut apporter**. C'est la garantie d'une bonne prise en charge de l'usager et d'un enrichissement qualitatif des soins effectués.

■ Évoluer dans un corps de métier différent permet de porter un autre regard que celui de ses partenaires sur l'action à mener. La diversité des points de vue favorise la concertation et permet de **mutualiser** les compétences et les moyens.

■ La réunion des différentes équipes d'un établissement est l'occasion d'**échanges bienvenus** entre professionnels. Alors, si vous avez eu l'occasion d'assister à l'une d'entre elles au cours d'un stage, n'hésitez pas à vous appuyer sur cette expérience pendant l'entretien. Vous présenterez au jury la réflexion que vous en avez tirée.

7. Comment définiriez-vous le rôle de l'AS ?

■ Parmi tous les métiers de l'univers médical, celui d'AS est sans aucun doute le plus **au contact des patients**. Au quotidien, la proximité avec les personnes permet une meilleure efficacité pour les soins directs et d'hygiène. L'AS veille au bon confort de chacun. Il est aussi une écoute et peut être plus présent que le reste de l'équipe soignante. C'est un poste indispensable dans de nombreux établissements où il pratique son métier de la manière la plus adaptée.

■ L'AS exerce en établissement de santé public ou privé, opérant dans le secteur sanitaire ou médico-social, en structure avec ou sans hébergement ou bien au domicile de la personne. Bien que relevant du secteur paramédical, il fait partie intégrante d'une équipe médicale qui doit être dynamique et organisée. Souvent, les offres d'emploi d'AS décrivent ce poste comme une **source précieuse d'informations**. En effet, l'AS est bien souvent le premier à observer une rémission ou une anomalie dans l'état de la personne hospitalisée. En contact direct et régulier avec le patient, il facilite le travail du reste de l'équipe soignante, lui permettant d'agir plus vite et mieux. C'est un poste qui associe autant les aspects techniques (soin et suivi médical) que les aspects relationnels et humains.

■ L'aide-soignant est placé sous la responsabilité directe d'un **infirmier**.

8. Citez au moins trois lieux d'exercice de la profession d'AS

■ Vous devez impérativement connaître au moins trois lieux d'exercice de la profession d'AS, sachant qu'ils sont bien plus nombreux, et être en mesure d'expliquer rapidement les **missions de l'AS spécifiques** à chacun. Pour cela, faites des recherches sur Internet, regardez des reportages vidéo, écoutez des émissions à la radio ou, mieux encore, interrogez des professionnels. Posséder ces informations participe à la bonne connaissance du métier.

■ **Établissement de santé public ou privé (hôpital ou clinique)**

L'AS est associé à l'équipe médicale, sous la responsabilité d'un infirmier. Au plus près du patient, grâce aux soins de *nursing* qu'il effectue quotidiennement, il est le premier à constater une évolution dans l'état de santé du patient. Son rôle auprès de l'équipe soignante est essentiel : il l'aide à intervenir rapidement et efficacement. Il contribue aux activités de soin et aux liens humains.

■ **Structures d'hébergement des personnes âgées dépendantes**

Les fonctions de l'AS y sont les mêmes qu'en milieu hospitalier, avec un accompagnement plus étroit des personnes dépendantes : distribution des repas, aide à la toilette, activité de stimulation des patients, participation aux animations, prise en charge du corps d'un patient décédé, etc. L'AS joue par ailleurs un rôle-clé auprès des familles.

■ **Association ou entreprise**

Quand il est rattaché à une association ou à un centre de soins communal, l'AS se rend quotidiennement au domicile des patients sur lesquels il doit veiller. Il en va de même quand il est salarié d'une entreprise, société d'aide ou de maintien à domicile.

9. Quelle définition donneriez-vous du métier d'AS ?

■ L'AS exerce son activité sous la responsabilité de l'infirmier ou du médecin. Il travaille dans des structures avec ou sans hébergement assurant l'accueil et la prise en charge de malades, de personnes en situation de handicap ou de personnes âgées en perte d'autonomie. La crise sanitaire liée à la Covid-19 a induit également la prise en charge de populations victimes de situations sanitaires exceptionnelles parmi le public auprès duquel l'AS peut être amené à intervenir.

■ En collaboration étroite avec son équipe, dont le médecin ou l'infirmier, l'AS dispense des soins de la vie quotidienne ou des soins aigus pour préserver la continuité de la vie, restaurer le bien-être et l'autonomie.

■ Son rôle s'inscrit dans une proximité immédiate avec les personnes et leurs proches et engage une dimension relationnelle importante avec le patient ou le résident lui-même et son environnement familial. Cela sous-entend la nécessité pour l'AS de développer continûment ses compétences communicationnelles, organisationnelles et de gestion du stress. Ses missions impliquent la réalisation de soins de la vie quotidienne sous le contrôle de l'infirmier et la collaboration avec l'infirmier à la réalisation des soins aigus.

■ C'est enfin un métier évolutif qui peut servir à nourrir des ambitions de passerelles vers les métiers d'infirmier, d'auxiliaire de puériculture ou d'ambulancier.

10. D'après vous, de quelles qualités doit faire preuve un AS ?

■ Dans la partie relative au dossier écrit, nous mentionnions une liste d'aptitudes indispensables à l'exercice AS. Elle ne présente aucun ordre particulier, toutes sont nécessaires pour parvenir à assurer pleinement les missions de l'AS et jouer le rôle d'accompagnement et de prise en charge dans le respect de la personne d'abord et l'adaptation à ses besoins. Il s'agit également de respecter les conditions de qualité et de sécurité des soins prodigués.

■ La prise en charge d'une personne présentant une altération de ses capacités à communiquer nécessite par exemple de mettre en œuvre ses capacités de créativité et d'inventivité car, que l'on soit en pleine santé ou dans l'incapacité de s'exprimer, nous communiquons tous malgré nous. C'est ainsi qu'une aide-soignante expliquait à une stagiaire la raison pour laquelle elle « faisait la conversation » à un patient dans le coma pendant qu'elle lui faisait sa toilette.

■ Le sens des responsabilités amène un AS à prêter une attention particulière aux propos d'un résident qui exprime le sentiment de ne plus avoir le goût de vivre, afin d'en analyser la portée, les besoins et d'ajuster la prise en charge en collaboration avec toute l'équipe.

■ Le plus important ici n'est pas tant ce que vous dites, mais plutôt la manière dont vous établissez des liens entre une aptitude que vous avez acquise pendant votre évolution personnelle et professionnelle et ce que vous avez compris du métier d'AS. Votre spécificité se révèle dans le lien de jonction qui se fait naturellement entre les deux. C'est une question avant tout d'introspection, puis de mise en perspective.

11. Quelles sont les principales missions de l'AS ?

Bien qu'elles soient extrêmement variables en fonction des lieux d'exercice, avec les adaptations nécessaires à chaque secteur ou lieu d'activité, l'AS est amené à assurer des missions de soin permettant à une personne d'assurer les actes de la vie quotidienne ou des soins aigus. L'AS assure ainsi :

■ L'accueil, l'installation ou le transfert des personnes (du lit au fauteuil, etc.). Pour ce faire, il sera amené soit à aider la personne à réaliser ces gestes, soit à les réaliser à sa place à l'aide d'un lève-personne par exemple.

■ La continuité des soins grâce à la transmission de ses observations, sous forme écrite ou orale. Lorsqu'il intervient à domicile, par exemple, cela est particulièrement important pour que tous les intervenants puissent bénéficier des informations ainsi recueillies. Cet aspect administratif de la prise en charge relève également de ses responsabilités professionnelles en lien avec la traçabilité de la qualité et de la sécurité des soins.

■ La surveillance des fonctions vitales ou le repérage d'une urgence nécessitant l'intervention infirmière ou médicale. La réingénierie de la formation AS a valorisé un certain nombre de compétences dans la réalisation d'actes jusqu'alors réservés à l'infirmière, comme la glycémie capillaire par exemple. C'est une forme de reconnaissance de l'importance du rôle de l'AS auprès de la personne.

■ La participation ou la réalisation d'animations auprès des personnes. Afin de contribuer au bien-être de la personne, l'AS ne se limite pas uniquement aux soins, mais doit également rechercher les sources de bien-être procurés par les activités de loisir, d'interaction sociale, de réalisation de ses aspirations. Cela implique des compétences de créativité ludique et stimulante pour les personnes prises en charge.

12. Où peut exercer l'AS ?

Si les lieux d'exercice sont fort variés, l'aide-soignant peut exercer dans différentes structures.

■ En secteur sanitaire :
- centre hospitalier de proximité ;
- centre hospitalier universitaire et ses différents services de soins et d'enseignement ;
- centre hospitalier spécialisé en soins psychiatriques ;
- hospitalisation à domicile.

■ En secteur médico-social :
- établissement d'hébergement pour personnes âgées dépendantes (EHPAD) ;
- centre d'accueil des personnes en situation de handicap ;
- services à domicile, tels que les Spasad (services polyvalents d'aide et de soins à domicile) ;
- terrain de catastrophes sanitaires pour les réservistes.

13. Pour vous, la perte d'autonomie implique-t-elle la perte de la dignité ?

■ Peut-on décemment répondre autrement que par la négative à cette question ? Cependant, ce n'est pas la réponse oui ou non qui importe, c'est le cheminement logique que l'on met en place de manière à percevoir dans le propos le fondement humaniste de ce métier de soin.

L'AS intervient auprès de personnes que la maladie, le handicap, le grand âge peut mettre temporairement ou durablement dans une situation de perte d'autonomie dans l'accomplissement des actes de la vie quotidienne.

■ Dans cette situation, l'AS s'applique à tout mettre en œuvre pour préserver l'autonomie de la personne, par exemple en ne faisant pas à sa place les gestes pour gagner du temps ou en incitant la personne à agir par elle-même en la motivant. Lorsque cela n'est plus possible, en effet, l'AS réalisera les gestes nécessaires au bien-être physique de la personne, par exemple la toilette, ce qui implique une intrusion dans l'intimité de la personne.

■ La notion de dignité de l'être humain, aux fondements mêmes de la loi relative aux droits du malade, est un droit primordial de tout homme ou femme à qui on doit le respect dû à tout être humain sans égard de ses origines, statut social ou état de santé. Respecter la personne et la traiter dignement correspond à ne jamais perdre de vue que l'on prend en charge une personne à part entière et non un corps meurtri, mourant ou handicapé.

■ Il est donc évident que la dignité est un principe encore plus important à garder en vue devant la perte d'autonomie qui atteint la personne dans son être intime et impacte son rapport à elle-même, aux autres et au monde.

14. Pourquoi vous présentez-vous à la formation d'AS et non à la formation d'AP ?

■ La question oppose deux métiers différents, peut-être que les deux vous tentent d'ailleurs, voire vous pourriez vous présenter aux deux en même temps (bien que cela soit plus rare et pour cause, le projet professionnel est différent).

■ Si la formation AS est considérée plus accessible que la formation AP, il ne faut pas se limiter à cette facilité de façade : la variété des personnes prises en charge par l'AS n'est pas nécessairement une facilité, et les deux métiers partagent le type de soins de nursing prodigués aux personnes malades comme aux jeunes enfants par exemple.

■ Le choix des études à suivre ne tient pas à autre chose qu'à la construction d'un projet professionnel solide mesuré à l'aune des secteurs vers lesquels vous êtes attiré, au type de publics avec lesquels vous vous sentez à l'aise, voire à la curiosité qui vous incite à développer puis à expérimenter vos compétences dans un métier vers lequel vous avez décidé d'aller.

15. Quelle est la différence entre l'AS et le moniteur-éducateur ?

	AS	ME
Diplômes	- sans condition de diplôme - 1 an	- sans condition de diplôme, mais soumission à une sélection - condition de diplôme de niveau 4... - formation : 2 ans d'études
Missions	- exercées auprès de publics adultes handicapés ou de personnes âgées dépendantes - soins d'aide à la vie quotidienne - soins aigus	- exercées auprès d'enfants ou adolescents souffrant de troubles du comportement, d'adultes handicapés ou de personnes âgées dépendantes - projets d'animation - organisation de l'éducation pour préserver l'autonomie et l'intégration sociale des personnes - soutien ou aide aux repas, toilettes
Modalités d'exercice	- sous la responsabilité d'un infirmier ou médecin - secteur sanitaire, social ou médico-social	- travail en équipe de travailleurs sociaux - secteur social ou médico-social

16. Quelle est la différence entre l'AS et l'accompagnant éducatif et social ?

	AS	AES
Diplômes	- sans condition de diplôme - 1 an	- sans condition de diplôme, mais soumission à une sélection sur épreuves - condition de diplôme de niveau 4... - formation : 9 à 24 mois d'études spécialisées en trois catégories : accompagnement de la vie à domicile ; accompagnement de la vie en structure collective ; accompagnement à l'éducation inclusive et à la vie ordinaire
Missions	- exercées auprès de publics adultes handicapés ou de personnes âgées dépendantes - soins d'aide à la vie quotidienne - soins aigus	- exercées auprès de personnes vulnérables : enfants, adolescents, adultes handicapés ou en situation d'exclusion sociale - missions proches de l'AS : aide au lever ou à la toilette, actes de la vie quotidienne, ménage... - soutien, aide, animation d'activités de stimulation, d'éducation et d'éveil
Modalités d'exercice	- sous la responsabilité d'un infirmier ou médecin - secteur sanitaire, social ou médico-social	- travail en équipe de travailleurs sociaux - secteur social ou médico-social

17. Quelles sont, d'après vous, les contraintes physiques et/ou psychologiques liées à ce métier ?

■ Les métiers du soin sont **humainement très enrichissants** mais, comme tout métier, ils comportent des inconvénients d'ordre physique et/ou psychologique.

■ Parmi les **contraintes physiques**, ce sont les troubles musculo-squelettiques (TMS) qui arrivent en tête. La manipulation des usagers rend ce travail éminemment physique. Le dos et les articulations sont quotidiennement mis à rude épreuve.

Il faut également tenir compte des risques de transmission de maladies contagieuses. Évoluer dans le domaine du paramédical multiplie les occasions de contracter microbes et autres virus.

■ Concernant les **contraintes psychologiques**, travailler au cœur de l'humain peut confronter à des situations douloureuses et complexes. Les soignants, très impliqués dans leur mission, peuvent être atteints émotionnellement. Ils doivent donc toujours veiller à se protéger suffisamment.

Par ailleurs, les horaires atypiques et les rythmes soutenus rendent les conditions de travail parfois difficiles. Ils sont susceptibles de provoquer un épuisement professionnel.

18. Avez-vous choisi cette filière professionnelle pour la sécurité de l'emploi ?

■ Le choix d'un métier est un moment essentiel de la vie de chacun. Le réaliser en fonction de ses goûts est fortement souhaitable ; autrement comment se motiver pour réussir des études ? Cela n'empêche pas de faire preuve de lucidité en s'interrogeant aussi sur les **débouchés** réels de la profession choisie. Se renseigner sur le marché de l'emploi est non seulement raisonnable mais nécessaire. Cela peut conforter un candidat dans son projet, s'il hésite entre plusieurs voies professionnelles.

■ Concernant les métiers du soin, les progrès techniques et les avancées médicales favorisent le vieillissement de la population et entraînent l'allongement de la durée de la vie. Ces phénomènes démographiques font apparaître un **besoin croissant en professionnels, notamment en AS**.

Voici ce qu'on pouvait lire le 20/04/2018 sur le site *emploipublic.fr*

Plus de 100 000 créations d'emplois nettes ! Le métier d'aide-soignant est le plus porteur de tous à l'horizon 2020, juste après les aides à domicile, selon un rapport du ministère du Travail et du Centre d'analyse stratégique. Une enquête confirmée par l'étude *Besoins en main-d'œuvre* de Pôle emploi. Ajoutez près de 120 000 remplacements de départs à la retraite, et vous arrivez à 200 000 postes à pourvoir…

Ce constat incite à l'optimisme et confirme qu'aujourd'hui, faire le choix de la formation AS est pertinent.

19. Que sont les soins palliatifs ?

■ Le jury peut vous interroger sur les aspects très concrets des **différents types de soins prodigués**. Les soins palliatifs sont des services spécifiques dans lesquels les AS sont amenés à travailler. Il est donc important de connaître leurs caractéristiques.

■ Ce sont des soins interdisciplinaires actifs. Ils sont prodigués dans une **approche globale de la personne** atteinte d'une maladie grave, évolutive ou en phase terminale. Ils abordent le malade en prenant en compte aussi bien son état de santé corporel que ses interrogations spirituelles. Ils ne cherchent pas à guérir mais à **accompagner**, en soulageant tant les douleurs physiques que le mal-être psychique engendré par l'approche de la mort. Ils ont aussi le souci d'intégrer la famille à la prise en charge en lui laissant toute la place qui lui revient.

■ Les soignants qui travaillent dans ce service cherchent à éviter les investigations et les soins invasifs. L'acharnement thérapeutique, c'est-à-dire le maintien de soins intensifs de façon déraisonnable, n'y est pas pratiqué. Les AS s'efforcent plutôt de préserver la **meilleure qualité de vie possible** jusqu'au bout, sans pour autant favoriser la survenue prématurée du décès.

■ Au vu du contexte, il est très rare que des **stages** soient accordés dans ces services. Si vous avez cette opportunité, n'hésitez pas à faire part de vos ressentis au jury.

20. Décrivez la journée type d'un AS

■ Au vu de la variété des lieux et modalités d'exercice, décrire une journée type d'un AS relève tout simplement de la gageure.

Le but de la question n'est pas de rigidifier la réponse en un simple emploi du temps, mais d'évaluer votre connaissance du terrain et aussi la manière dont vous avez compris les différentes possibilités d'évolution professionnelle qui s'ouvrent à un futur AS.

■ Vous aurez des difficultés pour répondre à cette question si vous n'avez jamais observé, **sur le terrain**, le travail des soignants. En revanche, si vous avez eu cette occasion, appuyez-vous sur vos souvenirs (observations et ressentis) pour décrire l'une de ces journées.

■ Si vous aviez alors tenu un **carnet de bord**, y notant quotidiennement les informations importantes à retenir, c'est le moment de les exploiter.

21. Choisissez une tâche relevant de la mission de l'AS et décrivez-la dans le détail

■ Comme pour la question précédente, le but ici n'est pas de vérifier que vous savez déjà faire ce que l'on vous apprendra à réaliser dans le cadre de vos études.

Il est plutôt question de vérifier si vous vous êtes renseigné sur les missions, activités, tâches d'un AS, ce que la formation vous apprendra ou ce que vous avez vu faire sur le terrain lors de vos stages découverte ou de votre travail en tant qu'agent hospitalier par exemple.

■ Si vous avez la possibilité de faire un stage, prenez le temps d'**observer** en détail les soins et de les **noter** dans votre carnet de bord. Vous pourriez être amené à les décrire au jury.

■ Voici, pour exemple, la liste des étapes à respecter pour procéder au **change d'un patient souillé** :

1. mettre des gants de protection ;
2. faire tourner la personne sur le côté ;
3. nettoyer le siège (région fessière) en commençant par le haut, puis la région anale (pour les femmes, de la vulve à l'anus, en remontant), puis le pubis si nécessaire ;
4. sécher et rouler l'alèse sale en place ;
5. mettre une alèse propre en la roulant à côté de l'alèse sale ;
6. faire retourner la personne ;
7. finir de nettoyer la seconde fesse et sécher ;
8. enlever l'alèse sale et dérouler l'alèse propre ;
9. réinstaller la personne ;
10. vider l'eau ;
11. retirer les gants et se laver les mains ;
12. désinfecter la cuvette ;
13. se relaver les mains ;
14. remplir la cuvette.

22. Pensez-vous que la relation soignant-soigné puisse être affective ?

■ Nul ne peut contester que des liens se nouent entre celui qui prodigue les soins et celui qui les reçoit, dans ces situations humaines parfois douloureuses, ces moments de vie particuliers. Le patient accorde sa **confiance** à ceux qui le prennent en charge et s'impliquent dans la mission qui est la leur. Il est alors compréhensible qu'une forme d'**attachement** s'installe. Cependant, peut-on pour autant affirmer que l'affection a sa place dans cette relation ?

■ Il est difficile de trouver les **termes justes** pour définir ces relations qui ne sont ni amicales ni sentimentales. Pourtant, de nombreux soignants revendiquent le droit de s'attacher à leurs patients. C'est le cas des AS qui travaillent en maison de retraite et qui côtoient quotidiennement des usagers pendant des années. Il est évident qu'un attachement particulier naît, sans qu'il soit facile de le nommer précisément.

■ Cependant, il est indispensable que le personnel soignant sache garder une **distance professionnelle**. Elle lui évitera de s'impliquer émotionnellement, de façon déraisonnable, dans une relation aidant-aidé qui, si elle glisse vers le lien affectif, peut être faussée et entraîner un fonctionnement inadapté. Par exemple, appeler les personnes âgées « *mes petits papis* » et « *mes petites mamies* » induit, le plus souvent inconsciemment, une familiarité et une infantilisation des usagers qui va à l'encontre de la relation de respect qui leur est due.

■ En vous posant cette question, le jury cherche à savoir si vous avez réfléchi à la **complexité des relations** qui s'établissent entre soignant et soigné. Saurez-vous maintenir la frontière entre vie professionnelle et vie privée ? Si vous avez observé cette confusion des genres lors de stages, abordez-la avec le jury. Votre ressenti et votre analyse se révéleront pertinents.

23. En quoi les progrès techniques ont-ils pu modifier l'exercice de cette profession depuis plusieurs décennies ?

■ Ce genre de question peut facilement sembler hors contexte et mettre un candidat en difficulté. Mais les nouvelles technologies jouent un **rôle croissant** dans les métiers du soin. Elles méritent que vous vous y intéressiez. Elles interrogent les pratiques professionnelles et tendent à renouveler l'organisation même de l'hospitalisation et du suivi du patient.

■ Les outils technologiques ont toute leur place dans l'**évolution des soins**. Ils contribuent largement à une prise en charge des patients plus rapide et plus efficace. Ceux qu'offrent la domotique, la télémédecine, la robotique... sont autant de pistes d'amélioration du suivi et de la sécurité du patient. Ils prouvent leur utilité au quotidien. Par exemple, des capteurs électroniques donnent, en temps réel et sans prélèvement sanguin, la glycémie (taux de glucose) des patients atteints d'un diabète de type 1.

■ Cependant, aussi nécessaires que se révèlent ces avancées technologiques, elles ne doivent pas faire perdre de vue que l'humain est au cœur du soin. C'est la relation soignant-soigné qui prime. Loin de remplacer ce **lien humain**, elles ont pour **rôle de suppléer, de soulager les soignants**. Elles leur permettent de gagner un temps précieux dans les actes techniques ; temps qui doit être réinvesti au profit des patients. En aucun cas, elles ne doivent être perçues comme pouvant se substituer à eux. Cette éventualité n'est pas souhaitable.

C'est la société tout entière qui a la responsabilité, aujourd'hui, de s'interroger sur la médecine qu'elle souhaite pour demain.

24. Que sont les maladies nosocomiales ?

■ Les maladies nosocomiales sont des maladies contractées par un patient au cours de son **hospitalisation**. Elles sont absentes au moment de son admission. Elles résultent de son contact avec des bactéries ou microbes présents dans l'enceinte hospitalière. On parle aussi d'affections associées aux soins. Les plus fréquentes sont les infections urinaires et les intoxications alimentaires. Le staphylocoque doré fait ainsi partie des bactéries les plus redoutées en milieu hospitalier, car très résistant. S'y rajoutent l'escherichia coli ou le pseudomonas aeruginosas. Les infections nosocomiales touchent 1 patient hospitalisé sur 20.

■ Chaque année, en France, on compte environ **750 000 patients** hospitalisés contractant une infection au cours de leur séjour. Cela représente 1 malade sur 20. Ils sont 4 000 à en mourir. Cette prévalence globale (rapport du nombre de cas à l'effectif total d'une population) est stable depuis 2012. En revanche, celle des cas les plus inquiétants augmente à cause des bactéries résistantes à un ou plusieurs antibiotiques.

■ L'une des clés de la **lutte** contre les maladies nosocomiales est l'**hygiène** des mains, avec la diffusion de solutions hydroalcooliques. En chirurgie notamment, le développement de stratégies de **dépistage** des porteurs asymptomatiques (porteurs sains qui hébergent un agent infectieux, sans symptômes visibles, mais qui peuvent transmettre ce microbe) a également permis de réduire les infections nosocomiales.

■ La question des maladies nosocomiales est une **grande préoccupation** pour les équipes soignantes. Vous devez vous être renseigné sur le sujet et être en mesure d'évoquer les problématiques qui s'y rattachent. Développez vos connaissances en vous rendant sur les sites de l'Agence Santé publique France et de l'INSERM qui actualisent les données nationales concernant les infections nosocomiales.

25. Vous constatez qu'un collègue soignant se comporte mal à l'égard d'un patient. Que faites-vous ?

■ Généralement, les stages ont la vertu de conforter les candidats à l'entrée en formation dans leur choix d'orientation professionnelle vers le domaine du soin. Mais il arrive qu'ils leur fassent entrevoir des **réalités peu glorieuses**. Certains gestes, attitudes, paroles de soignants sont inadaptés et heurtent par leur brutalité et leur manque de respect vis-à-vis de l'usager. Ces situations sont peu fréquentes mais indéniables.

■ Quels sont alors les **recours** possibles pour ceux qui assistent à ce genre de scènes difficilement supportables ? Pour aider les victimes et les professionnels de santé, des outils ont été mis en place dans un objectif de prévenir les mauvais traitements.

Parmi eux, le 39 77, numéro d'appel national unique géré par la **Fédération 3977 contre la maltraitance**. Il s'agit d'un dispositif d'alerte sur les risques de maltraitance envers les personnes âgées et les adultes handicapés. Des bénévoles apportent une écoute, un soutien et orientent les victimes, ainsi que les témoins de ces actes.

Depuis 2007, les **agences régionales de santé (ARS)** développent des procédures de signalement d'événements indésirables au sein des établissements de santé et médico-sociaux. Seuls les professionnels peuvent faire un signalement, par téléphone ou par mail.

■ Surtout, il y a la **loi du 5 novembre 2015** tendant à clarifier la procédure de signalement de situations de maltraitance par les professionnels de santé. Elle modifie l'article du Code pénal relatif aux **dérogations au secret professionnel**. Ainsi, le droit de révéler des informations protégées par le secret médical ou professionnel est étendu à l'ensemble des professionnels de santé (et non plus aux seuls médecins), dès lors qu'ils signalent les sévices ou privations qu'ils ont constatés et qui leur permettent de présumer de violences de toute nature faites aux personnes.

Au préalable, le praticien doit recueillir le consentement de la victime. Si elle est mineure ou n'est pas en mesure de se protéger en raison de son âge ou de son incapacité physique ou psychique, son accord n'est pas nécessaire. Les situations visées sont très larges puisqu'elles concernent toute personne en état de faiblesse, mineure ou majeure, ayant subi des violences physiques, sexuelles ou psychologiques.

26. Pour vous, que signifie « respecter la déontologie » dans ce métier ?

■ Quand vous souhaitez intégrer une formation du domaine paramédical, la notion de « déontologie professionnelle » ne peut que vous être **familière**. Si le jury vous invite à évoquer cet aspect du métier, soyez en mesure de développer votre réflexion.

■ La déontologie, c'est l'**ensemble des règles et des devoirs** qui régissent la profession d'AS, la conduite des soignants et leurs rapports avec les patients.

Adhérer à une profession du soin implique donc de respecter une **éthique** et des **valeurs professionnelles**, qui se traduisent tant dans les prestations de soins que dans la relation soignant-soigné. Les principes éthiques propres au soignant sont également pris en compte, mais sans primer sur les valeurs professionnelles si jamais elles se révèlent en contradiction.

■ Ainsi, l'attitude adoptée par les soignants doit toujours avoir le **souci de respecter** :
- l'autonomie et la dignité de la personne ;
- son intégrité physique et mentale ;
- son bien-être et sa sécurité ;
- la justice et l'équité dans les soins.

■ C'est pourquoi toute forme de maltraitance institutionnelle est absolument incompatible avec la déontologie des métiers du soin. Elle doit être combattue et dénoncée. Dans ce domaine, il importe d'être en mesure de citer la **loi du 4 mars 2002** relative aux droits des malades et à la qualité du système de santé, et le **Code de la santé publique**. Ces textes réglementent les pratiques des soignants en fixant un cadre législatif et moral.

27. Qu'est-ce que la maltraitance institutionnelle ?

■ La **maltraitance** peut être définie comme tout acte ou comportement physique, verbal ou autre nuisant au bien-être, à l'épanouissement ou au développement de la personne.

■ La maltraitance « institutionnelle » n'est pas directement maltraitante, mais elle met ses acteurs en situation d'être ou de devenir maltraitants. Elle a cours exclusivement dans les hôpitaux, les maisons de retraite et les instituts spécialisés. Elle est le **résultat de leur dysfonctionnement**, la plupart du temps un **problème de moyens** financiers, matériels et en effectif. Cela la rend d'autant plus difficile à résoudre.

■ Dans les **hôpitaux**, le peu de moyens alloués impose au personnel un rythme de travail trop intense. Il en résulte des erreurs et des maltraitances de la part des soignants sur les patients, sans volonté réelle de porter préjudice ou de nuire. L'écoute du patient et la sollicitude deviennent des « luxes » que le temps ne permet plus. Le malade doit attendre qu'on s'occupe de lui, qu'un médecin vienne le voir et le tienne informé de son état.

En **maison de retraite**, la maltraitance institutionnelle peut s'installer au moment du lever, du coucher, de la toilette..., souvent par manque de temps (déficit croissant de personnel). La maltraitance psychologique peut devenir physique lorsque le soignant, en voulant aller vite, devient brutal, perd patience ou bouscule la personne.

Épuisés, débordés, sous pression, certains soignants en viennent à négliger leurs responsabilités et/ou à effectuer des gestes manquant de respect envers les patients.

28. Quelle distinction faites-vous entre « donner des soins » et « prendre soin » ?

■ La différence entre « donner des soins » et « prendre soin » n'est pas que sémantique. Elle touche directement à la **relation soignant-soigné**. En tant que candidat à la sélection à la formation d'AS, vous devez y être sensible. Si donner des soins peut et doit s'effectuer en prenant soin, l'un n'est pas l'équivalent de l'autre.

■ Pour le soignant, « donner des soins » consiste à prodiguer des **actes techniques**, qu'il maîtrise en tant que professionnel. Ils sont destinés à soulager le patient et, si possible, à le guérir. Cela peut induire une mise à distance de son affect.

La notion de « prendre soin » est plus subtile. Elle implique une **dimension humaine** dans laquelle le soignant agit selon des valeurs éthiques. Il ne soigne pas au sens de traiter les problèmes de santé, mais écoute le patient, lui accorde une attention bienveillante, fait preuve d'empathie et de disponibilité.

■ Offrir la **meilleure qualité de soin** suppose, pour le soignant, d'exercer ces deux démarches simultanément. Elles se complètent et ne doivent donc pas être dissociées dans les pratiques médicales. Chaque soin est à effectuer, d'une part, avec le souci de mettre en œuvre les **gestes techniques adaptés**, d'autre part, en faisant preuve de toute l'**attention due au patient**. Il s'agit de lui venir en aide, de contribuer à son bien-être, de promouvoir sa santé. Le regard que chaque soignant porte sur ses pratiques et sur l'éthique qui les régit est déterminant pour la qualité des soins qu'il prodigue.

29. Quelle place le soignant doit-il donner à l'empathie dans sa pratique professionnelle ?

■ Le terme « **empathie** » vient du grec ancien et signifie « à l'intérieur de », « ce qu'on éprouve ». C'est la faculté intuitive de se mettre à la place de l'autre, de percevoir ce qu'il ressent.

Le soignant s'efforce de comprendre ce qu'éprouve le patient et d'entrer en résonance avec lui. D'une certaine façon, il cherche à se mettre à sa place sans pour autant se confondre avec lui. Il ne s'agit donc pas de pitié.

L'empathie n'est pas forcément spontanée. C'est une capacité qui s'apprend et se développe. Sans empathie, il est très difficile de repérer les émotions d'autrui. L'instauration de relations fondées sur la bienveillance et l'attention relève alors de l'impossible.

■ Empathie et **qualité de soin** vont de pair. Elle doit permettre au soignant d'effectuer ses soins avec bienveillance, de manière à ce que le patient se sente écouté et considéré. Au-delà de ses compétences techniques, le soignant incarne alors une présence humaine bienfaisante. Il doit toutefois veiller à garder la distance professionnelle qui le protège d'une implication trop personnelle, donc d'émotions qui pourraient nuire à son professionnalisme.

■ L'empathie peut amener le soignant, non pas à approuver certains comportements du patient auxquels il n'adhère pas, mais à les **comprendre**. Par exemple, si un malade anxieux fait preuve d'agressivité, il ne la juge ni ne la blâme car il sait qu'elle ne lui est pas adressée personnellement.

30. D'après vous, les médecines alternatives et complémentaires (MAC) ont-elles leur place à l'hôpital ?

■ En préparant votre entrée en formation, il est important que vous vous attardiez sur le cas spécifique des médecines alternatives et complémentaires (MAC), aussi appelées **médecines parallèles** ou **médecines douces**. Elles sont parfois encore regardées avec **méfiance** car certaines d'entre elles s'apparentent à du charlatanisme. Mais ces dernières années, elles s'immiscent peu à peu dans les services hospitaliers. Sans prétendre se substituer à la médecine traditionnelle, elles s'y associent avec, dans bien des cas, des effets bénéfiques sur les patients.

■ Le futur soignant que vous êtes se doit de porter un **regard objectif et impartial** sur ce phénomène. Interrogez-vous sur les bénéfices que les professionnels peuvent en tirer dans leurs pratiques. Les circonstances sont très variées : auprès des enfants ou des personnes en fin de vie, dans un service d'addictologie ou de soins palliatifs (pour soulager les douleurs d'un malade en phase terminale), en complément de traitements classiques, à la place d'une anesthésie… Il ne s'agit pas de porter un jugement tranché : encenser ou rejeter totalement ces thérapies qui s'éloignent des chemins traditionnels. Observez plutôt cette tendance actuelle consistant à ne plus les repousser systématiquement lorsqu'elles peuvent améliorer le confort du patient. Vous devez être capable d'évoquer aussi bien leurs **bienfaits** que les **risques** de dérives, parfois sectaires, qui s'y associent.

■ Quelle que soit votre position sur les MAC, tâchez de faire preuve d'**ouverture d'esprit**. Le jury profite de cette thématique pour tester votre capacité à débattre sereinement d'un sujet d'actualité et à faire référence aux pratiques que vous aurez observées en stage. Ce peut être, par exemple, une discussion avec des professionnels au sujet de l'hypnose, pratiquée dans certains services afin de détendre des enfants anxieux à l'idée de recevoir leurs traitements.

Sachez enfin que l'objet de cette question n'est nullement de savoir comment vous vous soignez personnellement. À vous de rester dans le cadre professionnel.

31. Comment définiriez-vous la mission qui lie infirmier et AS ?

■ Relisez les témoignages évoquant le binôme « AS-IDE », présentés dans la partie consacrée aux études et au métier d'AS. Exploitez également ce que vous avez pu observer lors de vos stages ou expériences dans la relation entre ces deux professionnels de la santé.

■ L'infirmier travaille en étroite collaboration avec l'AS qui exerce son activité sous sa responsabilité. Le terme de **collaboration** a ici toute son importance. Il spécifie qu'il ne s'agit pas d'accomplir un acte ne relevant pas de sa compétence (glissement de tâche ou délégation), mais bien de complémentarité des missions au sein du binôme. Binôme qui, d'ailleurs, peut être défini comme l'association de deux personnes aux **compétences additionnelles** dans le but d'atteindre un objectif commun : la prise en charge la plus efficiente du patient.

■ Dans ce cadre, l'infirmier a compétence pour prendre les initiatives et accomplir les soins qu'il juge nécessaires. C'est lui qui identifie les besoins du patient pour élaborer, ensuite, avec la participation des membres de l'équipe soignante, des protocoles de soins infirmiers relevant de son initiative.

Que ce soit en milieu hospitalier ou extrahospitalier, l'AS travaille le plus souvent au sein d'une équipe pluriprofessionnelle. Dans la mesure de ses compétences et dans le cadre de sa formation, il participe aux **soins infirmiers préventifs, curatifs ou palliatifs.**

■ C'est à l'infirmier de s'assurer que l'AS avec lequel il travaille possède les compétences requises. En cas d'erreur commise par l'AS, même si la tâche effectuée relève de sa mission, la **responsabilité de l'infirmier** peut être engagée.

32. Savez-vous ce que désigne le « glissement de tâche » ?

■ L'AS exerce sous la **responsabilité de l'infirmier**. Mais cette relation ne peut conduire à une délégation de tâches puisque leurs formations respectives sont différentes. De même est interdit le glissement de tâche qui consiste à faire effectuer par une personne non habilitée des actes ne relevant pas de sa fonction. Si le cas venait à se présenter, l'AS serait en situation d'exercice illégal de la profession d'infirmier.

■ Or, il est constaté que des glissements de tâches ont lieu quotidiennement dans le monde hospitalier. Ils semblent même s'y être **banalisés**, en contradiction avec toutes les lois régissant les pratiques professionnelles. Ces dernières années ont en effet été marquées par une forte **évolution de l'organisation du système de santé français.** Il est demandé aux personnels soignants de plus en plus de technicité et d'expertise, ainsi qu'une adaptation constante. Malheureusement, ces changements ne sont pas suffisamment accompagnés de **réformes** permettant aux professionnels de se former. Dans un tel contexte, cerner le rôle de chacun des membres de l'équipe soignante devient difficile. La diversité des professions et leur interdépendance sont souvent à l'origine de confusions entre ce qu'un professionnel a le droit de faire, ce qu'il est capable de faire et ce qu'il fait réellement.

■ À chaque métier correspond une **formation spécifique**. Or, en l'absence de décret relatif à l'exercice de la profession d'AS, celle-ci se définit au travers du cadre législatif de la profession d'infirmier. Ainsi, l'article R. 4311-4 du **Code de la santé publique** stipule que « l'infirmier peut, sous sa responsabilité, les [actes et soins relevant de sa compétence] assurer avec la collaboration d'aides-soignants [...] qu'il encadre et dans les limites de la qualification reconnue à ces derniers du fait de leur formation ». Les textes sont donc sans ambiguïté : l'AS collabore mais n'agit pas à la place de.

Le glissement de tâche ne se cantonne pas aux AS. Il concerne également d'autres professionnels du soin (par exemple, entre médecin et infirmier) et peut avoir des conséquences graves relevant de **sanctions pénales** contre l'exercice illégal de la profession.

33. Quels actes a le droit d'exercer un AS ?

■ Il serait dommage de vous faire piéger par des questions visant à savoir si vous connaissez bien les **missions relevant strictement de l'AS**. Voici des informations pour vous aider à bien cerner le rôle qui lui revient, notamment si le jury évoque la question du glissement de tâche.

L'AS réalise, sans empiéter sur les attributions propres à l'infirmier, en collaboration avec lui et sous sa responsabilité, des soins de prévention, de maintien, d'éducation à la santé et des soins relationnels visant à préserver ou restaurer la continuité de la vie, le bien-être et l'autonomie de la personne. Il peut prendre des initiatives, mais toujours dans le respect et à l'intérieur du cadre légal, et en vue d'assurer la meilleure prise en charge du patient dont il s'occupe.

■ L'article R. 4311-5 du Code de la santé publique définit les actes et soins effectués par l'infirmier, auxquels **collabore l'AS**. Il s'agit notamment de :

- les soins d'hygiène et de confort ;
- la surveillance de l'état ou du comportement du patient ;
- l'aide aux personnes ayant perdu leur autonomie de façon temporaire ou définitive (habillage, repas, marche, etc.) ;
- l'hygiène de l'environnement (nettoyage, décontamination, etc.).

Seuls les actes pour lesquels l'AS aura reçu une **formation théorique ou pratique** peuvent faire l'objet d'une collaboration avec l'infirmier.

5. Votre connaissance de la formation

Votre connaissance de la formation est essentielle à la réussite à la sélection. Son contenu et son déroulement ne doivent avoir aucun secret pour vous… Il en va de votre crédibilité auprès du jury. Les questions qui suivent sont autant de pistes à explorer absolument.

1. Comment serez-vous évalué ?

■ Il est nécessaire que vous compreniez les **modalités d'évaluation** propres à la formation que vous suivrez une fois votre entrée validée.

Tableau récapitulatif des modalités d'évaluation et de validation des modules de formation

Module	Épreuves	Modalités complémentaires	Notation	Conditions de validation du module
Aide-soignant				
1	– 1 épreuve écrite en 2 parties : 1 série de questions (QROC[1] et/ou QCM[2]) et 1 cas clinique – 1 épreuve de MSP[3] avec prise en charge d'une personne	– durée : 2 h – épreuve anonyme	– / 20 points : questions / 8 et cas clinique / 12 – / 20 points : participation DDS[4] / 8 et réalisation du/des soins / 12	obtenir une note ≥ 20 / 40 points à l'ensemble des 2 épreuves, sans note < 8 / 20 à l'une d'entre elles
2	1 épreuve écrite : 1 série de questions (QROC et/ou QCM)	– durée : 1 h 30 – épreuve anonyme	/ 20 points	obtenir une note ≥ 10 / 20 points
3	1 épreuve de MSP avec prise en charge d'une personne		/ 30 points : participation DDS / 10 et réalisation du/des soins / 20	– obtenir une note ≥ 15 / 30 points, sans note < 8 / 20 à la réalisation des soins – disposer de l'attestation de formation aux gestes et soins d'urgence de niveau 2 ou d'un équivalent reconnu par le ministère chargé de la Santé

4	1 épreuve pratique	organisée en institut ou en structure de soins	/ 20 points	obtenir une note ≥ 10 / 20 points
5	1 épreuve écrite et orale : formalisation en un document écrit d'une situation relationnelle vécue en stage et argumentation orale du document	– travail personnel – durée de l'oral : 20 min maxi	/ 20 points : document écrit / 12 et argumentation orale / 8	obtenir une note ≥ 10 / 20 points
6	1 épreuve écrite : 1 série de questions (QROC et/ou QCM)	– durée : 1 h – épreuve anonyme	/ 20 points	obtenir une note ≥ 10 / 20 points
7	1 épreuve écrite ou orale : 1 cas concret de transmission d'informations à réaliser à partir de la présentation de cas cliniques	– durée : 1 h – organisée en institut ou en structure de soins	/ 20 points	obtenir une note ≥ 10 / 20 points
8	1 épreuve écrite : 1 cas concret présentant un contexte de travail	– durée : 1 h – épreuve anonyme	/ 20 points	obtenir une note ≥ 10 / 20 points

1. QROC : questionnaire à réponse ouverte et courte
2. QCM : questionnaire à choix multiple
3. MSP : mise en situation professionnelle
4. DDS : démarche de soins

■ Modalités d'évaluation des **stages cliniques** :

– à chaque stage, les responsables de l'accueil et de l'encadrement de l'élève évaluent son niveau d'acquisition pour chacune des unités de compétences, sur la base du support d'évaluation ;

– pour chaque unité de compétences, le niveau de l'élève est évalué à partir de l'échelle de valeur définie dans la grille d'évaluation ;

– au terme des six stages, l'équipe pédagogique réalise le bilan des acquisitions de l'élève en établissant le total obtenu à chaque unité de compétences ;

– chaque compétence est validée si l'élève AS obtient une note au moins égale à la moyenne pour chacune d'elles.

2. Peut-on être diplômé même si on a dû interrompre temporairement le cours de la formation ?

■ Les aléas de la vie font qu'un candidat ne peut pas forcément **valider la totalité des modules** en 10 mois de formation. Il peut s'agir d'une simple interruption de la formation ou d'un report de celle-ci suite à l'échec aux épreuves de rattrapage.

■ En cas d'**interruption de la formation** pour des raisons justifiées (ex : une maternité), l'élève conserve les notes obtenues aux évaluations des modules d'enseignement et des stages cliniques. La formation est reprise l'année suivante, au point où elle avait été interrompue. Si l'interruption est supérieure à 1 an, les modalités de reprise sont fixées par le directeur de l'institut de formation, après avis du conseil technique.

■ Quand le candidat ne remplit pas les conditions de validation à l'issue des **épreuves de rattrapage**, il dispose d'un délai de 5 ans, après décision du jury, pour valider le ou les modules d'enseignement auxquels il a échoué. Il doit suivre ces modules non validés en institut de formation et satisfaire à l'ensemble des épreuves de validation. Il en va de même pour la validation des compétences professionnelles acquises au cours des stages cliniques.

Au-delà de ce délai, l'élève perd le bénéfice des unités de formation validées.

3. Citez deux modules qui vous intéresseront particulièrement. Expliquez pourquoi

■ Pour convaincre le jury de votre motivation, il est nécessaire que vous puissiez évoquer les **modules** contenus dans la formation et les présenter dans le détail. Il y en a forcément qui vous intéressent plus que d'autres. Citez-les pour répondre au jury : précisez les éléments qui concernent l'apprentissage du métier d'AS et en quoi ils vous attirent particulièrement.

■ **Par exemple :**

Module 3 : les soins

Ce module est destiné à entraîner les futurs AS à réaliser les soins adaptés à l'état clinique de la personne. Il s'agit des soins palliatifs, des soins en situation d'urgence, des soins en service chirurgie/psychiatrie/cardiologie... Il comporte également des notions sur les principales pathologies, la pharmacologie, la démarche et les protocoles de soins, etc.

L'intérêt de ce module est qu'il est très complet et aborde les aspects concrets du métier.

Module 4 : l'ergonomie

Ce module est destiné à entraîner les futurs AS à utiliser les techniques préventives de manutention et les règles de sécurité pour l'installation et la mobilisation des personnes. Les cours dispensés concernent notamment : le système locomoteur, les accidents dorsolombaires, les méthodes de manutention, les positions et attitudes professionnelles correctes, l'installation du patient, la prévention des chutes.

L'ergonomie concerne le confort aussi bien du patient que du soignant. Elle est donc d'autant plus intéressante à étudier.

4. Pourquoi candidatez-vous dans notre école ?

■ Afin d'optimiser vos chances de réussite, vous candidatez très certainement dans plusieurs écoles. C'est stratégiquement pertinent. Toutefois, veillez à donner à chacun des jurys que vous rencontrez la **meilleure impression**, à savoir que vous êtes informé des spécificités de son établissement. Que ce soit sa taille, ses effectifs, les professeurs qui y enseignent, les partenariats qu'il a établi avec les lieux de stage, les particularités qu'il propose dans le déroulement de la formation, etc. Vous devez tout étudier dans le détail.

■ Alors **renseignez-vous** avant votre entretien. Consultez le site Internet de chaque établissement que vous visez. Lisez avec attention les brochures (papier ou PDF) qu'il propose. Si cela vous est possible, allez échanger avec d'anciens étudiants qui y ont suivi leur formation.

■ Ensuite, faites une rapide liste des **points forts** et des avantages de chacun. Ce seront autant d'arguments à donner au jury. Son établissement a votre priorité, montrez-le !

5. Quel est le coût de la formation ?

■ Le jury cherche fréquemment à savoir si les candidats ont une idée exacte du coût de la formation qu'ils souhaitent intégrer. Même si, bien souvent, ils peuvent bénéficier d'**aides financières**, il semble cohérent qu'ils se soient préalablement informés du sujet. C'est une façon de montrer l'importance qu'ils accordent à cette formation. C'est également faire preuve d'une certaine maturité et d'une aptitude à la gestion.

■ Le coût total de la formation d'AS varie selon votre statut et les différences entre écoles peuvent être grandes. Sachez que, par étudiant, il peut atteindre **jusqu'à 7 000 €**, voire plus. C'est une somme élevée et conséquente dans la mesure où, en cas d'abandon par l'étudiant en cours de formation, celui-ci peut avoir à payer des pénalités de résiliation de contrat et c'est un manque à gagner pour l'école. Les jurys sont donc soucieux de sélectionner des candidats déterminés et réalistes.

6. Votre culture générale

Le jury cherchera à savoir si vous avez le souci d'enrichir votre culture générale et quel est votre intérêt pour l'actualité, en particulier les thèmes sanitaires et sociaux.

1. Suivez-vous régulièrement l'actualité ? Présentez un fait qui, dernièrement, vous a interpellé et expliquez pourquoi

■ La seconde partie de cette question sert à confirmer que votre suivi de l'actualité est bien réel. Il doit par ailleurs être régulier et approfondi. Ayez conscience que c'est une part très large du travail à accomplir pour **enrichir vos connaissances personnelles** et ainsi vous constituer un véritable bagage culturel.

■ Se tenir informé de l'actualité ne se limite pas à jeter un rapide coup d'œil à la presse ou encore au journal télévisé, surtout si vous faites autre chose en même temps. Prendre le temps d'écouter la radio, de lire des journaux et des magazines, de regarder un flash info, de naviguer sur Internet en étant concentré est important. Et si vous en gardez une trace écrite, c'est parfait ! Par exemple, faites votre **mini revue de presse hebdomadaire** en collectant les articles qui vous ont semblé particulièrement intéressants ou en notant dans votre carnet de bord (le même que celui utilisé pour vos débriefings de stage) les événements et dates qui ont marqué l'actualité. L'actualité sanitaire est certes à privilégier, mais pensez aussi aux **thèmes** social, économique, culturel, politique, sportif.

En revanche, évitez de choisir vos arguments dans les rubriques « fait divers » et « *people* » car il vous faudra répondre aux interrogations du jury : pourquoi cette actualité précisément ? Quelle(s) réflexion(s) vous suggère-t-elle ? Bref, le jury attend de vous une véritable analyse, voire du **lien** avec votre futur métier.

■ Vous verrez qu'avec le temps, vous tenir informé ne sera plus une contrainte mais un réflexe. Vous trouverez même **plaisir** à mieux comprendre comment marche le monde dans lequel vous vivez, et à porter un regard intéressé et réfléchi sur ce qui l'anime.

2. Quels supports utilisez-vous pour vous tenir informé ?

■ Bien s'informer implique de bien **choisir ses sources d'information** et, autant que possible, de les multiplier, de les varier. Cela permet de découvrir plusieurs points de vue et plusieurs traitements des faits.

■ Les médias sont facilement et rapidement **accessibles**, nombreux et bien souvent gratuits. Que ce soit la presse écrite (quotidienne/magazine, nationale/régionale, spécialisée), la télévision, la radio, les sites Internet d'actualité, les sites professionnels/associatifs, les blogs, les forums de discussion, etc., choisissez celui qui est le plus adapté à votre situation du moment.

■ Gardez en tête qu'un journaliste n'est jamais totalement objectif. Le regard qu'il porte sur les faits est souvent orienté, même inconsciemment. D'où l'intérêt de faire attention à la façon dont une même information est abordée selon les médias. À vous ensuite de vous forger votre **propre opinion** et d'en mémoriser l'essentiel.

3. Êtes-vous lecteur ? Si oui, présentez le dernier ouvrage que vous avez lu et dites ce que vous en avez pensé

■ Il va de soi qu'être non-lecteur ne saurait justifier un échec à la sélection à l'entrée en formation, et c'est heureux. Cependant, la lecture multiplie vos chances de réussite en vous ouvrant de nouveaux horizons et en vous offrant l'opportunité d'**enrichir vos connaissances**. C'est un moyen agréable de collecter, pour les engranger, des informations diverses sans même en avoir conscience. Il ne s'agit pas ici de connaître les œuvres littéraires des grands auteurs, mais plutôt d'intégrer dans votre quotidien l'**habitude de lire quelques pages**. Ce peut être le dossier d'un magazine de santé sur la maladie d'Alzheimer, un livre traitant du développement personnel, le témoignage dans un journal d'un patient satisfait de sa prise en charge hospitalière en pleine canicule, les interrogations d'une mère de famille sur un forum de discussion, etc.

■ Il est également important, même si cela n'est pas évident pour tous, d'être en mesure de citer un **ouvrage qui vous a marqué**. D'abord un « coup de cœur », un récit ou un essai qui vous a enthousiasmé. Donnez son titre, le nom de son auteur et quelques mots expliquant l'essentiel du propos. Gare à celui qui évoquerait une œuvre qu'il n'a pas lue ! Le jury s'en rendrait compte très rapidement. Proposez, autant que faire se peut, une œuvre sur laquelle vous vous sentez capable de développer une analyse personnelle, même juste de quelques mots. Aussi, rien ne vous interdit d'évoquer un ouvrage qui, au contraire, vous a déçu, voire agacé. Pensez à bien noter ces éléments dans votre carnet de bord !

Le tout est de savoir **argumenter** sur votre ressenti. Vos lectures sont un prétexte du jury pour comprendre comment se construit votre réflexion.

4. Racontez le dernier film que vous avez vu

■ Ni bonne ni mauvaise réponse à donner à cette question. Mais, dans le cadre de la sélection à la formation d'AS, anticipez-la en vous constituant une **petite filmographie** que vous inscrirez, bien sûr, dans votre carnet de bord. Vous y piocherez des idées et des arguments.

Cette question n'a pas pour objet de faire découvrir aux membres du jury un film qu'ils ne connaîtraient pas. Évitez donc de raconter les péripéties d'une superproduction américaine ou d'une *love story* tumultueuse. Ce qu'ils attendent, c'est une analyse réfléchie sur un thème permettant d'échanger de façon constructive dans le cadre de la sélection.

■ Dans les semaines qui précèdent, il serait pertinent d'orienter vos choix filmographiques vers des sujets d'**actualité** ou ayant trait, de près ou de loin, au **secteur médico-social ou à la petite enfance**. Pensez aussi, tout comme pour vos lectures, à vos films « coups de cœur / coups de gueule ». Le jury appréciera toujours que vous lui proposiez des exemples. Parmi eux : *Patients*, tiré du roman de Grand Corps Malade (2017), évoque la relation entre malades ; *Et les Mistrals gagnants* d'Anne-Dauphine Julliand (2016), est un film documentaire sur l'impressionnante capacité des enfants à affronter la maladie ; *Bébés*, de Thomas Balmès (2010), filme simultanément la première année de vie de quatre bébés en Namibie, Mongolie, Japon et États-Unis. Sans oublier le grand succès cinématographique *Intouchables* (2011) qui interroge le rapport au handicap ou encore *Floride* (2015) qui soulève la question de la perte d'autonomie chez la personne âgée atteinte de pathologie de type Alzheimer. Prenez le temps de regarder ces films avec l'intention de les mettre au diapason avec votre projet professionnel et de voir quelles réflexions ils suscitent chez vous.

■ Film, livre, article, blog… tous vous offrent l'occasion d'enrichir votre réflexion autour de thèmes de société et de prouver au jury votre capacité à **développer une analyse pertinente**.

7. Votre organisation personnelle

Ne croyez pas que les aspects « pratiques », ceux liés à votre organisation personnelle, soient anecdotiques. Même un détail, pas suffisamment anticipé, peut mettre en danger votre formation (difficulté pour étudier, contrainte pour suivre un stage, arrêt). C'est pénalisant pour vous comme pour l'institut qui vous forme. Alors anticipez au maximum et élaborez un projet solide et convaincant.

1. Passez-vous les sélections dans d'autres villes ?

■ Dans la mesure du possible, tenter la sélection pour entrer en formation AS dans plusieurs villes, donc différentes écoles, est préférable. Qui peut affirmer obtenir à coup sûr l'école souhaitée en priorité ? Comptez au moins trois ou quatre établissements, sauf si votre **mobilité géographique** est limitée. Votre conjoint travaille dans la région, votre vie familiale est trop ancrée pour être bousculée… ce sont des raisons que le jury entendra.

Rien ne sert de cacher que vous tentez l'entrée en formation à plusieurs endroits. C'est, au contraire, une marque de détermination à la réussir. Cela montre aussi que vous savez vous organiser.

■ Par cette question, le jury cherche à connaître vos **critères de sélection**. Montrez que vous avez l'esprit large en ne privilégiant pas systématiquement les grandes villes. De petites écoles, dans des agglomérations modestes, peinent parfois à attirer les candidats. Est-ce leur taille qui les rend moins attractives ? Elles offrent pourtant une forte probabilité d'y être accepté, la concurrence étant moindre.

Soyez également capable d'expliquer au jury pourquoi vous avez choisi son **école en particulier**. Peut-être avez-vous dans cette ville de la famille susceptible de vous loger. Cet argument est valable mais insuffisant. Efforcez-vous d'être plus convaincant en exprimant un réel intérêt pour l'école. Pour cela, renseignez-vous précisément sur elle : spécificités des enseignements, partenariats avec d'autres structures, possibilités de stage, professeurs, équipements, etc. Il s'agit ici d'une question à elle seule, alors réfléchissez-y bien.

■ Enfin, il est fort probable que les membres du jury souhaitent savoir **quelle école** vous choisirez si vous êtes admis dans plusieurs d'entre elles. S'il s'agit de la leur, n'hésitez surtout pas à le dire, avec un grand sourire. Autrement, dites-leur que, par prudence, vous préférez attendre d'avoir les résultats pour faire votre choix.

2. Êtes-vous géographiquement mobile ? Possédez-vous le permis de conduire ainsi qu'un véhicule ?

■ Avoir la possibilité de se déplacer facilement dans une **zone géographique de proximité** est essentiel pour mener à bien votre projet de formation. Alors informer le jury, lors de l'entretien, que vous possédez d'ores et déjà le permis de conduire – ou que vous êtes en train de le passer – est un point très positif. En effet, vous serez amené à suivre des stages qui ne se dérouleront pas toujours à proximité de l'école et/ou qui vous imposeront des horaires parfois incompatibles avec ceux des transports en commun (tôt le matin ou tard le soir), si tant est que la zone soit desservie. Dans ces conditions, être autonome grâce au permis de conduire est un atout indéniable.

■ Aucun jury ne pourrait vous reprocher de ne pas posséder votre propre véhicule. Ayez cependant conscience que vous en aurez très certainement besoin. Il vous évitera d'**être pénalisé** à plusieurs niveaux : horaires contraignants, déplacements pour effectuer des travaux de groupe, choix des lieux de stage, etc. Dans la mesure de vos possibilités, essayez d'anticiper son achat en même temps que vous préparez la sélection.

3. Comment allez-vous financer votre formation puisque vous ne pourrez pas travailler en même temps ?

■ L'enjeu financier est important pour l'**école**. C'est pourquoi cette question est cruciale aux yeux de tous les jurys qui la posent systématiquement. Il s'agit pour eux de sélectionner les candidats qu'ils sont sûrs de voir suivre leur formation jusqu'à son terme. Pas d'abandons à cause de difficultés pécuniaires !

■ L'enjeu financier est également valable pour vous, **candidat**. Vous devez avoir impérativement réfléchi, en amont, à votre organisation budgétaire. Tout au long des 10 mois que dure la formation, vous serez accaparé par les cours, les stages, le travail personnel. Il est donc illusoire de penser travailler en parallèle. Vous ne serez pas en mesure de gagner un salaire de façon régulière.

Prenez le temps de vous renseigner précisément sur **vos droits**. Si vous avez déjà eu une activité salariée avant d'entreprendre ce nouveau projet professionnel, prenez contact avec Pôle emploi. Vous connaîtrez les aides dont vous pouvez bénéficier. Si vous êtes salarié, demandez au service des ressources humaines (RH) de votre entreprise pour faire le point sur vos droits à la formation continue. Votre employeur peut participer au financement de la formation.

Analysez votre **situation personnelle**. Disposez-vous d'une épargne suffisante pour compenser un salaire ? Vous est-il envisageable de contracter un prêt ? Parlez de votre projet à votre entourage (famille, amis, collègues). Des personnes seront peut-être susceptibles de vous soutenir financièrement durant ces quelques mois.

■ Quelle que soit votre organisation personnelle, ne vous laissez pas surprendre par les questions relatives au financement de votre projet. **Anticipez-les** au maximum, ne serait-ce que pour votre tranquillité d'esprit.

4. Si vous avez des enfants, comment allez-vous organiser votre vie familiale pendant la formation ? Et ensuite, lorsque vous serez diplômé ?

■ En cas de réussite à la sélection pour devenir AS, ce sont **10 mois de formation** que vous allez vivre. Cette période sera bien remplie. Entre les cours, les stages et le travail personnel, vous risquez d'être moins disponible pour les membres de votre foyer.

■ Le fait d'**être ou non parent** n'est pas à éluder et mentir sur le sujet vous fermerait la porte de l'école. Si, au début de l'entretien, vous vous présentez en précisant que vous avez des enfants, le jury cherchera à en savoir un peu plus. Il vous demandera certainement leur âge. S'ils sont encore petits, la question de leur mode de garde vous sera posée, que ce soit pour la journée ou pour les arrivée/sortie d'école. Il vous interrogera aussi sur votre organisation familiale : vous permettra-t-elle d'être malgré tout disponible pour vous investir tout au long de la formation ? C'est un sujet qui touche certes à votre privée, mais que le jury a toute légitimité d'aborder. En effet, votre avenir et celui de vos proches sont en jeu : votre succès/échec à la formation peut dépendre d'un simple mode de garde. Il est donc essentiel que vous y ayez réfléchi afin de ne pas être en difficulté une fois votre formation entamée et, ensuite, quand vous travaillerez.

■ Peut-être avez-vous déjà vécu des expériences professionnelles qui vous ont contraint à une **organisation familiale complexe**. Si c'est le cas, votre récit intéressera le jury. Il lui montrera votre capacité à gérer les situations compliquées. Il le rassurera sur votre aptitude à trouver les solutions adéquates pour rendre votre vie personnelle compatible avec vos études, puis l'exercice de votre profession.

5. Êtes-vous informé des vaccinations obligatoires pour l'entrée en formation ?

■ Avant votre entrée en formation, vous devrez faire la preuve que vos **vaccinations sont à jour**, conformément à la réglementation en vigueur sur l'immunisation des professionnels de santé ou étudiants en santé en France. Aucune dérogation ne vous sera accordée. Cette obligation s'explique par le taux élevé de risque de contracter des maladies. En tant qu'étudiant et futur professionnel de santé, vous devez être bien protégé.

■ Les **vaccinations obligatoires** varient en fonction des lieux d'exercice et/ou de la nature de l'activité. Il s'agit des vaccins contre :

- la diphtérie, tétanos, poliomyélite (DPT), pour lesquels des rappels sont recommandés à 25, 45 et 65 ans ;
- l'hépatite B ;
- la tuberculose (BCG) ;
- le vaccin contre la typhoïde est obligatoire uniquement pour le personnel des laboratoires d'analyses médicales (manipulation de selles). Un rappel est à faire tous les 3 ans ;
- dans le cadre de la lutte contre la Covid-19, l'obligation vaccinale concerne également les futurs professionnels de santé, donc vous devez pouvoir justifier d'un schéma vaccinal complet pour valider votre entrée en formation.

■ Comme certains vaccins peuvent être difficiles à se procurer, posez-vous la question de leur mise à jour **plusieurs mois avant** l'entrée en formation. Demandez conseil à votre médecin traitant.

8. Les questions qui peuvent vous déstabiliser

Les questions traitées précédemment sont « classiques ». Leurs réponses peuvent et doivent être préparées bien en amont de l'épreuve. C'est votre travail de préparation ! Mais le jury cherchera aussi à vous faire « sortir de votre zone de confort » avec des questions inhabituelles auxquelles il attend des réponses plus spontanées. Une manière de tester votre capacité à réfléchir rapidement et efficacement.

1. Pourriez-vous vivre auprès d'une personne handicapée ou malade ?

■ Il ne s'agit pas d'une question piège. Le jury veut vous amener à parler de votre **rapport au handicap et à la maladie** dans leurs aspects le plus concrets, à savoir leur prise en charge au quotidien. Percevez-vous les difficultés qu'impliquent chaque jour certains handicaps ou maladies ? Quelle aide pensez-vous pouvoir apporter à des proches en situation de handicap ou malades ? Avez-vous conscience de ce que vivent quotidiennement les aidants familiaux ? Êtes-vous d'avis que leur rôle est essentiel, mais trop souvent oublié ? etc.

■ Il va sans dire que la prise en charge, au quotidien, d'une personne touchée par de graves problèmes de santé ou par le handicap est source de contraintes et de difficultés. Quelle que soit la force du lien qui nous unit à elle, c'est une **lourde responsabilité**. En être conscient et être capable de l'énoncer est important. Cela signifie que vous ne vous limitez pas à une vision simpliste de la réalité.

■ Pour répondre, pensez à bien distinguer le fait de « **travailler** » auprès de personnes handicapées/malades et celui de « **vivre** » auprès d'elles. L'enjeu est totalement différent, que ce soit dans la durée d'accompagnement, les relations, les sentiments. Ici, c'est la posture personnelle qui est concernée. Évoquez concrètement ce dont vous vous sentez capable et n'ayez pas peur de parler aussi de vos limites. D'ailleurs, si vous avez vécu ou vivez une situation qui fait de vous au quotidien un aidant familial, parlez-en au jury, dans la mesure où vous vous en sentez capable évidemment. Le regard que vous portez sur cette réalité peut ouvrir sur un échange riche et pertinent.

2. Quels sont les trois mots que vous tapez le plus fréquemment sur votre moteur de recherche ?

■ Cette question vous semble surprenante, mais elle ne l'est finalement pas. Il ne s'agit pas tant de citer trois mots que de permettre au jury de connaître un peu mieux vos occupations, vos **centres d'intérêt**, voire votre personnalité. Peut-être vos recherches portent-elles essentiellement sur les recettes de cuisine, la musique, la mode et les conseils beauté, le sport, etc. Certains d'entre vous peuvent aussi s'intéresser aux sites et blogs dédiés à la profession d'AS ! Quel que soit l'objet de vos recherches, soyez en mesure de proposer une véritable réflexion sur vos usages d'Internet.

■ Cette question est aussi l'occasion d'échanger autour de votre rapport aux **réseaux sociaux**. Quelle place occupent-ils dans votre quotidien ? Pouvez-vous vous en passer ? Ce qui intéresse le jury, c'est de savoir si vous êtes capable de vous déconnecter. L'usage personnel du téléphone portable pendant votre travail est déconseillé. Saurez-vous faire évoluer vos habitudes ? Évoquer avec le jury la problématique de l'« addiction » aux téléphones ou aux réseaux sociaux, en faisant preuve de maturité, peut constituer un bon point pour vous.

3. Vous avez affirmé souhaiter exercer ce métier pour aider les gens. Comment réagirez-vous si un patient vous signifie clairement ne pas vouloir être aidé ?

■ Aider les gens est la mission à laquelle se consacre toute personne qui se destine au métier d'AS. Cet argument est vrai et louable, mais loin d'être suffisant ; d'autant qu'il n'est guère spécifique au métier de soignant. Vous devez envisager votre future profession plus largement et être capable d'accepter que l'aide que vous proposez aux patients n'est **pas toujours souhaitée**. Il est important que vous sachiez faire face à de telles situations, sans vous sentir dépossédé de votre mission première.

■ Le refus de soin est un **droit du patient** qui l'exprime plus ou moins violemment, plus ou moins fermement. Il s'explique de diverses façons : un ras-le-bol des traitements qui épuisent et n'apportent pas toujours, ou pas tout de suite, le mieux-être espéré ; un sentiment d'être dépossédé de soi ; la conviction du patient de mieux savoir que l'équipe soignante ce qui est bon ou mauvais pour lui ; une peur des traitements et de leurs effets secondaires ; une peur de souffrir et de ne pas s'en sortir, etc.

Chez un enfant, cette opposition passe parfois pour un caprice. Il faut alors savoir entendre son mal-être. Il exprime forcément quelque chose de sa douleur et de ses peurs.

■ Que l'AS appréhende mal cette réaction du patient, qu'il soit déçu et se sente démuni face à elle est compréhensible. Elle est à respecter, mais il faut tenter d'**y remédier**. Pour cela, le soignant propose au patient un temps d'échange. Après l'avoir écouté, il lui explique le bien-fondé de son aide. Il le rassure en lui rappelant qu'il est entre de bonnes mains et que tout est fait pour que sa santé s'améliore. Ce peut être également l'occasion, pour le soignant, de repenser ses pratiques professionnelles et de réadapter sa posture à chaque cas.

4. Comment réagirez-vous si on vous demande d'accomplir une tâche qui va à l'encontre de vos convictions personnelles ?

■ Quel que soit le secteur professionnel, les croyances et convictions relevant de la vie privée sont à exclure du monde du travail. Avant de vous présenter à la sélection, il est important que vous lisiez la charte de la personne hospitalisée et l'article R. 4312-11 du Code de la santé publique qui rappellent que **toute personne accueillie** doit pouvoir bénéficier de tous les soins nécessaires et exercer son culte librement.

■ Sachez que tout prosélytisme est interdit, qu'il soit le fait d'une personne hospitalisée, d'un visiteur ou d'un **membre du personnel soignant**. Il arrivera peut-être que certains actes, paroles ou personnes heurtent vos convictions. Cela ne doit en rien interférer dans vos pratiques professionnelles. Tant que ce qui vous est demandé fait partie des missions de votre poste d'AS et est conforme à la législation, vous devez le réaliser.

■ Cette question vise à s'assurer que vous avez pleinement conscience des **règles déontologiques** qui régissent votre future profession. Elle a toute sa place dans un entretien où le jury doit détecter d'éventuelles barrières à son exercice.

5. Voyez-vous un inconvénient à laver un homme (si vous êtes une femme) ou une femme (si vous êtes un homme) ?

■ Il s'agit d'un exemple concret de situation liée aux **croyances et convictions personnelles** de l'AS, qui peut lui poser problème. Le rapport à la nudité n'est pas simple dans la relation soignant-soigné. Le patient se retrouve dénudé, son intimité exposée au soignant ; le soignant est confronté au corps du patient sur lequel il doit effectuer des soins.

■ Bien que la perspective de la première toilette impressionne souvent les étudiants, ils réalisent qu'elle s'effectue sans souci particulier. C'est naturellement qu'ils trouvent la posture professionnelle qui convient, celle qui consiste à exposer le moins possible le corps et à toujours se montrer très respectueux dans les gestes et les attitudes. Ils se doivent de **respecter l'intimité** du patient et son intégrité physique, quels que soient son âge, son sexe et son état de santé.

Un patient peut exprimer son refus d'être lavé ou habillé par une personne du sexe opposé. Cela fait partie de ses droits, mais cela nécessite aussi une réflexion en équipe ; le personnel du même sexe n'étant pas toujours en nombre suffisant. Par contre, l'AS n'a **pas le droit de refuser** d'effectuer des actes qui relèvent de ses compétences. Faire valoir ses opinions personnelles ou même sa pudeur est tout simplement impossible.

■ Au cours de l'entretien oral, vous exprimerez peut-être **quelques réserves** quant à la perspective de vous trouver face à la nudité de personnes du sexe opposé. Si c'est le cas, faites vite comprendre au jury qu'elles seront balayées quand vous vous trouverez effectivement devant le patient et aurez à effectuer les gestes requis.

Quoi qu'il en soit, il est primordial d'être au clair avec vous-même concernant ce rapport à l'intimité des patients. Les questionnements n'auront plus leur place une fois la formation commencée.

6. Qui admirez-vous le plus ?

■ Vous poser cette question permet éventuellement au jury de mieux cerner vos centres d'intérêt et vos valeurs, les combats et les **engagements personnels** qui vous tiennent à cœur. En nommant la personne qui suscite le plus votre admiration, vous devez expliquer pourquoi et de quelle manière.

■ S'il s'agit d'une **personne célèbre**, vivante ou non, vous pouvez évoquer ce qui, à vos yeux, est particulièrement significatif et digne d'intérêt dans son parcours. S'il s'agit d'un **proche**, expliquez ce que vous partagez avec lui (une passion, des valeurs à défendre, des idéaux), les traits de son caractère que vous estimez remarquables, une de ses actions honorables, etc.

■ Prenez le temps de réfléchir à la réponse la plus appropriée pour ne surtout pas citer une personne dont vous ne connaissez finalement rien. Le jury le percevra rapidement.

Et si vous peinez à en trouver une, posez-vous la question différemment : existe-t-il quelqu'un que vous prenez souvent en **référence**, en exemple ? Quelqu'un incarne-t-il pour vous un **idéal** à atteindre ?

7. Qu'est-ce qui vous indigne ?

■ Cette question revient à vous demander ce que vous changeriez dans la société actuelle, si vous en aviez les moyens, et pourquoi. Dans quel « **combat** » seriez-vous prêt à vous engager ou peut-être vous êtes-vous déjà engagé ?

■ Les **réponses « standards »** du type la guerre dans le monde, l'hypocrisie, la méchanceté, etc. sont à éviter. Trop vagues, elles ne désignent rien de concret et ne peuvent faire l'objet d'une véritable analyse. Alors que là est le véritable intérêt de cette question : développer votre opinion sur les incohérences du monde qui vous entoure et, inversement, sur les causes qui vous tiennent à cœur. Veillez à proposer une réflexion approfondie qui permette au jury d'évaluer votre intérêt pour la société et donc votre « degré » de citoyenneté.

■ Vous pouvez tout à fait proposer au jury un **thème lié à votre future profession**. Par exemple : exprimer votre indignation devant le manque de moyens donnés aux soignants, en particulier dans les établissements d'hébergement pour personnes âgées dépendantes (EHPAD) ; manifester votre colère contre les violences dont sont victimes les femmes (maltraitance conjugale, harcèlement sexuel) ; dénoncer la mauvaise prise en charge de l'autisme en France, notamment chez les enfants.

D'autres sujets, davantage liés à l'**actualité**, intéresseront le jury : la violence des casseurs dans des manifestations qui se veulent pacifiques, le dopage dans le sport, la maltraitance animale générée par une société d'hyperconsommation, etc.

8. Vous êtes-vous déjà engagé pour une cause ?

■ Saisissez cette question pour signaler que vous êtes ou avez été **bénévole** dans une association. Ce peut être aussi une thématique de société, une « cause » qui vous tient particulièrement à cœur et à laquelle vous consacrez de votre temps. L'important n'est pas tant l'objet de votre engagement – que le jury n'a pas à évaluer comme « bon » ou « mauvais » – que la forme que vous lui donnez.

■ Pour reprendre l'exemple du bénévolat, il revêt de **multiples formes** :

- ateliers de prévention (sécurité routière, santé sexuelle, dépendance à l'alcool ou aux drogues) ;
- soutien social en tant qu'accompagnateur de personnes handicapées ou âgées, visiteur des personnes seules (domicile, prison, hôpital), maraudeur social à la rencontre des personnes en situation d'exclusion ;
- collectes (denrées alimentaires ou vêtements) ;
- activités récréatives auprès des patients (spectacle de clowns pour les enfants hospitalisés, lecture à voix haute pour les pensionnaires d'une maison de retraite) ;
- actions de proximité, de voisinage (soutien scolaire, fête de quartier, journée nettoyage).

■ Toutes vos activités « à titre gratuit », passées ou actuelles ou envisagées, sont susceptibles d'intéresser le jury. Elles vous offrent aussi la possibilité d'établir des **liens avec votre futur métier.** Appuyez-vous sur ces expériences concrètes pour illustrer vos propos et étayer votre réflexion.

9. Pourquoi vous choisir vous, plutôt qu'un autre candidat ?

■ Trop souvent, les candidats sont déstabilisés par cette question pourtant fort prévisible. Elle est posée dans **tout entretien de motivation.** C'est pour vous l'occasion parfaite d'argumenter en toute franchise sur ce qui fonde la pertinence de votre candidature. À vous de démontrer que votre projet professionnel a été mûrement réfléchi et que votre personnalité vous assurera une très bonne intégration et adaptation au déroulement de la formation.

■ Il ne s'agit pas, bien sûr, de critiquer les autres candidats en pointant leurs éventuelles faiblesses ; c'est vous qui êtes face au jury !

Mettez temporairement de côté votre humilité et faites preuve d'honnêteté. **Osez vous mettre en valeur.** Citez quelques-unes de vos qualités : vous êtes à l'écoute et savez vous positionner en médiateur, votre nature enjouée facilite le travail d'équipe, etc. Vos arguments, s'ils sont choisis avec pertinence, ne seront pas prétentieux mais convaincants. Valorisez votre détermination à suivre intégralement la formation afin d'obtenir le diplôme et ensuite de travailler dans un domaine qui vous passionne. Tout jury a besoin d'être rassuré dans son choix de candidats, à savoir ceux qui n'abandonneront pas en cours de route.

■ Le meilleur argument pour convaincre le jury est certainement votre perception réaliste du métier et votre connaissance du terrain. Rien de tel, en effet, qu'une **vision concrète** (vous êtes conscient des contraintes) et que l'**expérience** (vous avez fait plusieurs stages) pour marquer des points.

10. Si votre vie était racontée dans un livre, quel serait son titre ?

■ Vous serez certainement étonné, voire déstabilisé, par cette question et ne saurez y répondre à brûle-pourpoint. Elle nécessite, pour le moins, un petit temps de réflexion. Alors pensez-y déjà.

C'est une façon amusante, pour le jury, de vous demander de synthétiser ce qui caractérise jusqu'ici votre **parcours.** Vous pouvez parfaitement rester dans le registre de l'humour en proposant une parodie de titre existant ou une sorte de *leitmotiv* qui, telle une règle de vie, résume votre philosophie du quotidien.

■ L'essentiel, face à des questions de cet ordre, est de **jouer le jeu**, quitte à proposer quelque chose qui vous semble peu satisfaisant si vous manquez d'inspiration. Efforcez-vous ensuite de développer ce que vous aurez voulu dire. Votre capacité à réfléchir rapidement et à exprimer clairement vos idées sera toujours appréciée.

En revanche, évitez d'aborder des considérations trop personnelles puisque vous cherchez à entrer dans une formation du paramédical. Il est préférable que vos réponses fassent le **lien** avec ce domaine professionnel.

11. Faut-il aimer les autres pour être soignant ?

■ Lorsque vous vous destinez à devenir AS, la réponse à cette question paraît évidente : « ***oui, bien sûr !*** » En toute bonne foi, vous vous sentez suffisamment attentif à votre prochain pour souhaiter lui consacrer une grande partie de votre temps. Et pourtant...

■ Répondre à cette question n'est pas aussi évident. Prodiguer des soins, exercer un métier en étant au cœur de l'humain est indissociable d'une forme d'altruisme. Cette disposition est tout à fait louable. Mais s'agit-il là de sentiments ? Demande-t-on au soignant d'« aimer » son patient ?

Cette fois, la réponse est : « ***non.*** » Si l'affect a toute sa place dans les métiers du soin, celle-ci doit rester mesurée. Il est attendu des AS qu'ils soient compétents et efficaces. Certes, cela implique de la bienveillance et de l'empathie, mais pas de l'amour. L'amour a un caractère passionnel qui est incompatible avec le travail demandé.

■ Cette question a, en revanche, le mérite de mettre en lumière des aspects fort intéressants de votre **conception du métier**. Ainsi, motiver votre souhait de devenir AS par l'argument « *j'aime beaucoup aider les gens* » est bien trop vague car l'aide à la personne peut revêtir de multiples facettes et devenir l'objectif de maintes professions pas uniquement dans le domaine du soin. Un bon professionnel n'est pas celui qui adore ses patients ou aime tout simplement les gens, mais celui qui sait adapter ses gestes à leurs besoins et qui sait leur prodiguer les soins avec le plus de bienveillance possible. Ce qui est bien différent !

PARTIE 4

Développer **ses compétences en communication écrite**

1. Améliorer sa maîtrise de la langue

Les personnes chargées d'effectuer la sélection des dossiers s'appliqueront à vérifier que vous êtes en possession de certaines compétences tant à l'écrit qu'à l'oral.

Aussi, vous est-il proposé ici un condensé des règles de base qui posent parfois problème. Reprenez-les en essayant d'identifier précisément celles que vous ne maîtrisez pas suffisamment.

Au-delà de l'orthographe, la maîtrise d'un vocabulaire adapté aux situations d'énonciation et plus riche que celui utilisé dans le langage courant vous permettra de vous démarquer des autres candidats. C'est pourquoi vous sont également proposées dans cette partie de l'ouvrage des listes de connecteurs logiques (aussi appelés mots de liaison) qui vous aideront à rendre votre expression plus fluide.

Les 64 erreurs à éviter

■ ***a – à***

Lorsque « a » peut se remplacer par « avait », je ne mets pas d'accent.

→ Ex. : Il a écrit à sa famille.

■ ***ou – où***

« Ou » peut se remplacer par « ou bien » ; « où » indique le lieu.

→ Ex. : Veux-tu une part de tarte ou (*ou bien*) une glace ?

Où vas-tu ? (*dans quel lieu ?*)

■ ***est – et***

« Est » peut se remplacer par « était », c'est le verbe être.

« Et » peut se remplacer par « et puis ».

→ Ex. : Le ciel est (était) bleu.

Marie et (*et puis*) Claire jouent.

■ ***ont – on***

« Ont » peut se remplacer par « avaient », c'est le verbe *avoir*.

« On » peut se remplacer par « il » ou « elle » : même s'il veut dire nous, c'est un singulier. « On » est toujours sujet du verbe.

→ Ex. : Ils ont (*avaient*) froid.

On (*il*) s'en va.

■ ***son – sont***

« Son » et le nom qui suit peuvent se remplacer par « le sien ».

« Sont » peut se remplacer par « étaient », c'est le verbe *être*.

→ Ex. : Son livre = le sien

Ils sont (étaient) venus.

■ *m* devant *m, b, p*
Devant *m, b* ou *p*, la lettre « n » devient « m ».
→ Ex. : Empereur.
Sauf dans : *bonbon, bonbonne, bonbonnière, néanmoins, embonpoint.*

■ Le son [é] dans les verbes du 1er groupe
Pour savoir si un verbe se terminant par le son [é] est conjugué, à l'infinitif ou au participe passé, je le remplace par un verbe du 3e groupe comme *vendre* ou *prendre.*
→ Ex. : J'ai mangé : j'ai *vendu*
Il se laisse glisser : il se laisse *prendre*
Il allait partir : il *venait* de partir

■ *ses – ces*
« Ses » se remplace par « son » ou « sa ».
« Ces » se remplace par « ce » ou « cette ».
→ Ex. : Ces fleurs sont fanées (*cette* fleur). Il est avec ses amis (*son* ami).
Tous deux accompagnent des noms.

■ *ill – y*
Pour savoir si on doit mettre un « y » ou *-ill-* quand on entend le son [yeu], il faut découper le mot en syllabes. Si on entend un [i] dans chacune des deux syllabes, il faut un « y » (un « y » = deux « i) ». Si on entend le son [i] uniquement dans la deuxième syllabe, il faut mettre *-ill-*.
→ Ex. : caillou : [ca-illou] ; nettoyer : [net- toi-ier]

■ *s – z*
Entre deux voyelles, « s » se prononce [z]. Pour entendre le son [s], on met deux « s ».
Sauf : *parasol, tournesol, invraisemblable* (mots composés).
Attention, si le « s » est après une consonne, il se prononce [s], donc pas besoin d'en mettre deux.

■ L'accord sujet-verbe
Le verbe s'accorde avec le sujet suivant les règles de la conjugaison. Quand le sujet n'est pas un pronom personnel, je le remplace.
→ Ex. : Pierre (= *il*) joue.
Pierre et Jean (= *ils*) jouent.
Pierre et moi (= *nous*) jouons.
Pierre et toi (= *vous*) jouez.
C'est toi qui (= *tu*) joues.
Personne (= *aucun* = singulier = *il*) ne joue.
Tout (= la totalité = singulier !) remue.

■ Les mots commençant par *ap-*
Les mots commençant par *ap-*, comme *appeler,* prennent deux « p ».
Sauf : *apercevoir, aplatir, aplanir, apeurer, apitoyer, apaiser, apostropher, aplomb, apiculteur, apéritif, après, apothicaire, apesanteur...*

■ *se – ce*
« Se » est toujours devant un verbe, je peux le remplacer par « me » ou « te ».
« Ce » peut aussi être devant un verbe, dans ce cas, je le remplace par « cela » ou « ceci ». Devant un nom, je remplace l'ensemble par « celui-là » ou « celui-ci ».
→ Ex. : Il se demande (*je me demande, il me demande*).
Ce petit garçon (*celui-là*) écrit.
C'est juste (*cela est juste*).

■ *on – on n'*
J'écris « on n' » dans la forme négative lorsque le verbe commence par une voyelle ou un « h » muet ; je peux le remplacer par « il n' ».
→ Ex. : On n'a pas respecté la règle du jeu (*Il n'a pas respecté*).

■ L'accord de l'adjectif qualificatif ou du participe passé employé seul
Ils s'accordent en genre et en nombre avec le nom auquel ils se rapportent. Je peux dire « qui est » ou « qui sont ».
→ Ex. : Un devoir fini (*qui est fini*) = masc. sg.
Des jupes bleues (*qui sont bleues*) = fém. sg.

■ L'accord du participe passé
Avec *être* : il s'accorde en genre et en nombre avec le sujet.
→ Ex. : Elle est partie. Ils sont venus.
Avec *avoir* : il ne s'accorde que si le COD est placé avant.
→ Ex. : Il a pris des photos (COD). Les photos qu'il a prises (COD avant).

■ *mais – mes – m'est*
« M'est » peut se remplacer par « m'était ».
« Mes » peut se remplacer par « mon » ou « ma ».
« Mais » peut se remplacer par « cependant » ou « malgré tout ».
→ Ex. : La branche plie mais (*cependant*) ne casse pas.
Il m'est (*m'était*) arrivé de perdre mes billes (*ma bille*).

■ *c'est/c'était – s'est/s'était*
Quand « c'est » se trouve dans l'expression « c'est… que » ou « c'est… qui », ou que je peux le remplacer par « ceci est », j'écris « c'est ».
Quand « s'est » devient, en se conjuguant, « je me suis », « tu t'es »…, j'écris « s'est ».
→ Ex. : Il s'est levé (*je me suis levé*).
C'est vrai (*ceci est vrai*).

■ Les mots commençant par *af-*
Les mots commençant par *af-*, comme *affronter*, prennent deux « f », **sauf** *afin*, *Afrique*, *africain(e)*, *Afghanistan*.

■ *Tout – chaque – quelque*
« Tout » se termine par un « t » quand le nom qui suit est singulier, et par un « s » quand le nom qui suit est pluriel. **Attention** : cela dépend du nombre mais pas du sens !
→ Ex. : Tout le monde (*monde* : masc. sg.).
Tous les gens (*gens* : masc. pl.).
Toutes les dames (fém. pl.).

Quand « tout » signifie « entièrement », « tout à fait » ou « en totalité », il devient adverbe et est invariable.

→ Ex. : Les paysages sont tout (*entièrement*) blancs.

« Chaque » amène toujours un nom singulier.

→ Ex. : Chaque jour (= *chacun*).

« Quelque » s'accorde seulement quand il a le sens de plusieurs.

→ Ex. : Quelque argent (*un peu d'argent*) ; quelques jours (*plusieurs jours*)

Attention « quelque temps » et « quelque chose » sont invariables.

■ **Les noms en *-ail, -eil, -euil/-aille, -eille, -euille***

Les noms masculins en *-ail*, *-eil*, *-euil* se terminent par un *-l*, et les noms féminins par *-lle*.

Remarques :

– Les noms masculins *chèvrefeuille*, *portefeuille*, *millefeuille* sont formés sur le nom « feuille », féminin, donc *-lle*, sauf pour « cerfeuil ».

– Après « c » ou « g », le « u » passe devant le « e » :

→ Ex. : **écueil**, *accueil*, *cercueil*.

■ ***gea – geo – ge – gi/ga – go – gue – gui***

Il faut un « e » après « g » pour faire le son [j] devant « a », « o » et « u » uniquement.

→ Ex. : *envisageable*, *plongeon*, *gageure*.

Pour faire le son [g], je rajoute un « u » devant « e » et « i » mais uniquement dans *guenon* et *guitare*.

■ ***l'est – l'ai – les – l'es***

« L'est » peut se remplacer par « (*il*) l'était ».

« L'es » peut se remplacer par « (*tu*) l'étais ».

« Les » peut se remplacer par « *le* » ou « la ».

« L'ai » peut se remplacer par « (*je*) l'avais ».

■ **Les mots commençant par *ef-***

Les mots commençant par *ef-*, comme *effacer*, prennent deux « f », sauf éfaufiler (tirer les fils d'un tissu).

Attention à l'accent : devant une consonne doublée (ou deux consonnes quelles qu'elles soient), je ne mets jamais d'accent sur la voyelle :

→ Ex. : J'efface le tableau.

■ ***peut – peux – peu***

« Peu » peut devenir « un peu ».

« Peux » et « peut » sont des conjugaisons du verbe pouvoir.

« Peux » peut se remplacer par « je pouvais » ou « tu pouvais ».

« Peut » peut se remplacer par « il/elle pouvait ».

Attention : on écrit « peut-être ».

■ ***plus tôt – plutôt***

« Plus tôt » peut se remplacer par « plus tard ».

« Plutôt » signifie « au lieu (de) ».

→ Ex. : J'irai au travail plus tôt (*plus tard*) demain.

→ Ex. : J'irai à la piscine plutôt (*au lieu de*) qu'à la plage.

■ *c – ç*
Il faut mettre une cédille sous le « c » pour faire le son [s] devant « a », « o », « u ».
Pour faire le son [k], je mets un « u » devant « e » et « i » :
→ Ex. : Une leçon ; il lança ; il cueille.

■ **Les mots commençant par *at-***
Les mots commençant par *at-*, comme *attendre*, prennent deux « t ».
Sauf : *atroce, atelier, âtre* (foyer de la cheminée), *atlas, athlète, atmosphère, atomique, atout…*

■ ***la – l'a – l'as – là***
« L'a » peut se remplacer par « il l'avait ».
« L'as » peut se remplacer par « tu l'avais ».
« La » peut se remplacer par « le ».
« Là » peut se remplacer par « ici ».
→ Ex. : Je la vois là : je le vois ici.
Il l'a vu et tu l'as vu aussi : il l'avait vu et tu l'avais vu aussi.

■ **Les verbes en *-endre***
Les verbes en *-endre*, comme *apprendre*, s'écrivent avec un « e ».
Sauf : épandre et répandre.

■ ***quand – quant – qu'en***
« Quand » peut se remplacer par « lorsque ».
Dans les expressions « quant à » et « quant aux », je mets un « t ». Dans les autres cas, j'écris « qu'en » (*que en*).
→ Ex. : Quand il pleut = lorsqu'il pleut
Il n'y a qu'en travaillant qu'on réussit. Quant à toi, tu reliras ta leçon.

■ **Les verbes en *-onner***
Les verbes en *-onner*, comme *abandonner*, prennent deux « n », **sauf** *téléphoner, ramoner, détoner, s'époumoner, prôner.*

■ ***ex – exc***
Devant une voyelle, pour avoir le son [egz], j'écris *ex-* :
→ Ex. : exagérer.
Pour avoir le son [ecs], devant une voyelle, j'écris *exc-* :
→ Ex. : excellent.

■ ***si – s'y – ci***
« Si » peut se remplacer par « tellement » ; il indique aussi une condition.
→ Ex. : Il est si (*tellement*) gentil ! Si tu veux…
« S'y » peut se remplacer par « m'y » ou « t'y » devant un verbe.
→ Ex. : Il s'y (*m'y*) trouve.
« Ci » se trouve dans les expressions « celles-ci », « ces jours-ci », etc. (attention au tiret quand il suit un nom !).

■ ***sans – sens – s'en – cent…***
« S'en » se remplace par « m'en » devant un verbe :
→ Ex. : il s'en va = je m'en vais.

« Sans » est souvent le contraire de « avec » :
→ Ex. : Il part sans (*avec*) son cartable.
« Cent » = 100 ; « sens » = le sens interdit, les cinq sens (le *-s* final se prononce !) ou le verbe *sentir* (je sens : nous sentons) ; « sang » = le sang des veines.

■ Les mots terminés par *-ation*
Les mots terminés par *-ation*, comme *récréation*, s'écrivent avec un « t », **sauf** *passion* et *compassion*.

■ La dernière lettre du participe passé
Pour la connaître, j'accompagne le participe passé d'un nom féminin :
→ Ex. : J'ai écrit = une lettre écrite.
→ Ex. : J'ai mis = la table mise.
Si je n'entends rien, il n'y a pas de consonne finale :
→ Ex. : J'ai fini = une affaire finie.

■ Les noms propres
Les noms propres de personnes ne prennent pas de « s » au pluriel, ceux de nationalité oui.
→ Ex. : Les Dupont ; les Italiens
Attention : les nationalités ne prennent de majuscule que lorsque le nom représente le peuple :
→ Ex. : Les Italiens ; des journaux italiens (adjectif) ; je parle italien (la langue et non le peuple).

■ Les noms féminins
En général, on forme le féminin d'un nom en ajoutant un *-e* au nom masculin.
→ Ex. : Un ami – une amie
Cas particuliers :
– les noms masculins terminés par *-n* ou *-t* doublent très souvent la lettre finale :
→ Ex. : un chien – une chienne
– les noms masculins terminés par *-er* ou *-ier* prennent un accent grave au féminin.
→ Ex. : Le berger – la bergère
– parfois, la dernière lettre se transforme :
→ Ex. : loup – louve ; voleur – voleuse ; acteur – actrice
– certains noms ont un féminin très différent :
→ Ex. : le bœuf – la vache

■ Les noms féminins en -ée
Les noms féminins en -é ne se terminant pas par le son [té] ou [tié] s'écrivent -ée :
→ Ex. : cheminée
Sauf : *la clé* ; *la forêt* ; *la paix*

■ Les noms féminins en *-té* ou *-tié*
Les noms féminins terminés par le son [té] ou [tié] ne prennent pas de *-e* muet :
→ Ex. : pitié
Sauf : *la dictée, la montée, la jetée, la pâtée, la portée* et les noms indiquant un contenu (*brouettée, pelletée, fourchettée*).

■ Les noms féminins en *-i*
Les noms féminins terminés par le son [i] s'écrivent *-ie* :
→ Ex. : la vie, la partie.
Sauf : *la brebis, la nuit, la fourmi, la perdrix, la souris.*

■ Les noms féminins en *-u*
Les noms féminins terminés par le son [u] s'écrivent *-ue* :
→ Ex. : la rue.
Sauf : *la vertu, la bru* (la belle-fille), *la tribu, la glu.*

■ Les noms terminés par *-eur*
Les noms masculins et féminins terminés par le son [eur] s'écrivent *-eur.*
Sauf : *l'heure, la demeure, le beurre, un leurre, un heurt* (choc).

■ Les noms en *-ou*
Sept noms en *-ou* font leur pluriel en *-oux* : *bijou, chou, genou, caillou, hibou, joujou, pou.* Les autres prennent un « s ».
→ Ex. : des clous.

■ Le pluriel des noms
En général, pour mettre un nom au pluriel, on ajoute un « s » :
→ Ex. : un livre, des livres.
Les noms singuliers terminés par « x », « z », « s » ne changent pas :
→ Ex. : des nez, des voix…
Les noms terminés au singulier par *-au, -eau, -eu* prennent « x » au pluriel.
Sauf : *landau, sarrau, bleu, pneu* qui prennent un « s ».

■ Les noms en *-al*
Les noms en *-al* font leur pluriel en *-aux* :
→ Ex. : un cheval, des chevaux.
Sauf : *bal, cal, carnaval, chacal, récital, festival, régal* qui s'écrivent *-als* au pluriel :
→ Ex. : des festivals.

■ Les noms en *-oir/-oire*
Les noms masculins s'écrivent *-oir,* les noms féminins *-oire.*
Sauf : *un laboratoire, un interrogatoire, un auditoire, un territoire, un réfectoire, un accessoire, un observatoire, un ivoire.*

■ Les noms en *-ail*
Sept noms en *-ail* font leur pluriel en *-aux* :
→ Ex. : *bail, corail, émail, vitrail, soupirail, vantail, travail.*
Les autres prennent un « s » :
→ Ex. : un attirail, des attirails.
Attention : le mot « ail » peut s'écrire au pluriel « des ails » ou des « aulx ».

■ L'accord du participe passé dans les verbes pronominaux
Le participe passé ne s'accorde pas toujours, même si l'auxilaire employé est obligatoirement *être* :
→ Ex. : Ils se sont levés *mais* Ils se sont parlé.

Pour savoir si l'on doit accorder, on pose la question avec l'auxiliaire *avoir* :
→ Ex. : Ils ont levé qui ? *et* Ils ont parlé à qui ?
Dans la première question on cherche le COD, donc il y a accord, dans la seconde on cherche le COI, donc pas d'accord.

■ Le féminin de l'adjectif qualificatif
On forme généralement le féminin de l'adjectif qualificatif en ajoutant *-e* au masculin :
→ Ex. : bleu, bleue
Remarques :
-er, -ier ➞ *-ère, -ière*
→ Ex. : léger, légère
-eux, -eur ➞ *-euse*
→ Ex. : heureux, heureuse
-f ➞ *-ve*
→ Ex. : vif, vive
-el, -et, -on, -en ➞ *-elle, -ette, -onne, -enne*
→ Ex. : mignon, mignonne
Quelques adjectifs en *-et* ont leur féminin en *-ète* :
→ Ex. : *complet, discret, inquiet, secret, replet, concret.*

■ Particularités de l'accord de l'adjectif qualificatif
Deux singuliers valent un pluriel :
→ Ex. : Une ferme et une maison isolées.
Le masculin l'emporte sur le féminin :
→ Ex. : La pivoine et l'œillet sont fleuris.

■ Les mots invariables
- Lors : alors, lorsque, dès lors, hors, dehors
- Tôt : sitôt, aussitôt, bientôt, tantôt
- Tant : pendant, cependant, maintenant, durant, dorénavant, devant, davantage, auparavant, pourtant, autant, tant mieux, tant pis
- Longtemps
- Moins, néanmoins
- Plus, plusieurs
- Ailleurs
- Puis, depuis
- Près : après, auprès, très, exprès, dès que
- Ainsi, aussi, parmi
- Assez, chez
- Mais : désormais, jamais
- Beaucoup, trop
- Guère : naguère
- Gré : malgré
- Vers : envers, travers
- Fois : autrefois, toutefois, parfois, quelquefois
- Dessus, dessous *et leurs dérivés*

- Volontiers
- Certes
- Sans
- Selon
- Loin…

■ Le pluriel de l'adjectif qualificatif

On forme généralement le pluriel en ajoutant « s » ou « x » au singulier.

→ Ex. : au → aux

Lorsque l'adjectif se termine par « s » ou « x », le pluriel reste en « s » ou « x ».

Lorsque l'adjectif se termine en *-al*, le pluriel se termine en *–aux*.

Sauf : *final* (*-als* ou *-aux*), *glacial* (*als* ou *aux*), *naval*, *fatal*, *banal*, *natal*, *bancal* qui prennent un « s ».

■ *leur - leurs*

« Leur » placé près d'un verbe, quand il est le pluriel de « lui » est toujours invariable. C'est un pronom personnel.

→ Ex. : Je lui donne. Je leur donne

« Leur » se rapportant à un nom est un adjectif possessif. Il varie avec le nom.

→ Ex. : Ils rangent leurs livres et leur sac.

■ *qu'elle(s) - quelle(s) - quel(s)*

« Qu'elle(s) » peut se remplacer par « qu'il(s) ».

→ Ex. : on dit qu'elle (*qu'il*) viendra.

« Quel » est un adjectif interrogatif ou exclamatif qui s'accorde avec le nom.

→ Ex. : Quel bonheur ! À quelle heure ?

■ *de = des*

Devant un adjectif qualificatif, « de » = « des », donc ce qui suit est au pluriel :

→ Ex. : De longs cils.

« De » devant un nom a souvent valeur de généralité, donc le nom est au singulier :

→ Ex. : J'ai besoin de farine pour ce gâteau.

■ Les mots en *ac-*

Les mots commençant par *ac-*, comme *accrocher*, prennent deux « c ».

Sauf : *un acrobate, un acompte, un acacia, l'acajou, une académie, un acolyte, un acabit, acoustique, acariâtre…*

■ Les adverbes en *-ement, -emment, -amment*

Ceux qui se terminent par le son [ement] s'écrivent *e-m-e-n-t*.

→ Ex. : divin → divinement

Ceux qui se terminent par le son [ament] s'écrivent avec deux « m » :

- s'ils proviennent d'un adjectif en *-ent*, ils s'écrivent avec un « e » :

→ Ex. : intelligent → intelligemment

- s'ils proviennent d'un adjectif en *-ant*, ils s'écrivent avec un « a » :

→ Ex. : brillant → brillamment

■ Les noms composés

Dans les mots composés, seuls les noms et les adjectifs peuvent prendre la marque du pluriel, si le sens et la logique le permettent.

→ Ex. : *Des fils de fer* (en fer), *des chiens-loups*, *des arcs-en-ciel* (un seul ciel), *des garde-fous* (garde = verbe), *des abat-jour* (pour abattre – verbe – le jour)

■ Les adjectifs qualificatifs de couleur

Les adjectifs qualificatifs de couleur s'accordent quand il n'y a qu'un adjectif pour une couleur.
→ Ex. : Une ampoule bleue *mais* Une ampoule bleu clair (pas d'accord)
Les noms qui expriment une couleur, comme *marron*, restent invariables, **sauf** *rose*, *pourpre*, *mauve*, *fauve* et *écarlate* qui s'accordent.

■ Adjectif verbal, participe présent et gérondif

Le participe présent est invariable. L'adjectif verbal est variable. Pour les différencier, je les mets au féminin.
→ Ex. : Les moineaux étaient hésitants (les hirondelles étaient hésitantes). Les moineaux, hésitant à s'envoler, piaillaient.
Le gérondif est précédé de « en » et il est invariable.
→ Ex. : Ils partirent en chantant.

■ Les adjectifs numéraux

« Vingt » et « cent » prennent un « s » quand ils sont multipliés en nombre entier de fois (= quand ils ne sont suivis de rien).
→ Ex. : Quatre-vingts *mais* Quatre-vingt-trois. Six cents mais Six cent deux.
« Mille » ne prend jamais de « s ».

■ Adjectif ou adverbe

L'adverbe est invariable, il est placé près du verbe ou d'un adjectif. Je le remplace par un autre adverbe.
→ Ex. : Ces montagnes sont fort (*très*) jolies.
L'adjectif s'accorde avec le nombre :
→ Ex. : Ces hommes sont forts. Ces femmes sont fortes.

2. Améliorer ses compétences rédactionnelles

Travailler l'aspect rédactionnel des différents documents qui constituent votre dossier d'inscription impose également de peaufiner la formulation.

Les connecteurs logiques permettent de fluidifier l'enchaînement de vos idées en ne les présentant pas de façon trop abrupte. Introduits à bon escient, ils font apparaître la logique de votre réflexion en la structurant et en rendant la lecture plus agréable. Sachez donc les choisir avec pertinence en les adaptant à l'effet recherché.

Relation	Mots de liaison		
Addition	et de plus	puis en outre	non seulement… mais encore
Alternative	ou soit… soit soit… ou	tantôt… tantôt ou… ou ou bien	seulement… mais encore l'un… l'autre d'un côté… de l'autre
But	afin que pour que	de peur que en vue de	de façon à ce que
Cause	car en effet effectivement comme par parce que	puisque attendu que vu que étant donné que grâce à par suite de	eu égard à en raison de du fait que dans la mesure où sous prétexte que
Comparaison	comme de même que ainsi que autant que aussi… que	si… que de la même façon que semblablement pareillement plus que	moins que non moins que selon que suivant que comme si
Quel que soit	malgré en dépit de quoique bien que alors que	quel que soit même si ce n'est pas que certes bien sûr	évidemment il est vrai que toutefois
Conclusion	en conclusion pour conclure en guise de conclusion en somme bref	ainsi donc en résumé en un mot par conséquent	finalement enfin en définitive

Condition, supposition	si au cas où à condition que pourvu que à moins que	en admettant que pour peu que à supposer que en supposant que dans l'hypothèse où	dans le cas où probablement sans doute apparemment
Conséquence	donc aussi partant alors ainsi par conséquent	si bien que d'où en conséquence conséquemment par suite c'est pourquoi	de sorte que en sorte que de façon que de manière que si bien que tant et
Classification, énumération	d'abord tout d'abord en premier lieu premièrement	en deuxième lieu deuxièmement après ensuite de plus quant a	en troisième lieu puis en dernier lieu pour conclure enfin
Explication	savoir à savoir	c'est-à-dire soit	
Illustration	par exemple comme ainsi	c'est ainsi que c'est le cas de notamment	entre autres en particulier
Justification	car c'est-à-dire en effet parce que	puisque en sorte que ainsi c'est ainsi que	non seulement... mais encore du fait de
Liaison	alors ainsi aussi d'ailleurs	en fait en effet de surcroît de même	également puis ensuite
Opposition	mais cependant or en revanche alors que	pourtant par contre tandis que néanmoins au contraire	pour sa part d'un autre côté en dépit de malgré au lieu de
Restriction	cependant toutefois néanmoins pourtant mis à part	ne... que en dehors de hormis à défaut de excepté	sauf uniquement simplement
Temps	quand lorsque comme avant que	après que alors que dès lors que tandis que	depuis que en même temps que pendant que au moment où

PARTIE 5

Comprendre **les enjeux sanitaires et sociaux**

Fiche 1 : les aidants familiaux

Une carence dramatique en structures spécialisées pour l'accueil de **personnes handicapées** oblige l'entourage proche à s'organiser, à se sacrifier parfois pour prendre en charge leur parent dépendant. La loi du 22 mai 2019 vise à améliorer la reconnaissance des proches aidants. Leur statut est donc enfin reconnu et leur implication mesurée à sa juste valeur, après des décennies d'indifférence en dépit du rôle central qu'ils jouent pourtant auprès de leurs proches dépendants.

A. Qui sont les aidants familiaux (ou aidants naturels) ?

On appelle « **aidant familial** » la personne qui vient en aide à titre non professionnel, pour partie ou totalement, à une personne dépendante de son entourage pour les activités de la vie quotidienne. Aide qui peut prendre plusieurs formes : *nursing*, soins, accompagnement à l'éducation et à la vie sociale, démarches administratives, veille, soutien psychologique, activités domestiques, etc.

Au moins 8 millions de personnes en France sont l'aidant principal d'une personne proche, majoritairement des femmes du cercle familial resserré : conjoints, ascendants ou descendants. 20 % des aidants interviennent également auprès d'amis ou de voisins.

Il n'y a pas de disparités particulières entre les régions du nord ou du sud de la France, et le phénomène concerne aussi bien des personnes vivant en milieu rural qu'en milieu urbain.

a. Les différents types d'aides qu'ils sont susceptibles d'apporter au quotidien

- de la surveillance ;
- des tâches domestiques, ménage, entretien, jardinage ;
- de l'aide pour les soins, la prise de médicaments ;
- de l'aide pour les activités élémentaires de la vie quotidienne ;
- de l'aide pour la gestion financière et administrative ;
- du soutien moral ;
- de l'accompagnement aux rendez-vous médicaux, etc.

b. Quel est leur statut juridique ?

Jusqu'à présent, on parlait « des aidants » en général, sans qu'ils aient de statut juridique. La **loi pour l'adaptation de la société au vieillissement** (ASV) précise les modalités de l'assouplissement et de l'élargissement du congé de soutien familial pour les aidants qui doivent souvent concilier une activité professionnelle et l'accompagnement d'une personne âgée dépendante.

Le **Code de l'action sociale et de la famille** stipule qu'est considéré comme un aidant familial le conjoint, le concubin, la personne avec laquelle le bénéficiaire a conclu un pacte civil de solidarité (PACS), l'ascendant, le descendant ou le collatéral jusqu'au quatrième degré du bénéficiaire, ou l'ascendant, le descendant ou le collatéral jusqu'au quatrième degré de l'autre membre du couple qui apporte l'aide humaine et qui n'est pas salarié pour cette aide.

L'aidant familial peut bénéficier de **formations** et a droit à la **validation des acquis de l'expérience**.

En tant qu'aidant, il est possible d'obtenir le statut de salarié si :

- on aide une personne âgée dépendante bénéficiaire de l'APA. Cette allocation peut lui permettre de rémunérer son aidant ;
- on aide une personne en situation de handicap bénéficiaire de la prestation de compensation du handicap ;
- l'on n'est ni le conjoint ni le concubin ou la personne ayant conclu avec elle un pacte civil de solidarité, ni son obligé alimentaire au premier degré dans le cas des personnes en situation de handicap.

L'aidant salarié est soumis aux règles du droit du travail. La durée maximale de travail est fixée à 48 heures par semaine.

Depuis le 1er janvier 2020, les dédommagements perçus par les personnes aidant un proche handicapé dans le cadre de la prestation de compensation du handicap (PCH) ne sont plus soumis à l'impôt sur le revenu, à la CSG et à la RDS. La loi du 6 mars 2020 vise en outre à améliorer l'accès à la prestation de compensation du handicap (PCH).

FOCUS CHIFFRES

- On estime actuellement à 11 millions le nombre d'aidants familiaux en France.
- 60 % des aidants sont des femmes.
- 1 aidant sur 2 consomme des anxiolytiques pour supporter sa situation.
- 1 aidant sur 2 travaille encore.
- 1 aidant sur 2 encore actif a dû renoncer partiellement ou complètement à son activité professionnelle afin de demeurer disponible pour son proche dépendant.
- Les aidants sont globalement plus âgés que le reste de la population : 57 % ont plus de 50 ans, l'âge moyen s'établit à 64 ans.
- 18 % des aidants interviennent auprès d'amis ou de voisins.

c. Quelles conséquences pour les aidants au quotidien ?

Les aidants familiaux souffrent dans une proportion importante d'**épuisement physique** et de **fatigue morale**. Un aidant sur 2 assumant la prise en charge d'un malade âgé souffre de signes de dépression et consomme des anxiolytiques. Cependant, ils sont tellement habitués à apporter leur aide qu'ils pensent rarement à en demander pour eux-mêmes. Dans 36 % des cas environ, l'aidant décède avant le malade d'Alzheimer qu'il accompagne au quotidien.

Ils doivent également fréquemment renoncer partiellement ou totalement à occuper un emploi afin d'être plus disponibles, ce qui diminue souvent considérablement leur pouvoir d'achat.

B. Quelles aides pour les aidants ?

a. Le droit au répit

Depuis le 1er octobre 2020, les aidants ont tous la possibilité de prendre des « congés proche aidant » rémunérés pour aider un proche en situation de handicap ou en perte d'autonomie. Ce congé peut durer jusqu'à trois mois et être renouvelé jusqu'à un an sur l'ensemble de la carrière d'un salarié.

b. Des séjours vacances atypiques pour les aidants

Plusieurs associations proposent des séjours adaptés aux situations de détresse que connaissent de nombreuses personnes épuisées par leur quotidien d'aidant. Ces temps organisés ont pour principal intérêt d'offrir aux aidants ce dont ils sont privés tout au long de l'année : un temps de répit pendant lequel ils peuvent se reposer sans avoir à craindre que leur proche dépendant se retrouve sans prise en charge.

Ces vacances atypiques ne peuvent être organisées que grâce à l'investissement de bénévoles qui assurent, le temps du séjour, les soins nécessaires auprès de la personne dépendante. Ces parenthèses constituent aussi l'occasion pour l'aidant d'échanger avec d'autres personnes qui vivent la même situation.

Chaque année, la journée nationale des aidants familiaux sensibilise la population aux conditions de vie de ceux qui endossent ce rôle.

c. La loi Mathys, de quoi s'agit-il ?

Depuis 2015, cette loi autorise les salariés d'une entreprise à donner par solidarité des RTT à un collègue devant rester temporairement auprès d'un proche malade, nécessitant une présence soutenue. Cette situation doit être attestée par le médecin ayant en charge la maladie ou le handicap. L'accord de l'employeur est obligatoire.

Tous les types de jours de repos (RTT, jours de récupération ou congés payés ordinaires) sont concernés, aussi bien dans le secteur public que dans le secteur privé.

Fiche 2 : la famille

A. Définition

Difficile aujourd'hui de définir un schéma standard de la famille tant celle-ci a acquis, au fil des décennies, des caractéristiques nouvelles et multiples prouvant qu'elle connaît des mutations qui la rendent polymorphe.

L'**homoparentalité**, les **familles recomposées**, **monoparentales** sont autant de données sociologiques qu'il faut désormais prendre en compte, et qui poussent la société à des réflexions nouvelles et parfois complexes sur ce qui définit les tuteurs légaux, les liens de parenté, et donc toute la notion de famille.

Quoi qu'il en soit, de nos jours, la famille reste une valeur refuge centrale vers laquelle se tournent la plupart des individus. En période de crise, elle constitue même parfois le dernier rempart avant de tomber dans la précarité.

Les facteurs d'évolution

On observe :

- de moins en moins de mariages, délaissés au profit du PACS ;
- des divorces de plus en plus nombreux ;
- de moins en moins de familles nombreuses ;
- de plus en plus de personnes vivant seules.

B. La famille à travers quelques chiffres

- Avec 723 000 naissances en 2022, la France enregistre 19 000 naissances de moins qu'en 2021. En 2021, 742 500 naissances avaient été enregistrées en France, soit 95 000 de moins qu'en 2010. Cette importante baisse est pour l'essentiel due à celle de la fécondité, c'est-à-dire au nombre moyen d'enfants par femme, actuellement à 1,83.
- 244 000 mariages ont été enregistrés en France en 2022, ce qui constitue un record depuis 2012. Parmi eux, on dénombre 237 000 mariages hétérosexuels et 7 000 mariages homosexuels. Par ailleurs, avec 192 000 Pacs conclus en 2022, on note une baisse de 8 % par rapport à 2021 pour ce type d'engagement.
- Depuis 2017, qui a vu se concrétiser la possibilité de simplifier la procédure de divorce lorsqu'il s'agit d'une séparation à l'amiable, les chiffres du divorce demeurent stables (environ 130 000 par an), mais il a de plus en plus souvent lieu par consentement mutuel, sans l'intervention d'un juge. Ainsi en France, environ 45 % des mariages se terminent par un divorce.

C. Le cadre législatif s'adapte à ces évolutions

Au niveau politique, de nombreuses questions se posent afin que la législation s'adapte aux différentes évolutions familiales. L'Assemblée nationale a adopté un volet de la loi famille, intitulée « Autorité parentale et intérêt de l'enfant » (loi APIE), le 17 juin 2014 : un « mandat d'éducation quotidienne » a ainsi été entériné pour le beau-parent.

De nombreuses interrogations en lien avec la **notion de filiation** se trouvent au cœur des débats. Par exemple, en France, plusieurs dizaines de milliers d'enfants sont élevés au sein de foyers dont les parents sont homosexuels, sans que leur réalité sociale et affective corresponde à leur statut administratif.

Pour de nombreux **couples homosexuels**, l'accès au mariage acquis en 2013 ne constituait qu'une première étape dans la reconnaissance de leur droit à fonder une famille. Plusieurs associations de défense des droits des homosexuels attendent du Gouvernement qu'il autorise également l'accès à la gestation pour autrui (GPA) pour les couples d'hommes et celui à la procréation médicalement assistée (PMA) pour les couples de femmes.

Le 30 juin 2021, le texte de loi ouvrant la **PMA** à toutes les femmes sans exception, qu'elles soient en couple hétérosexuel ou homosexuel, mais également célibataires, a été définitivement adopté par l'Assemblée nationale avec 326 voix pour, 115 voix contre et 42 abstentions. Aussitôt après ce vote, des députés ont déjà commencé à évoquer la nécessité de légaliser prochainement en France le recours à la GPA afin de ne pas discriminer les hommes.

En France, la **GPA** est illégale et les parents utilisant les services d'une femme à l'étranger ne peuvent obtenir la reconnaissance légale de cet enfant comme étant le leur. Aux yeux de la loi, il reste celui de la femme qui l'a porté, même si elle ne l'élève pas par la suite. Le 12 décembre 2014, la circulaire Taubira, dont l'objectif est de faciliter la délivrance de papiers d'identité français à des enfants nés par GPA à l'étranger, a été validée par le Conseil d'État.

Il revient aux législateurs de savoir prendre en compte les évolutions de la notion de filiation et de savoir les intégrer dans nos textes de loi en ayant toujours avant tout le souci du bien-être de l'enfant, qui doit l'emporter sur toute autre revendication.

Fiche 3 : la place des femmes dans la société

Depuis la Seconde Guerre mondiale, le statut des femmes a connu de nombreuses évolutions qui lui ont peu à peu permis d'atteindre des droits qui lissent les inégalités avec les hommes : accès à la contraception, droit à l'**IVG** (interruption volontaire de grossesse), autorité parentale équivalente à celle du père, droit d'exercer librement une profession, etc. Les avancées sociales ont été bien plus nombreuses pour les femmes en quelques décennies qu'en plusieurs siècles. Cependant, des progrès restent encore à accomplir pour que les disparités hommes-femmes deviennent un phénomène totalement lié au passé.

Depuis l'automne 2017 et la révélation des agressions sexuelles subies par de nombreuses actrices dans le monde du cinéma, la parole des femmes se libère dans des milieux divers (professionnel, politique, sportif ...). Les réseaux sociaux ont participé à cette libération, à travers le mouvement #MeToo par exemple, suscitant parfois la polémique par leur tendance à s'approprier le rôle des véritables tribunaux populaires.

A. Les disparités

Les **inégalités salariales** tendent à s'estomper, cependant, plus on monte dans les hiérarchies professionnelles, plus les différences sont criantes.

Aujourd'hui, la moyenne des salaires mensuels féminins est encore inférieure de 10 % à celle des salaires masculins.

Les **inégalités face à la précarité** penchent très nettement en défaveur des femmes : elles sont plus touchées par le chômage que les hommes, elles sont également plus concernées par le temps partiel subi et sont bien plus souvent responsables de familles monoparentales que les hommes.

En 2021, moins de 1 % des congés parentaux étaient pris par les pères, malgré une réforme entrée en vigueur en 2015 qui ambitionnait d'amener ce chiffre à 25 %.

Au sein de la **sphère politique**, les femmes sont encore peu représentées. Plus les postes occupés requièrent de prise de responsabilités, moins ils sont dévolus aux femmes. Pourtant, la loi du 6 juin 2000 impose aux partis de présenter 50 % de candidats de chacun des deux sexes.

B. Les conséquences

Dans la sphère politique

Depuis les élections législatives de 2022, l'Assemblée nationale élue comprend 37,3 % de députées, soit 215 femmes sur un total de 577 députés. Alors qu'elles étaient plus nombreuses parmi les candidats, la part des femmes parmi les élus est en recul par rapport aux élections de 2017, où ce taux était de 38,7 %. Ainsi, ces élections stoppent la progression du nombre de femmes députées, alors que le mouvement de féminisation au sein de l'Assemblée nationale était notable depuis le début des années 2000.

Le 14 février 2015, les députés ont adopté à la quasi-unanimité un projet de loi instaurant des quotas dans la haute fonction publique. L'objectif était de porter à plus de 20 % les nominations de femmes sur la période 2013-2015, plus de 30 % pour les deux années suivantes, et au-delà de 40 % à partir de 2018. Les femmes représentent près de 60 % des agents de la fonction publique, mais ne sont que 14 % aux postes de cadres dirigeants et 24 % à ceux de cadres supérieurs.

Dans la sphère professionnelle

Dans les **entreprises** ou dans la **fonction publique**, les femmes restent très minoritaires à un niveau de direction.

Bien que proportionnellement plus nombreuses que les hommes à accéder aux études supérieures, les femmes demeurent moins présentes dans les filières les plus cotées, subissent davantage le chômage et le temps partiel non choisi. L'écart des salaires moyens est aussi en leur défaveur.

Les femmes subissent parfois une **discrimination à l'embauche** due à la crainte des employeurs de devoir gérer des absences liées à une éventuelle maternité ou à la garde d'enfants malades.

L'arsenal législatif ne pouvant être mis en cause, puisqu'il existe bel et bien et fixe en théorie les fondements d'une égalité hommes-femmes, il apparaît donc que la disparition des discriminations sexistes relève bien plus de l'évolution des mentalités.

Il s'agit d'un **travail de fond sur le long terme**, à la fois éducatif, politique et social, qui permettra sans doute un jour que les femmes ne soient plus considérées comme le sexe faible.

C. Une avancée législative : la loi pour l'égalité réelle

La loi pour l'égalité réelle, ou loi n° 2014-873 du 4 août 2014 pour l'égalité réelle entre hommes et femmes, est une loi française qui vise à combattre les inégalités entre les deux sexes. Elle aborde l'égalité dans toutes ses dimensions : l'égalité professionnelle, la lutte contre la précarité, l'image de la femme dans les médias, la lutte contre les violences, la parité en politique et dans le milieu social et professionnel.

Parmi les avancées majeures, on notera **la réforme du congé parental** qui vise à favoriser le partage des responsabilités parentales, l'expérimentation d'une garantie contre les impayés de pensions alimentaires ou encore le renforcement des compétences du Conseil supérieur de l'audiovisuel afin de lutter contre les stéréotypes sexistes et les traitements dégradants imposés aux femmes dans les médias.

Un amendement adopté par le Sénat impose également l'interdiction des concours de beauté pour les enfants de moins de 13 ans (les concours de « mini-miss »).

D. Les violences faites aux femmes en France

Au sein du couple, la violence conjugale peut prendre plusieurs formes visant à porter atteinte à l'intégrité physique ou psychique de la partenaire en la soumettant par la force ou par la manipulation mentale à l'autorité du conjoint.

Bien souvent, les **femmes victimes de violences** de la part de leur conjoint ne le quittent pas pour des raisons diverses :

- parce que le conjoint maltraitant fonctionne par crises et, en période favorable, promet de changer, de ne plus recommencer ;
- parce qu'elles sont parfois financièrement dépendantes de leur bourreau ;
- par peur de ne pas parvenir à assumer les enfants seules, ou de devoir être séparées d'eux ;
- par peur des représailles : de nombreuses femmes sont mortes après avoir osé quitter et dénoncer leur conjoint, lorsque celui-ci les a retrouvées et brutalisées une ultime fois pour se venger.

Quelles sont les violences existantes ?

■ Les **violences physiques** : coups, blessures, mutilations, meurtre, etc.

■ Les **violences sexuelles** : viol, agressions sexuelles, proxénétisme, mutilations sexuelles.

■ Les **violences psychologiques** : chantage, insultes, humiliation, dévalorisation, menaces, pressions.

■ Les **privations et contrainte** : vol, destruction de propriété, privation d'autonomie, volonté d'aliénation.

Les violences conjugales

■ 1 femme décède tous les 2,7 jours, victime de son conjoint ou ex-conjoint.

■ En 2021, 208 000 victimes de violences conjugales ont été dénombrées, ce qui constitue une hausse de 21 % par rapport à 2020. Parmi elles, 122 femmes ont été tuées par leur conjoint ou ex-conjoint.

Les violences sexuelles

Chaque année, en moyenne, 84 000 femmes majeures sont victimes de viol ou de tentatives de viol : dans 90 % des cas, ces agressions ont été perpétrées par une personne connue de la victime ; dans 37 % des cas, c'est le conjoint qui est l'auteur des faits. En France, 1 femme sur 2 a déjà subi des violences sexuelles.

Les enfants victimes des violences conjugales

- 143 000 enfants vivent dans un foyer où leur mère a déclaré être victime de violences de la part de son conjoint ou ex-conjoint.
- 42 % d'entre eux ont moins de 6 ans.

On estime que chaque année au moins 20 enfants décèdent parce qu'ils sont les victimes collatérales de violences conjugales auxquelles ils assistent.

Les jeunes femmes (18-25 ans)

- 1 victime d'agression sexuelle sur 3 était âgée de 18 à 25 ans au moment de l'agression.
- 20 % des victimes de violences conjugales sont âgées de 20 à 24 ans en Île-de-France.
- 90 % des **mariages forcés** sont réalisés avant 25 ans.
- 1 jeune fille sur 5 a été insultée en ligne sur son apparence physique et 1 sur 6 a été confrontée à des cyberviolences à caractère sexuel par photos, vidéos ou textos.

Les femmes en situation de handicap

Le handicap est un facteur aggravant d'exposition aux violences faites aux femmes : des taux de prévalence plus importants sont enregistrés pour les femmes en situation de handicap. Ils correspondent à 3,9 % des femmes handicapées contre 1,87 % des femmes en moyenne.

80 % des femmes en situation de handicap ont déjà été victimes de violence.

Les femmes des territoires ultramarins

La prévalence des violences faites aux femmes est plus forte dans les **territoires ultramarins** : elles sont 15 % à la Réunion et 18 % à la Martinique à se déclarer victimes de violences conjugales, lorsque ces dernières concernent 10 % des femmes dans l'Hexagone.

E. Les mesures prises

Un service d'assistance téléphonique anonyme et gratuit est dédié aux femmes victimes de violences au 39 19. Une femme en situation de violences peut recevoir une ordonnance de protection par le juge aux affaires familiales sans qu'une plainte soit déposée. Le conjoint violent sera alors obligé de quitter le domicile, ou bien la victime bénéficiera d'un logement en priorité pour elle et ses enfants.

Du 3 septembre au 25 novembre 2019 s'est tenu le Grenelle des violences conjugales. Constitué d'un ensemble de tables rondes organisées par le gouvernement, il a permis de faire émerger 46 mesures, complétées en 2021 par 10 nouveaux engagements, pour lutter contre cette forme de violences.

1 000 places d'hébergement supplémentaires ont été ouvertes en 2022 pour atteindre une augmentation de 80 % des places dédiées aux femmes depuis 2017 ; 5 000 téléphones grave danger ont par ailleurs été déployés sur tout le territoire, et le recours au bracelet anti-rapprochement est renforcé.

Fiche 4 : le handicap

La loi n° 2005-102 pour l'égalité des droits et des chances, la participation et la citoyenneté des personnes handicapées a été votée le **11 février 2005**. Elle introduit pour la première fois dans le Code de l'action sociale et des familles une définition du handicap considéré comme « toute limitation d'activité ou de restriction de participation à la vie en société subie dans son environnement par une personne en raison d'une altération substantielle, durable ou définitive d'une ou plusieurs fonctions physiques, sensorielles, mentales, cognitives ou psychiques, d'un polyhandicap ou d'un trouble de santé invalidant ».

La classification internationale des handicaps (CIH) établie par l'OMS en 1980, remplacée en 2001 par la classification internationale du fonctionnement, du handicap et de la santé (CIF), met en évidence les différentes composantes du handicap :

- les **déficiences** ;
- les **limitations d'activité** ;
- les **restrictions de participation**.

FOCUS CHIFFRES

À la rentrée de septembre 2022, 430 000 enfants handicapés étaient scolarisés à l'école ordinaire avec les autres enfants et bénéficiaient de différents accompagnements destinés à répondre à la diversité des situations, selon les chiffres de l'Éducation nationale.

- 132 000 AESH (accompagnants d'élèves en situation de handicap) prennent en charge les besoins au quotidien.
- 10 272 dispositifs Ulis (unité localisée pour l'inclusion scolaire) accueillent 118 000 élèves en 2022 (contre 93 000 en 2017). Pour certains élèves handicapés, ces différents types de dispositifs peuvent se combiner.
- 1,1 million de personnes en situation de handicap ont un emploi. Elles représentent 4 % de l'ensemble des personnes en emploi.
- 2,9 millions de travailleurs bénéficient du statut RQTH (reconnaissance de la qualité de travailleur handicapé).
- Le taux de chômage des personnes en situation de handicap atteint 13 %, contre 7,4 % pour la moyenne nationale de l'ensemble de la population française. En 2022, 460 131 demandeurs d'emploi sont en situation de handicap, soit 50 000 de moins qu'en 2017.
- En 2023, le montant de l'AAH (allocation adulte handicapé) est au maximum de 956,65 euros. Ce montant varie en fonction des ressources déclarées chaque trimestre.

A. L'intégration des personnes handicapées

En France, plusieurs lois visent à assurer une meilleure intégration des individus handicapés dans une société qui les a souvent déconsidérés et laissés de côté.

La personne handicapée a droit à l'insertion dans la vie sociale. Dans chaque département français, une structure d'accueil et d'accompagnement a été créée en 2006 : il s'agit de la maison départementale des personnes handicapées ou MDPH (voir la loi du 11 février 2005).

L'État et les associations œuvrent pour l'**insertion** et l'**intégration des personnes handicapées** avec la mise en place d'allocations telles que l'AAH.

De même, la **prestation de compensation du handicap** (la PCH) englobe les différentes aides dont peut éventuellement bénéficier une personne handicapée, en fonction de ses besoins.

Le **maintien à domicile** est privilégié par le biais d'aides diverses (auxiliaires de vie, équipement adapté) visant à améliorer le quotidien.

Lorsque les gestes sont difficiles et nécessitent une tierce personne, cette aide consiste à procurer à la personne handicapée une assistance pour tout ce qu'elle ne peut pas faire seul, comme se nourrir, se laver, se déplacer.

En novembre 2019, le Premier ministre, Édouard Philippe, a demandé un rapport sur le déploiement à grande échelle de l'habitat inclusif, dans les années à venir, en accord avec la concertation Grand âge et autonomie. L'habitat inclusif concerne les personnes âgées ou en situation de handicap qui font le choix d'un lieu de vie regroupé, où est donnée la possibilité de recourir à des services d'accompagnement.

Cependant, le maintien à domicile n'est pas toujours possible. Ce sont alors des institutions qui prennent bien souvent le relais des familles. Il s'agit d'établissements sociaux ou médico-sociaux où la personne handicapée peut effectuer des séjours temporaires ou de longue durée.

La loi du 11 février 2005 pour l'**égalité des droits et des chances**, la participation et la citoyenneté des personnes handicapées renforce les actions en faveur de la scolarisation des élèves handicapés.

Les enfants sont encadrés, lorsque cela est possible, par l'Éducation nationale grâce aux **classes d'intégration scolaire** (CLIS), mais également par les **unités pédagogiques d'intégration** (UPI), les **instituts médico-éducatifs** (IME), etc.

Dans le but de favoriser l'intégration dans le monde du travail des personnes handicapées pouvant exercer un emploi, la loi française stipule que les grandes entreprises doivent embaucher au minimum 6 % de personnel atteint par un handicap avec obligation de proposer un poste adapté.

Des aides visent à favoriser dans les entreprises l'accueil de ces salariés handicapés.

Le 3 décembre 2019, le Conseil supérieur de l'audiovisuel (CSA) a présenté une charte visant à améliorer la représentativité des personnes handicapées et du handicap dans les médias. Les personnes handicapées étaient jusqu'alors très peu présentes sur les chaînes de télévision. Pourtant en 2022, près de 80 % des entreprises de plus 20 salariés emploient au moins une personne handicapée, mais seules 30 % d'entre elles remplissent leurs obligations face à la loi.

B. La protection des personnes handicapées

La personne étant dans l'incapacité physique et/ou mentale de gérer ses biens peut bénéficier d'une **tutelle** : un tuteur représente la personne handicapée qui perd alors la liberté d'agir en son propre nom. Pour tout acte important, le tuteur doit consulter le juge des tutelles.

La **curatelle** permet à un majeur incapable d'accomplir certains actes importants sous le contrôle d'un curateur.

C. La loi du 11 février 2005

Avec ses 101 articles, la loi du 11 février 2005 a apporté de nombreux changements dans divers domaines.

a. L'accueil

La loi a créé une **maison départementale des personnes handicapées** dans chaque département (MDPH). Sa mission : accueillir, informer et accompagner les personnes handicapées ainsi que leurs familles. La **Commission des droits et de l'autonomie des personnes handicapées** (CDAPH), qui remplace la COTOREP, prend toutes les décisions concernant les aides et les prestations grâce aux évaluations menées par l'équipe pluridisciplinaire mise en place au sein des MDPH.

b. Le droit à compensation

La loi a réaffirmé le droit à compensation « des conséquences de son handicap quelles que soient l'origine et la nature de sa déficience, son âge ou son mode de vie ». Ce droit est accordé à toute personne handicapée. Il constitue l'un des principes fondamentaux de la loi en mettant en avant le projet de vie de la personne.

c. Les ressources

La loi n° 2005-102 a aussi instauré deux nouveaux compléments à l'allocation adulte handicapé : le complément de ressources et la majoration pour la vie autonome.

Elle a également amélioré le cumul de l'**AAH** avec un revenu d'activité en milieu ordinaire, ainsi que la participation aux frais d'hébergement pour les personnes accueillies en établissement.

Elle a enfin réformé le mode de rémunération des travailleurs handicapés en centre d'aide par le travail.

d. L'emploi

La loi a réaffirmé le principe de **non-discrimination** en raison du handicap dans le cadre professionnel : les employeurs devront prendre les mesures appropriées pour permettre aux personnes handicapées d'accéder à un emploi ou d'y progresser et d'accéder à une formation adaptée à leurs besoins. Les salariés peuvent bénéficier d'aménagements d'horaires.

La loi n° 2005-102 a aussi réformé le travail en milieu protégé : les ateliers protégés sont renommés en entreprises adaptées. Ce sont désormais des entreprises du milieu ordinaire ayant pour vocation d'employer en priorité des personnes handicapées.

Les **CAT** sont renommés en établissement ou service d'aide par le travail (ESAT). Les travailleurs ont droit à une rémunération garantie. La loi améliore enfin les droits aux congés et à la validation des acquis de l'expérience.

e. La scolarité et l'enseignement

La loi n° 2005-102 a supprimé la notion d'éducation spéciale et affirme le devoir du service public d'assurer une formation scolaire, professionnelle ou supérieure aux enfants, adolescents et adultes présentant un handicap. Tout enfant ou adolescent doit ainsi être inscrit dans l'école ou l'établissement scolaire le plus proche de son domicile. Il pourra ensuite être accueilli dans un autre établissement, en fonction du projet personnalisé de scolarisation et en associant les parents à ces décisions.

La loi met également en place des équipes de suivi de la scolarisation et des enseignants référents. Elle réaffirme par ailleurs la possibilité de prévoir des aménagements afin que les étudiants handicapés puissent poursuivre leurs études ou passer des concours.

f. L'accessibilité

La loi n° 2005-102 a réaffirmé le principe d'accessibilité pour tous, quel que soit le handicap. Ainsi les établissements recevant du public et les transports collectifs doivent se mettre en conformité avec la loi qui mentionne également la mise en accessibilité des communes et des services de communication publique. 13 ans après la promulgation de cette loi, ce principe n'est pas encore appliqué partout.

Par ailleurs, cette loi a modifié le **Code de la construction et de l'habitation.** Objectif : prendre en compte l'ensemble des handicaps, notamment physiques, sensoriels, cognitifs, mentaux ou psychiques dans le cahier des charges pour les constructeurs.

g. La recherche et l'accès aux soins

La loi de 2005 a créé un observatoire national sur la formation, la recherche et l'innovation sur le handicap. Celui-ci est chargé d'évaluer la coordination des politiques de prévention et de dépistage des problèmes de santé avec la politique de prévention du handicap.

Les professionnels de santé et du secteur médico-social reçoivent une formation spécifique sur l'évolution des connaissances relatives aux maladies à l'origine des handicaps et les innovations thérapeutiques, technologiques, pédagogiques éducatives et sociales.

Enfin, la loi n° 2005-102 a instauré des **consultations médicales de prévention** spécifiques pour les personnes handicapées.

Fiche 5 : les différentes formes de maltraitance

Les victimes de maltraitance sont malheureusement nombreuses. Ainsi, bien qu'il soit très complexe d'établir un chiffre précis, on estime que 1 à 2 enfants meurent chaque jour sous les coups de leurs parents.

Le plus souvent, c'est sur les personnes les plus vulnérables que s'exercent les mauvais traitements : enfants, personnes âgées ou handicapées. La maltraitance émane généralement de personnes ayant autorité sur leur victime, leur étant supérieures en âge ou en force physique.

A. Quelles formes la maltraitance peut-elle prendre ?

Il peut s'agir :

– d'une **maltraitance installée**, chronique, à laquelle la victime est soumise jour après jour ;

– d'une **violence spontanée**, ponctuelle, qui ne se renouvellera pas régulièrement ;

– d'une **maltraitance morale**, visant à détruire la victime dans sa construction psychique ;

– d'une **maltraitance sexuelle** ;

– d'une **maltraitance sexuelle imposant des relations incestueuses** à la victime ;

– d'une **maltraitance passive**, ne découlant pas d'actes violents mais d'une indifférence affective, d'une négligence dangereuse pour la victime ;

– d'une **maltraitance financière**, visant à abuser de la faiblesse de la victime pour la voler, détourner son argent et la spolier ;

– d'une **privation de traitements médicamenteux** indispensables à la victime.

Dans quels cadres peut-elle surgir ?

Les comportements maltraitants peuvent provenir :

– du milieu familial ;

– des institutions médicales assurant la prise en charge de certains patients, ou du personnel devant assurer l'aide à domicile ;

– de l'environnement scolaire, etc.

B. La maltraitance des personnes âgées ou handicapées

a. La nature et les conséquences de ces maltraitances

La maltraitance dont les personnes âgées et les personnes handicapées peuvent être victimes est un phénomène complexe. La notion de maltraitance renvoie à une diversité de situations allant de la simple négligence à la violence gratuite. Elle correspond le plus souvent à une succession de petits actes qui, réunis, créent les conditions de l'isolement et de la souffrance des personnes.

■ **Quelques exemples de maltraitance :**

– brutalité, sévices ;

– infantilisation, humiliation ;

– abus de confiance ;

– défaut de soins ;

– privation ou violation de droits.

Chacun d'entre nous peut y être confronté dans son environnement familial, privé ou professionnel. La maltraitance peut exister à domicile ou en établissements. Elle concerne les personnes âgées comme les personnes handicapées.

■ **Les conséquences de ces maltraitances sont :**

– des lésions physiques : blessures et coups pouvant entraîner la mort ;

– un état de santé très dégradé, déshydratation, maux liés à la mauvaise prise de traitements ;

– un état de soumission mentale, avec une dévalorisation et un dégoût de soi ;
– un désintérêt pour la vie, parfois même une volonté de se laisser mourir.

b. La loi de 2002 rénovant l'action sociale et médico-sociale

Le texte donne une définition élargie du concept de maltraitance. Ainsi a-t-il été précisé qu'elle pouvait être un « acte » ou une « omission », pouvant porter atteinte à la vie, à l'intégrité corporelle ou psychique d'une personne. Cette loi stipule que « l'exercice des droits et libertés individuels est garanti à toute personne prise en charge par des établissements et services sociaux et médico-sociaux. Dans le respect des dispositions législatives et réglementaires en vigueur, lui sont assurés : le respect de sa dignité, de son intégrité, de sa vie privée, de son intimité et de sa sécurité ».

La notion d'accompagnement de la personne se substitue à la simple prise en charge qui mettait davantage l'accent sur les soins. L'usager est d'abord et surtout un être humain dont il faut respecter la dignité et les droits.

Le service téléphonique 39 77 propose quant à lui une écoute spécialisée permettant la dénonciation de maltraitances à l'égard de personnes âgées et/ou handicapées. Les appelants peuvent être aussi bien des proches, des professionnels que des voisins, des anonymes désireux d'alerter sur des situations qui ne peuvent perdurer.

Le **suivi individuel de chaque situation** proposé aux appelants est assuré par des acteurs locaux, essentiellement des bénévoles spécifiquement formés au sein d'associations spécialisées (Alma). Depuis février 2014, ce dispositif national dispose d'une gouvernance et d'une direction unique pour la plateforme d'écoute nationale et le réseau de proximité.

c. La loi du 28 décembre 2015 dite d'adaptation de la société au vieillissement

La loi du 28 décembre 2015 contient plusieurs articles visant à protéger les **droits des personnes âgées** :

– des mesures pour garantir les droits individuels des personnes âgées hébergées ou accompagnées par des établissements ou services sociaux et médico-sociaux avec la désignation d'une personne de confiance. La personne de confiance est consultée dans le cas où la personne âgée rencontre des difficultés dans la connaissance et la compréhension de ses droits ;
– des mesures pour renforcer et simplifier la protection juridique des majeurs ;
– des mesures pour assurer la protection des personnes handicapées et des personnes âgées fragiles.

Par ailleurs, afin de lutter contre l'ensemble des abus financiers et assurer la protection patrimoniale des personnes âgées et handicapées vulnérables, l'interdiction de recevoir de l'argent ou des biens est étendue, en particulier aux bénévoles et à certains intervenants à domicile.

La loi instaure une obligation de signalement des situations de maltraitance et l'applique à l'ensemble des établissements et services sociaux et médico-sociaux, ainsi qu'aux lieux de vie et d'accueil.

C. Les maltraitances imposées aux enfants

FOCUS CHIFFRES

Il existe aujourd'hui en France plus de 100 000 cas connus d'enfants en danger, c'est-à-dire 10 % de plus qu'il y a dix ans. Parmi eux, 19 000 sont victimes de maltraitance et 78 000 se trouvent dans des situations à risques. Plus précisément :

- 44 % des enfants maltraités ont moins de 6 ans ;
- 60 % des cas de maltraitance sexuelle ont lieu dans la famille des victimes et sont imputables aux pères ;
- 25 % des cas de maltraitance sont imputables aux mères ;
- 9 % des cas de maltraitance sont imputables aux beaux-pères ;
- 600 à 700 décès sont imputables à de mauvais traitements infligés par les parents.

a. Les conséquences des actes de maltraitance sur les enfants

– Des lésions physiques, blessures pouvant entraîner la mort ou des séquelles irréversibles.

– Des traumatismes psychiques, perte de la confiance en soi, incapacité à se construire dans un cadre sécurisant et affectif, soumission totale aux personnes maltraitantes, difficultés scolaires, retards importants dans les apprentissages, difficultés pour intégrer les normes sociales qui permettent de trouver une place dans la société, etc.

b. Comment lutter contre ces maltraitances ?

La lutte contre les différentes formes de maltraitances faites aux enfants relève de la responsabilité de chacun. Il existe par exemple un numéro vert, le 119, qui permet d'alerter (anonymement si on le souhaite) sur des situations jugées alarmantes.

Dans la lutte contre la maltraitance dirigée vers les enfants, l'école a également un rôle essentiel à jouer. En effet, sa capacité à réagir à temps est fondamentale pour permettre le repérage et la transmission des situations d'enfants en danger.

L'école a également un rôle par rapport à l'éducation et à l'accompagnement social des élèves et des familles en cas de difficultés, notamment dans le cadre de la prévention de l'absentéisme et du décrochage. La sensibilisation et la formation des personnels constituent donc des axes déterminants.

c. Le plan 2020/2022 contre les violences faites aux enfants

Le plan triennal (2020-2022) de mobilisation et de lutte contre les violences faites aux enfants, qui fait suite au plan 2017-2019, était le dernier volet du Pacte pour l'enfance annoncé par Adrien Taquet, secrétaire d'État chargé de la Protection de l'enfance.

Parmi les axes majeurs mis en place, on peut noter :

– dans le domaine de la formation et de l'information, l'utilisation du temps périscolaire pour sensibiliser aux violences faites aux enfants et à la promotion de leurs droits ;

– pour renforcer la prévention des violences sexuelles à l'école, depuis septembre 2021, un dépistage systématique mis en place durant les trois visites médicales scolaires obligatoires entre 3-4 et 12 ans ;

– pour lutter contre les violences éducatives ordinaires, la création du site 1000-premiers-jours.fr afin de mieux accompagner les parents durant les premières années de leur enfant. Une campagne nationale de sensibilisation au syndrome du bébé secoué a aussi été mise en œuvre ;

– le déploiement de 101 unités d'accueil pédiatrique enfant en danger (Uaped) afin de mieux recueillir la parole des enfants victimes et de leur offrir un parcours de soin adapté ;

– la protection des enfants de la pédopornographie, de la pédophilie et de la prostitution avec le contrôle systématique des antécédents judiciaires des professionnels exerçant une activité en contact avec des mineurs ;

– la mise en place d'un nouveau numéro en direction des personnes attirées sexuellement par des mineurs a été créé pour prévenir le passage à l'acte et éviter la récidive ;

– le développement du premier plan national de lutte contre la prostitution des mineurs.

La loi du 5 novembre 2015 renforce le dispositif de signalement de maltraitance par les médecins en l'étendant à tous les professionnels de santé et en posant le principe d'irresponsabilité pénale, civile et disciplinaire des professionnels de santé qui effectuent le signalement.

Le 10 juillet 2019 est votée la loi relative à l'interdiction des violences éducatives ordinaires, dite loi « anti-fessée ». Elle affirme que l'autorité parentale s'exerce sans violences physiques et/ou psychologique.

D. La maltraitance découlant de la surcharge de travail

On observe de nombreux cas de maltraitance de patients en établissements liés à un déficit croissant de personnel soignant qui, dans les structures de soins, met sous pression les équipes devant assumer la prise en charge de plus en plus de patients. Épuisés, débordés, sous pression, certains en viennent à négliger leurs responsabilités ou à effectuer des gestes de soins nécessaires avec brutalité, sans toujours avoir conscience que les patients (personnes âgées ou handicapées) ne sont alors pas traités avec le respect qui leur est dû.

On appelle cette forme de maltraitance « la maltraitance institutionnelle », car elle découle du fonctionnement inadapté d'une institution.

Fiche 6 : le vieillissement de la population

Les deux principales causes de l'augmentation du nombre de personnes âgées en France sont :

– l'arrivée à l'âge de la retraite des **enfants du baby-boom** qui a suivi la Seconde Guerre mondiale ;

– les avancées scientifiques et médicales qui permettent l'**allongement de l'espérance de vie**, qui ne cesse de croître.

FOCUS CHIFFRES

Au 1er janvier 2023, la France comptait 68 millions d'habitants.

En 2022 ont été enregistrés 54 000 décès de plus qu'en 2019. Cette hausse notable s'explique par le vieillissement de la population issue du baby-boom de l'après-guerre 39/45, par la poursuite de la pandémie de covid-19 et par les canicules de l'été 2022.

Au 1er janvier 2023, les personnes âgées d'au moins 65 ans représentaient 21,3 % de la population en France, ce qui signifie qu'en vingt ans, leur part a progressé de 4,7 points.

En 2070, selon les projections de population de l'INSEE, la France devrait compter plus de 76 millions d'habitants et, parmi eux, plus de 28 % auraient 65 ans ou plus, ce qui confirmerait un vieillissement très net de la population.

Aujourd'hui, en France, l'espérance de vie pour une femme s'élève à 85,2 ans tandis qu'elle s'établit à 79,2 ans pour un homme. Le fait qu'elle diminue de façon très perceptible est là aussi directement lié à la crise sanitaire du Covid-19.

À 35 ans, un cadre peut espérer vivre encore 47 ans, contre 41 ans pour un ouvrier, soit une différence de 6 années.

À 45 ans, un ouvrier a 2,5 fois plus de risques de mourir dans l'année qu'un cadre. Ce risque n'est plus que de 1,3 à 90 ans.

La France continue également de vieillir : les séniors représentent maintenant plus de **16 % de la population totale**, tendance qui devrait se poursuivre avec **l'avancée de l'espérance de vie.**

Au 1er janvier 2050, en supposant que les tendances démographiques récentes se maintiennent, la France métropolitaine compterait **70 millions d'habitants**, soit 9,3 millions de plus qu'en 2005. La population augmenterait sur toute la période, mais à un rythme de moins en moins rapide.

En 2050, un habitant sur trois serait âgé de 60 ans ou plus, contre un sur cinq en 2005. La part des jeunes diminuerait, ainsi que celle des actifs.

En 2050, 69 habitants seraient âgés de 60 ans ou plus pour 100 habitants de 20 à 59 ans, soit deux fois plus qu'en 2005. Ces résultats sont sensibles aux hypothèses retenues, mais aucun scénario ne remet en cause le vieillissement, qui est inéluctable.

A. Les conséquences du vieillissement de la population en France

Elles sont de natures diverses, car l'allongement de la durée de vie a un impact fort sur différents domaines de la vie quotidienne.

Le système de retraite doit être réformé, car le nombre de retraités augmente alors que le nombre d'actifs cotisant pour les retraites diminue.

Les structures capables d'accueillir les personnes âgées dépendantes (maisons de retraite, centres spécialisés pour les personnes atteintes de la maladie d'Alzheimer, etc.) doivent être plus nombreuses afin de répondre à la demande croissante.

Le personnel prenant en charge les personnes âgées dépendantes (personnel soignant, auxiliaires de vie, etc.) doit être recruté et formé plus largement.

Le troisième âge constitue un important facteur de croissance économique, car son pouvoir d'achat est souvent plus important que celui du reste de la population.

B. Quelles sont les mesures mises en place ?

La gamme des prestations offertes par l'aide sociale aux personnes âgées est très diversifiée. On peut citer :

- l'allocation de solidarité aux personnes âgées (ASPA) ;
- l'aide-ménagère à domicile ;
- l'allocation personnalisée d'autonomie (APA) ;
- la participation aux frais de repas dans les foyers-restaurants ;
- l'allocation représentative de services ménagers ;
- l'aide sociale à l'hébergement.

La réforme des retraites proposée par le gouvernement d'Elisabeth Borne et adopté par le Parlement à l'hiver 2023 prévoit des modifications profondes qui ont entraîné un fort rejet de la part de nombreux Français. La contestation, menée par les principaux syndicats représentatifs, a été très soutenue pendant de longues semaines.

Désormais, l'âge légal à partir duquel il est possible de partir à la retraite sera progressivement relevé, à compter du 1er septembre 2023, à raison de trois mois par année de naissance. Il sera ainsi fixé à 63 ans et 3 mois en 2027 à la fin du quinquennat, puis atteindra la cible de 64 ans en 2030. Pour bénéficier de sa retraite à taux plein, il faudra, dès 2027, avoir travaillé 43 ans, durée de cotisation votée dans le cadre de la loi Touraine de 2014.

C. La perception de la société

Notre société n'aime pas vieillir, car vieillir c'est le déclin dans toutes les capacités, autant physiques qu'intellectuelles. La vieillesse donne l'impression de ne plus servir à grand-chose à part être suivi par de multiples spécialistes de santé, être dépendant des autres et, surtout, elle représente la dernière étape de la vie. Évidemment, cette image négative est renforcée par les médias aux stéréotypes immuables. En dehors des assurances obsèques, des couches pour l'incontinence et des pâtes pour fixer les dentiers, les personnes âgées y sont bien peu représentées !

Dans une société fondée sur la performance, les biens matériels et l'argent, les personnes âgées trouvent difficilement leur place, ressentant parfois le mépris des autres qui les conforte dans l'idée qu'ils ne servent à rien.

Pourtant, la vieillesse s'est modernisée grâce :

- aux activités de loisirs et culturelles ;
- aux voyages ;
- au bénévolat actif ;
- à la maîtrise d'Internet, etc.

Soit autant de moyens de se maintenir en forme, de rester curieux des évolutions de la société, et d'entretenir des réseaux sociaux qui évitent le repli sur soi et l'isolement.

Fiche 7 : les maladies à incidence sociale

A. Le cancer

Le cancer est une maladie redoutée, souvent perçue comme « la pire des maladies ». Elle est la **première cause de décès** avant l'âge de 65 ans dans les pays industrialisés. De nos jours, de plus en plus de gens reçoivent un diagnostic de cancer mais, heureusement, bon nombre en guérissent.

Il existe plus d'une centaine de variétés de cancer, ou tumeur maligne, qui peuvent se loger dans différents tissus et organes.

Chez les gens atteints de cancer, certaines cellules se multiplient de façon exagérée et non contrôlée. Les gènes de ces cellules déréglées ont subi des altérations, ou mutations. Parfois, les cellules cancéreuses envahissent les tissus environnants ou se détachent de la tumeur d'origine, et migrent vers d'autres régions du corps. Ce sont les « métastases ».

La plupart des cancers mettent plusieurs années à se former. Ils peuvent apparaître à tout âge, mais ils sont plus souvent découverts chez des personnes âgées de 60 ans et plus.

Les **tumeurs bénignes** ne sont pas cancéreuses et ne risquent ni de détruire les tissus voisins ni de se disséminer dans le corps. Elles peuvent toutefois faire pression sur un organe ou un tissu.

Les **tumeurs malignes** contiennent quant à elles des cellules cancéreuses qui risquent d'envahir d'autres tissus de l'organisme en les détruisant.

a. Causes

Les causes peuvent être diverses :

– des **facteurs héréditaires** dans 5 à 15 % des cas. Les facteurs héréditaires sont des données contre lesquelles on ne peut rien, transmises dans nos gènes et donc liées à notre profil génétique. Ce sont les parents biologiques qui les transmettent ;

– l'**âge** ;

– les **habitudes de vie**, essentiellement le tabagisme, l'alcool et l'alimentation ;

– l'**exposition à des substances cancérigènes** présentes dans l'environnement (pollution de l'air, substances toxiques manipulées au travail, pesticides, etc.) ;

– les **expositions prolongées au soleil** sans protection adaptée.

Aucun médecin ne peut prédire avec certitude l'évolution du cancer ni les chances de survie pour une personne en particulier.

Une proportion importante de malades guérit définitivement du cancer. Selon une vaste enquête menée en France, plus d'un patient sur deux est toujours en vie 5 ans après avoir reçu le diagnostic.

Le taux de guérison dépend d'une multitude de facteurs :

– du type de cancer (le pronostic est excellent en cas de cancer de la thyroïde, mais l'est beaucoup moins en cas de cancer du pancréas) ;

– de l'étendue du cancer au moment du diagnostic ;

– de la malignité des cellules ;

– de la disponibilité d'un traitement efficace, etc.

b. Personnes à risques

Certaines familles sont plus touchées par le cancer. Il existe des **gènes de prédisposition** au cancer, transmis d'une génération à l'autre. Cela peut être le cas pour les cancers du sein, de l'ovaire et du côlon. Même chez les personnes dont le bagage génétique prédispose au cancer, le risque d'en être atteint un jour dépend aussi et en grande partie des **habitudes de vie** et des **lieux de vie** et de **travail**. Les personnes qui ont déjà eu un cancer ont aussi plus de risques d'en développer un autre.

La recherche scientifique a permis de découvrir des facteurs de risque pour la plupart des cancers. On estime que nombre d'entre eux sont aujourd'hui favorisés par un environnement saturé de **perturbateurs endocriniens** dont la toxicité est de plus en plus reconnue. Pesticides, solvants, additifs alimentaires, etc. sont autant de substances dangereuses avec lesquelles nous sommes en contact quotidiennement tout au long de notre vie.

Toutefois, il est très difficile de définir précisément la responsabilité de chacun des facteurs de risque dans la vie d'un individu, car la maladie se développe sur plusieurs années et est souvent multifactorielle.

B. Les maladies cardiovasculaires

Les maladies cardiovasculaires (**MCV**) constituent l'une des principales priorités de santé publique. En France, on compte chaque année 100 000 **infarctus du myocarde**, dont 20 % surviennent avant 55 ans et sont mortels une fois sur trois.

La majeure partie d'entre eux pourraient être prévenus grâce à un dépistage précoce. Ils résultent d'anomalies lipidiques innées, mais sont également liés à des **facteurs de risque évitables**, comme l'excès de cholestérol, le tabagisme, l'hypertension artérielle, l'obésité et le surpoids, la sédentarité, le diabète de type 2.

L'**hérédité** et la **sédentarité** favorisent l'apparition de maladies cardiovasculaires ainsi que d'autres facteurs.

a. Le cholestérol

L'excès de cholestérol a un impact majeur sur le développement des maladies cardiovasculaires.

C'est le **cholestérol LDL** qui, en s'accumulant et en s'oxydant dans les parois des artères, constitue les plaques d'athérome à l'origine des maladies cardiovasculaires. Plus son taux dans le sang est élevé, plus le risque est important.

Une concentration faible de **cholestérol HDL** constitue également un facteur de risque majeur. À l'inverse, en quantité importante, le cholestérol HDL a un rôle protecteur et pondère les autres facteurs de risque.

Enfin, un taux élevé de **triglycérides**, un autre lipide circulant dans le sang, favorise également l'apparition des maladies cardiovasculaires.

b. Le tabagisme

Le tabagisme chronique multiplie par deux le **risque d'infarctus** pour une consommation de 10 cigarettes par jour et le multiplie par 3 pour 20 cigarettes par jour.

14 % des maladies cardiovasculaires chez les hommes ainsi que 2 % chez les femmes sont attribuables au tabac.

Mais le bénéfice de l'arrêt du tabac est rapide : après trois ans sans tabac, le risque cardiovasculaire des ex-fumeurs est identique à celui des non-fumeurs.

c. Le diabète

Une personne est diabétique si son **taux de glycémie** excède régulièrement 1,26 g/L. Le diabète de type 2 est un facteur de risque cardiovasculaire majeur : il multiplie par 10 à 15 le risque d'amputation et par 4 le risque de claudication intermittente chez les hommes, et par 6 chez les femmes.

En France, la prévalence du diabète augmente en moyenne de 3,2 % par an et la progression du diabète de type 2, de plus en plus fréquent chez les enfants, est parallèle à celle de l'obésité.

Les pays riches industrialisés assistent, depuis ces 30 dernières années, à une véritable explosion du nombre de diabètes de type 2.

d. L'obésité

Le nombre d'individus obèses en France ne cesse d'augmenter, aussi bien chez les adultes que chez les enfants. Le nombre d'enfants obèses a doublé en 25 ans. L'obésité est un **facteur aggravant dans le développement des maladies cardiovasculaires**, au même titre que le tabagisme, l'hypertension ou le diabète.

L'obésité est déterminée en fonction de l'**indice de masse corporelle** : le poids en kg divisé par la taille en cm au carré. Un indice de masse corporelle compris entre 25 et 30 signe un surpoids. S'il est supérieur à 30, on est en présence d'une obésité.

Notons que l'obésité présente avant la puberté persiste à l'âge adulte dans 50 à 70 % des cas et qu'elle génère ensuite une surmortalité principalement cardiovasculaire de 50 à 80 %.

Par ailleurs, lorsqu'elle est associée à une glycémie, à une tension artérielle supérieure à la normale ou à un taux de HDL bas, l'obésité abdominale est un facteur de risque majeur d'accidents coronaires.

e. Les conséquences des maladies cardiovasculaires

Les maladies cardiovasculaires peuvent avoir des **conséquences variées** : insuffisance cardiaque ; anévrisme ; péricardite ; hypertension artérielle ; endocardite ; infarctus du myocarde ; angine de poitrine, etc.

Conséquences des MCV, la perte d'autonomie et les décès, par exemple, sont fréquents. Les maladies cardiovasculaires sont aussi à redouter parce qu'une maladie peut en entraîner une autre plus grave, et ainsi de suite.

f. Lutter contre les maladies cardiovasculaires

Une **hygiène de vie** renvoie à un mode de vie complet qui prend en compte : une alimentation saine ; des activités physiques régulières ; la surveillance du poids.

Ainsi, il est important de manger des aliments variés pour équilibrer les apports nutritifs dans l'organisme. Il faut dépenser de l'énergie et faire travailler les muscles par des mouvements physiques afin de brûler des calories. Mais en plus, il serait avantageux de ne pas manger en excès graisses ou sucres pour garder un poids de santé et, bien entendu, d'éviter le tabac et l'alcool.

C. Le sida

Le sida est une maladie causée par la présence dans l'organisme d'un **virus** : le **VIH** (**virus de l'immunodéficience humaine**). Le VIH infecte des cellules intervenant dans le fonctionnement du système immunitaire : les **lymphocytes T4**. Le virus prolifère au sein des cellules qu'il a infectées, lesquelles, avant d'être détruites, produisent de nouveaux virus qui infectent à leur tour d'autres cellules : c'est le **phénomène de la réplication virale**. L'organisme est alors incapable d'éliminer le virus.

Une personne contaminée par le virus est **séropositive** : cela signifie qu'elle n'a pas développé la maladie appelée Sida, mais qu'elle est tout de même susceptible de transmettre le virus à d'autres personnes. La **contamination** peut s'effectuer :

- par **voie sexuelle** ;
- par **voie sanguine** (échange de seringues pour les toxicomanes, transfusions sanguines, utilisation d'objets souillés de sang) ;
- par **voie materno-fœtale** pendant l'accouchement si la mère est séropositive et que le nouveau-né est mis en contact avec son sang.

La salive, la sueur et les larmes ne sont pas contaminantes, le virus y étant présent en très faible quantité. Ainsi, les gestes quotidiens pratiqués auprès d'une personne séropositive (s'embrasser, manger dans la même vaisselle, etc.) ne font courir aucun risque de contamination.

Une personne est malade du sida quand ses défenses immunitaires sont très affaiblies. L'être humain a normalement dans le sang entre 800 et 1 000 lymphocytes T4 par millimètre cube. On parle de sida, ou sida déclaré, lorsque le nombre de lymphocytes descend au-dessous de 200. Alors, des maladies opportunistes se développent, profitant de l'affaiblissement du système immunitaire. sida signifie « syndrome de l'immunodéficience acquise ».

Le sida se soigne, mais ne se guérit pas. Au fur et à mesure de l'évolution de l'infection, le système immunitaire se dégrade et devient incapable de défendre l'organisme face à toutes sortes de bactéries, parasites, champignons, virus et à la multiplication de cellules cancéreuses. Apparaissent alors des maladies que l'on appelle « infections opportunistes ». Profitant de la faiblesse du système immunitaire, ces germes, inoffensifs chez les personnes en bonne santé, trouvent un terrain propice pour se développer.

a. Lutter contre la multiplication du virus lorsque l'on est séropositif

Le VIH étant un virus, on administre un « **antirétroviral** », un médicament qui l'empêche de se multiplier dans l'organisme. Utilisé seul, son efficacité est limitée ; associé à d'autres médicaments, il est plus performant : c'est ce qu'on appelle la **multithérapie**, ou **trithérapie** quand on associe trois médicaments.

Ces traitements ont permis à des milliers de personnes vivant avec le VIH de prolonger leur existence dans les meilleures conditions possible. Malheureusement, ils ont des **effets secondaires importants** : ils peuvent provoquer des déficiences en globules blancs ou rouges, endommager le pancréas ou les terminaisons nerveuses, sans oublier les troubles du sommeil, les nausées, les diarrhées.

En aucun cas les multithérapies n'éliminent définitivement le virus. Ces thérapies ne font que ralentir le développement du virus.

b. Le sida en France et dans le monde

Apparu au début des années 1980, ce virus a tué en premier lieu de très nombreuses personnes homosexuelles puis hétérosexuelles avant que ne soit acquis le réflexe de se protéger grâce au **préservatif** lors de relations sexuelles.

Les toxicomanes constituent également une population à risques très élevés du fait de l'échange entre eux de seringues déjà utilisées.

La planète entière est concernée par ce fléau mais, depuis 30 ans, les pays riches parviennent à diminuer le nombre de contaminations grâce à la **prévention**, et à allonger l'espérance de vie des personnes contaminées.

Les pays pauvres sont, eux, totalement démunis face à cette épidémie. Ils n'ont pas les moyens financiers de permettre à la population déjà contaminée d'accéder aux molécules qui retardent le développement de la maladie, et la prévention est très difficile à mettre en place face à des cultures où le préservatif n'est pas bien vu.

Chaque année en France, **environ 6 500 personnes** apprennent qu'elles sont séropositives. Cependant, bien souvent, il ne s'agit pas de contaminations récentes mais plutôt de dépistages tardifs. Plusieurs milliers de personnes seraient séropositives sans le savoir et donc potentiellement contaminantes.

Malheureusement, on remarque depuis plusieurs années une protection moins systématique : le préservatif est désormais souvent abandonné, car une partie de la population estime à tort qu'on ne meurt plus du Sida de nos jours.

Fiche 8 : la pandémie de la covid : une crise aux répercussions multiples

Depuis fin 2019, la crise sanitaire de la covid-19 a ébranlé le monde. Gérée différemment par les gouvernements, qui ont malgré tout opté en majorité pour des confinements aux modalités variables, elle est toujours la source d'une pression sans pareil au sein des hôpitaux. Hormis le domaine de la santé, ses effets se font aussi ressentir dans de nombreux autres secteurs, comme celui de l'économie, et occasionnent de nombreuses tensions sociales, notamment concernant la question du vaccin et du pass sanitaire.

CHIFFRES DE LA COVID

En avril 2023, on compte dans le monde 636 millions de personnes ayant été testées positives à la covid et 6,88 millions de décès. Les trois pays avec le plus grand nombre de cas sont les États-Unis (99,4 millions de cas, 1 119 000 décès), l'Inde (44,680 millions de cas, 531 millions de décès) et la France, avec 38,3 millions de cas et 162 000 décès.

Malgré une baisse significative de l'intérêt de l'opinion publique française pour les chiffres de la covid, on trouve encore un décompte journalier des nouveaux cas ainsi que des statistiques globales sur le site Santé publique France. Ainsi, on dénombre actuellement entre 8 000 et 7 000 nouveaux cas par jour.

GESTION PAR LES ÉTATS : FOCUS FRANCE

La covid s'est manifestée par vagues de contamination, face auxquelles les gouvernements ont réagi en mettant en place des mesures variables. Partout dans le monde, les manières d'interagir au quotidien ont été modifiées par la mise en place de plusieurs « gestes barrière » : distanciation sociale, rassemblements limités, port du masque, lavage des mains au gel hydroalcoolique... s'ils apparaissaient au début de la pandémie comme peu naturels, ces gestes se sont peu à peu intégrés aux comportements des citoyens.

Au niveau collectif, la mesure la plus radicale est aussi celle pour laquelle un maximum de pays ont opté : le confinement, qui s'est révélé particulièrement efficace, même s'il n'a pas fait disparaître la covid.

C'est en Chine que les mesures de confinement ont été les plus précoces, malgré un confinement partiel à l'échelle des villes : Wuhan a été confinée dès le 23 janvier, puis quinze autres villes chinoises. Ces confinements locaux ont été particulièrement stricts, avec l'adoption d'une stratégie « zéro covid » efficace, mais très lourde pour la population.

Les pays européens ont été les premiers à confiner la totalité de leur population : d'abord l'Italie, le 11 mars 2020, puis l'Espagne, l'Autriche et la France, suivies par presque tous les autres pays de la zone européenne.

Aux États-Unis, aucun confinement national n'a été décrété, mais plusieurs confinements locaux ont été établis dans certains États, comme en Californie. Si elle est controversée en Europe, ailleurs dans le monde la gestion de la crise révèle des failles et des crises politiques importantes. C'est particulièrement le cas en Amérique latine, comme au Nicaragua, où les mesures comme les interdictions de rassemblement sont instrumentalisées par un pouvoir autoritaire en vue d'affaiblir l'opposition au gouvernement.

En France, un confinement strict a été instauré du 17 mars au 11 mai 2020, du 30 octobre au 15 décembre de la même année, et du 3 avril au 3 mai 2021, avec mise en place de l'école et du travail à distance dans la mesure du possible. Ce confinement a permis de désengorger les hôpitaux, mais il a aussi été vecteur de nouveaux problèmes tels que l'isolement des personnes âgées dans les Ehpad, le décrochage scolaire ou une hausse du chômage partiel. En plus du confinement, une première vague de couvre-feux a eu lieu à l'initiative des maires, puis ont été mis en place des couvre-feux plus étendus à partir du 17 octobre 2020, suivis d'un couvre-feu généralisé entre décembre 2020 et juin 2021.

Un pass sanitaire est mis en place à partir de l'été 2021 et est progressivement étendu à de plus en plus de personnes et de lieux. Il fallait pouvoir présenter l'une de ces trois preuves : schéma vaccinal complet, test négatif de moins de 24 heures ou certificat de rétablissement.

Il cesse d'être en vigueur à partir du 1er août 2022.

A. Le recours au vaccin, une solution qui divise

À partir du mois de novembre 2020, la mise au point des premiers vaccins contre le coronavirus a connu de grandes avancées dans plusieurs laboratoires (Moderna, Pfizer, Biotech…). La campagne de vaccination en France a commencé le 27 décembre 2020. Après un démarrage assez lent, elle s'est progressivement accélérée, en suivant un ordre de priorité strict : personnes âgées, personnes souffrant de comorbidités, soignants... L'instauration du pass sanitaire a largement incité la population française à se faire vacciner : à la mi-avril 2022, 80 % des Français ont reçu au moins une dose, et 78 % d'entre eux ont un schéma vaccinal complet (3 doses).

Le vaccin et le pass sanitaire, qui dans les faits a rendu le vaccin obligatoire pour continuer à vivre normalement, ont suscité de vives contestations de la part d'une partie de la population, qui y a vu une restriction injustifiée des libertés individuelles et un outrage aux valeurs démocratiques (secret médical, égalité des citoyens, liberté de circulation…).

B. Effets économiques et travail

La crise n'a pas eu seulement des effets au niveau sanitaire, mais a aussi lourdement affecté l'économie des pays. En 2020, le PIB français a chuté de 7,9 %, notamment en raison de la baisse d'activité de plusieurs secteurs liée aux restrictions sanitaires. Certains secteurs ont été particulièrement touchés : commerce, transport, hébergement et restauration.

La France a ainsi connu une paralysie économique due à une modification du rapport à la consommation et au recours massif à l'activité partielle (allocation de l'État permettant d'indemniser les salariés touchés par une perte de salaire). Concernant les entreprises, la baisse de leur épargne a été limitée par des mesures de soutien public. Ces dispositifs ont également permis une légère augmentation du pouvoir d'achat des ménages (+ 0,4 %), malgré une diminution de 7 % de la consommation en 2020. L'évolution de la consommation reflète les effets des comportements des ménages aux mesures de restriction.

L'emploi salarié a lourdement baissé en 2020, mais ce recul a été limité par le recours au dispositif d'activité partielle et au télétravail.

La crise sanitaire a également bouleversé une majorité des projets professionnels des Français : une grande part des salariés et des demandeurs d'emploi ont déclaré vouloir modifier leur rapport au travail, notamment en commençant une formation ou en entamant une reconversion professionnelle. Cette envie de changement concerne notamment les jeunes.

EFFETS DE LA CRISE SUR LES JEUNES

Les jeunes de moins de 30 ans sont moins susceptibles que leurs aînés de développer une forme grave de la covid. Cependant, leur état de santé mentale a été largement dégradé par la crise : depuis mai 2020, le taux de symptômes dépressifs a sensiblement et durablement augmenté chez les 18-29 ans, prévalence surtout portée par les 18-24 ans.

Les jeunes sont surreprésentés sur le marché du travail précaire, ils occupent plus souvent que leurs aînés des emplois temporaires, et sont donc plus atteints par les effets économiques de la crise sanitaire.

Les mesures prises face à la covid, en particulier celles de confinement, ont largement affecté les étudiants du fait des conséquences engendrées sur le long terme : isolement social, conditions d'apprentissage dégradées, situation financière fragilisée pour les plus précaires, etc.

Fiche 9 : le secret médical

L'article 9 du Code civil stipule que « chacun a droit au respect de sa vie privée ». Ce **droit individuel**, fondamental, explique que le **secret professionnel** concerne de très nombreuses personnes qui, dépositaires d'informations concernant des clients, des usagers, des patients, n'ont pas à les divulguer. Les métiers concernés sont nombreux, de l'avocat au notaire en passant par le policier ou encore le médecin.

Lorsque les professionnels possédant des données personnelles sur des patients sont des soignants, on parle plus précisément de secret médical.

A. De quoi s'agit-il ?

Le **serment d'Hippocrate** fixait déjà le cadre de l'exercice du médecin en énonçant que : « Admis dans l'intérieur des maisons, mes yeux ne verront pas ce qui s'y passe, ma langue taira les secrets qui me seront confiés et mon état ne servira pas à corrompre les mœurs, ni à favoriser le crime. Je tairai ce qui n'a pas besoin d'être divulgué. »

Légalement, le **secret médical** constitue une obligation générale et absolue qui interdit à tout médecin, sous peine de poursuites pénales, de communiquer des informations à une tierce personne sur les patients dont il a la responsabilité, quels que soient l'âge et l'état de santé de ce patient. La discrétion dont doit faire preuve le médecin en assurant la confidentialité concerne aussi bien les informations contenues dans le dossier du patient que ce qu'il a pu être amené à voir, entendre ou comprendre à son sujet.

Ce **secret professionnel** s'impose également à tous les autres personnels de santé ainsi qu'à tous les professionnels intervenant dans le système de santé qui pourraient avoir accès à des informations concernant les patients.

Bien sûr, dans certains cas, des professionnels de santé peuvent toutefois échanger des informations médicales sur un patient car cette communication sur certaines données peut être indispensable pour assurer une bonne prise en charge. Dans ce cas, les informations échangées doivent être nécessaires à la continuité des soins, la prévention et le suivi médico-social et social du patient. Il est à noter que le partage d'informations entre professionnels ne faisant pas partie de la même équipe de soins nécessite le consentement préalable du patient.

Pourquoi le secret médical ?

Pour le patient, avoir l'assurance que toute information relative à sa **vie privée** et à son intimité restera confidentielle permet l'instauration d'une relation de confiance avec les soignants qui le prennent en charge. Sans cet espace de confidentialité, difficile d'oser livrer des informations dont les soignants ont pourtant besoin pour proposer l'accompagnement le mieux adapté possible.

B. La réalité sur le terrain

Tout à fait légitime et justifié, le secret médical demeure pourtant difficile à maintenir dans certains contextes où l'information circule sans véritable cadre. En effet, la législation qui encadre le secret professionnel et la confidentialité n'est pas toujours bien connue des soignants et il arrive fréquemment que des indiscrétions surviennent.

Malgré l'obligation faite à tous les professionnels prenant en charge les usagers de respecter une confidentialité absolue (qui doit permettre d'assurer au patient que l'information n'est pas accessible à des personnes non-autorisées), celle-ci est fréquemment mise à mal, souvent d'ailleurs sans volonté de porter préjudice.

En effet, à l'hôpital par exemple, les risques d'indiscrétions sont fréquents : dès l'arrivée, l'aménagement des guichets d'accueil dans une zone de passage peut poser problème. Dans les différents services, le patient s'entretient parfois avec le personnel soignant dans des conditions de confidentialité discutables (zone d'accueil encombrée, porte ouverte, etc.). Quant aux chambres, elles ne sont pas toutes individuelles et plus l'hospitalisation se prolonge, plus les visites et les échanges se multiplient.

De même, le **dossier médical**, qu'il soit informatique ou papier, est parfois exposé aux regards indiscrets. Il peut évoquer le nom d'une pathologie ou d'un groupe de pathologies en fonction de l'intitulé du service (psychiatrie, alcoologie) ou être ouvert sur des comptes rendus opératoires.

Le public circule dans les couloirs en toute liberté, observant les médicaments transportés, écoutant les conversations. Le nom des patients est encore parfois affiché sur la porte et la feuille de soins peut se trouver dans la chambre. De même, les discussions au téléphone dans les couloirs peuvent laisser échapper des informations sur les patients telles que le nom, la pathologie… Mais les situations les plus à risques sont celles qui concernent la famille du patient, notamment lorsque les soignants répondent au téléphone à un interlocuteur sans connaître ni son identité, ni son niveau d'information sur la pathologie.

C. Les textes de lois encadrant le secret médical

Selon l'article L.1110-4 du Code de la santé publique, dans le domaine de la santé, sauf exceptions légales, **le secret médical couvre l'ensemble des informations concernant la personne venues à la connaissance du professionnel de santé.**

L'article R.4312-5 contenu dans le Code de déontologie infirmier, validé par le décret n° 2016-1605 du 25 novembre 2016, fait mention du secret professionnel en spécifiant qu'il s'impose à tout infirmier dans les conditions établies par la loi. L'infirmier instruit les personnes qui l'assistent de leurs obligations en matière de secret professionnel et les étudiants sont bien évidemment concernés.

La loi du 4 mars 2002 relative aux droits du patient réitère son droit à ce que la confidentialité des informations confiées aux soignants lui soit garantie.

Dans le cadre de l'exercice infirmier, sont soumises au secret professionnel les informations relatives :

– aux faits confiés par le patient lui-même ou appris par son entourage, même si leur caractère secret n'est pas précisé ;

– aux faits découverts (constatations effectuées au cours de soins), devinés, compris ou déduits du fait de la maladie ;

– aux faits ou circonstances en rapport avec l'état du malade, la nature de son affection et les éléments du traitement ;

– à tout élément de la vie privée du patient (mésentente familiale, difficultés matérielles, pratique inhabituelle…).

Cependant, pour tous les professionnels de santé, et donc les infirmiers, l'article 226-14 du Code pénal introduit la possibilité encadrée pour le professionnel de ne pas être pénalement poursuivi en cas de révélation d'une information à caractère secret : il s'agit des « **limites à l'obligation de se taire** ».

En effet, face à certaines situations, le soignant peut être autorisé à parler selon sa liberté de conscience, s'il estime que ne pas le faire risquerait de porter préjudice au patient. Il se rendrait alors coupable de non-assistance à personne en danger (article 223-6 du Code pénal).

Dans le cadre de la lutte contre les violences faites aux femmes, le Parlement a adopté en juillet 2020 une proposition de loi autorisant le médecin ou tout autre professionnel de santé à déroger au secret médical lorsqu'il estime en conscience que les violences mettent la vie de la victime en danger immédiat et qu'il y a emprise.

D. Quelles sanctions en cas de violation du secret professionnel ?

La révélation intentionnelle d'informations confidentielles sur un patient fait encourir à un soignant des **sanctions pénales et disciplinaires**, puisque cela relève à la fois de l'infraction et de la faute professionnelle.

a. Concernant les sanctions pénales

L'article 226-13 du Code pénal stipule que la révélation d'une information à caractère secret par une personne qui en est dépositaire soit par état ou par profession, soit en raison d'une fonction ou d'une mission temporaire, est punie d'un an d'emprisonnement et de 15 000 euros d'amende.

b. Concernant les sanctions disciplinaires

L'article R.4312-1 du Code de déontologie infirmier fixe qu'en cas de violation d'une règle professionnelle, l'infirmier peut recevoir de l'Ordre national des infirmiers un avertissement, un blâme ou une interdiction temporaire d'exercice, avec ou sans sursis. La sanction peut aller jusqu'à la radiation du tableau de l'ordre.

E. Qu'est-ce que le secret partagé ?

La prise en charge d'un patient, qu'elle soit dans un établissement ou au domicile, implique toujours une équipe. La loi du 4 mars 2002 relative aux droits du patient tient compte de cette réalité puisqu'elle stipule que, sauf opposition de cette personne dûment avertie, **les informations confiées à un membre de l'équipe sont réputées confiées par le malade à l'ensemble de l'équipe.**

Par ailleurs, la loi de modernisation de notre système de santé (26 janvier 2016) élargit la définition de l'équipe grâce à deux décrets du 20 juillet 2016 qui proposent un partage de ces informations avec l'ensemble des acteurs de la prise en charge, incluant le secteur social (assistante sociale, éducateurs) mais également des personnes en charge de l'accueil sur des lieux de vie (personnes âgées ou handicapées...) ou autres mandataires judiciaires. Cependant, les informations partagées doivent être :

- strictement nécessaires à la coordination ou à la continuité des soins, à la prévention ou au suivi médico-social et social de ladite personne ;
- uniquement dans le périmètre de leur mission.

Fiche 10 : les lois de bioéthique en France

Les premières lois de bioéthique ont été promulguées en 1994 et sont, depuis, régulièrement révisées. Cette révision est rendue indispensable par les avancées scientifiques qui, au fil du temps, soulèvent de nouvelles grandes questions de société auxquelles elles se doivent d'apporter des réponses sans ambiguïté. En effet, doit-on pratiquer tout ce que la science permet de nos jours ? Les valeurs morales et humanistes ne doivent-elles pas primer sur la fascination pour des progrès scientifiques parfois effrayants ?

A. Qu'est-ce que la bioéthique ?

Le terme est constitué de l'élément « bio », qui signifie « **vivant** », et d'« éthique », qui désigne **la morale** ; il concerne également les domaines philosophique, politique, social ou religieux sur lesquels nous devons mener une vaste réflexion. Le développement des techniques biologiques et médicales interroge sur la conduite à tenir face aux nouvelles possibilités qu'il rend accessibles. Outre l'euthanasie, les greffes ou le brevetage du vivant, plusieurs dossiers posent aujourd'hui problème : celui des procréations médicalement assistées (PMA) et celui des recherches en génétique.

B. Les textes de lois

■ **Les premiers textes de loi concernant la bioéthique ont été promulgués en 1994 :**

- loi n° 94-548 du 1er juillet 1994 relative au traitement des données nominatives ayant pour fin la recherche dans le domaine de la santé et modifiant la loi n° 78-17 du 6 janvier 1978 relative à l'informatique, aux fichiers et aux libertés ;
- loi n° 94-653 du 29 juillet 1994 relative au respect du corps humain ;
- loi n° 94-654 du 29 juillet 1994 relative au don et à l'utilisation des éléments et produits du corps humain, à l'assistance médicale à la procréation et au diagnostic prénatal. Cette dernière loi a fait l'objet d'une révision en 2004.

Les lois de bioéthique de 1994 concernent à la fois :

- l'affirmation des principes généraux de protection de la personne humaine qui ont été introduits notamment dans le Code civil ;
- les règles d'organisation de secteurs d'activités médicales en plein développement tels que ceux de l'assistance médicale à la procréation ou de greffes ;
- des dispositions relevant du domaine de la santé publique ou de la protection des personnes se prêtant à des recherches médicales.

■ **La première révision des lois de bioéthique de 1994** est intervenue par la loi n° 2004-800 du 6 août 2004 relative à la bioéthique. Ces principales dispositions concernent :

- l'interdiction absolue du clonage reproductif ou thérapeutique ;
- l'interdiction de la recherche sur l'embryon et les cellules embryonnaires, sauf cas exceptionnel, « si elles sont susceptibles de permettre des progrès thérapeutiques majeurs » ;
- l'élargissement du cercle des personnes pouvant procéder à un don d'organe pour une greffe ;
- l'autorisation d'obtenir un brevet pour une invention constituant l'application technique d'une fonction d'un élément du corps humain ;
- la création d'une Agence de la biomédecine ;
- le délai de 5 ans fixé pour que la loi de bioéthique soit révisée par le Parlement.

L'AGENCE DE LA BIOMÉDECINE

Agence publique nationale créée par la loi de bioéthique de 2004, ses missions concernent le prélèvement et la greffe d'organes, de tissus et de cellules, mais également la procréation, l'embryologie et la génétique humaine. Elle met en œuvre ce dont les malades ont besoin dans le respect des règles de sécurité sanitaire, mais également dans le respect de l'éthique et de l'équité. Son expertise la place comme autorité de référence sur les aspects médicaux, scientifiques et éthiques.

■ **La loi du 7 juillet 2011 est l'aboutissement de la clause de révision inscrite dans la loi de 2004.** Les principales innovations du texte de 2011 portent sur les points suivants :

– le don croisé d'organes intervenant en cas d'incompatibilité entre proches est autorisé : deux personnes, candidates au don pour un proche mais incompatibles avec leur proche malade, s'échangent leur receveur respectif s'ils leur sont compatibles. Cette possibilité concernant essentiellement les greffes de rein permet d'en réaliser autour de 200 de plus chaque année ;

– l'émergence d'une nouvelle définition des modalités et des critères permettant d'autoriser les techniques d'assistance médicale à la procréation et d'encadrer leur amélioration pour les femmes rencontrant des problèmes de fertilité et devant suivre des traitements. L'autorisation n'est toutefois pas donnée lorsque la demande de congélation n'est pas induite par des raisons médicales, pour des femmes qui voudraient par exemple conserver leurs ovocytes en attendant de décider quand les utiliser.

La loi a également étendu les compétences de l'Agence de la biomédecine en lui confiant une mission d'information du Parlement et du Gouvernement sur le développement des connaissances et des techniques dans le domaine des neurosciences.

■ **La loi du 6 août 2013 modifie la loi de bioéthique de 2011.**
Le texte fixe le passage du régime d'interdiction de la recherche sur l'embryon avec dérogation à une autorisation encadrée.

Les recherches peuvent être menées à partir d'embryons surnuméraires conçus dans le cadre d'une procréation médicalement assistée (fécondation *in vitro*) ne faisant plus l'objet d'un projet parental, après information et consentement écrit du couple concerné. Le consentement du couple doit être confirmé à l'issue d'un délai de réflexion de trois mois et peut être révoqué sans motif par les deux membres du couple ou le membre survivant tant que les recherches n'ont pas débuté. La recherche sur ces embryons est limitée à cinq ans et doit avoir pour seul objectif de permettre des progrès thérapeutiques.

■ **En 2011, il était fixé que la loi devait faire l'objet d'un nouvel examen d'ensemble par le Parlement dans un délai de 7 ans après son entrée en vigueur, soit en 2018.**
Ce processus de révision est officiellement lancé avec l'ouverture par le Comité consultatif national d'éthique (CCNE) des états généraux de la bioéthique le 18 janvier 2018.

Parmi les principaux thèmes qui y furent abordés, celui portant sur l'accessibilité à la **PMA** pour toutes les femmes a focalisé toute l'attention car Emmanuel Macron s'y était montré favorable durant la campagne présidentielle de 2017. Aujourd'hui ouverte uniquement aux femmes en couple hétérosexuel rencontrant des problèmes de fertilité, la PMA permettrait à des femmes célibataires ou en couple homosexuel de devenir mères. Cependant, des associations de défenses des homosexuels s'insurgent contre le fait que la gestation pour autrui (GPA), c'est-à-dire le recours à des mères porteuses, ne devienne pas elle aussi légale en France, car cela permettrait à des hommes d'accéder eux aussi à la parentalité.

Le comité citoyen des états généraux, constitué d'un échantillon de citoyens représentatif de la société française, s'est en outre penché sur d'autres thèmes qui concernent :

– l'avancée de la recherche dans les domaines de la reproduction, du développement embryonnaire et des cellules-souches et le respect dû à l'embryon comme personne potentielle ;

– les techniques de séquençage et d'ingénierie génomique et les prémisses d'une médecine prédictive ;

– les dons et transplantations d'organes ;

– les données de santé, notamment au regard du développement des objets connectés et des risques d'atteintes à la vie privée ;

– l'intelligence artificielle et les robots, et la responsabilité des professionnels de santé vis-à-vis de leur utilisation ;

– les neurosciences au regard du développement des techniques d'imagerie ;

– la relation santé-environnement et les responsabilités scientifiques et techniques de l'homme ;

– la fin de vie (question sur la légalisation de l'assistance au suicide, politiques d'accompagnement pour les malades en fin de vie).

Le Sénat a adopté le 4 février 2020, en première lecture, un projet de loi entraînant de nombreuses modifications puisqu'il a :

– limité le remboursement de la PMA par la sécurité sociale aux seuls cas d'infertilité, excluant de fait les couples de femmes et les femmes seules ;

– réécrit les dispositions sur la filiation des enfants nés d'une PMA par un couple de femmes (en faisant intervenir l'adoption pour sécuriser juridiquement l'acte) ;

– rejeté la levée systématique de l'anonymat des donneurs de gamète dans le cadre du droit d'accès aux origines des enfants nés par PMA ;

– interdit l'autoconservation des gamètes sans raison médicale et donc la possibilité pour les femmes de reporter leur projet de grossesse ;

– interdit la transcription automatique de l'acte de naissance ou du jugement étranger établissant la filiation d'un enfant né d'une GPA lorsqu'il mentionne comme mère une autre femme que celle qui a accouché ou deux pères ;

– créé un statut de donneur d'organes ;

– étendu à titre dérogatoire à 21 jours le délai limite pour la recherche sur un embryon *in vitro* ;

– encadré les recherches sur les cellules-souches, dites pluripotentes induites (IPS) et réintroduit la technique dite du « bébé médicament » (double diagnostic préimplantatoire) ;

– supprimé l'introduction d'une clause de conscience spécifique pour les professionnels de santé en matière d'interruption volontaire de grossesse (IVG).

Le projet de loi bioéthique prévoyant la PMA pour toutes les femmes, adopté en première lecture par l'Assemblée nationale et le Sénat, n'a pas encore été définitivement voté.

Fiche 11 : la protection de l'environnement

Depuis plus d'une cinquantaine d'années, l'environnement et sa préservation ont émergé en France comme un **enjeu global de politique publique** : pour des raisons de **santé publique** et de **préservation de notre écosystème** sur le long terme, et donc de transmission aux générations futures. Au cours de ce demi-siècle, les politiques menées ont dû s'adapter à des problématiques variées pour lesquelles il a fallu à chaque fois innover et apporter des réponses spécifiques.

Malgré cela, il semble que cette question, liée au progrès technologique, à la croissance économique et à l'accroissement de la population, et qui implique l'ensemble de la société, doive se poser encore durablement. En effet, jusqu'à présent, l'action publique a essentiellement consisté à mesurer et limiter les négligences du passé même si, actuellement, la question écologique est devenue incontournable et intégrée à tout projet d'avenir – et a dû composer avec des intérêts parfois opposés (financier, donc politique, et sanitaire, par exemple).

A. La situation actuelle : dégâts constatés et dégâts prévisibles

Aujourd'hui, l'impact des diverses activités humaines sur l'environnement (consommation, transports, industrie, urbanisation, agriculture), s'il n'est pas encore maîtrisé, est relativement bien mesuré, évalué et cartographié. Quatre grands enjeux sont concernés :

- les **rejets** (divers types de déchets, produits chimiques ou radioactifs) ;
- l'**appauvrissement** ou la **dégradation des ressources** ;
- l'**intégrité des écosystèmes** (préservation de la biodiversité) ;
- l'**environnement humain**.

Le constat est inquiétant, les prospectives ne le sont pas moins :

- des chercheurs affirment qu'actuellement notre empreinte écologique – outil évaluant la surface nécessaire pour produire tout ce que consomme un individu ou une population pour son alimentation, son habitation, ses déplacements, ainsi que pour absorber les déchets rejetés – dépasse la capacité de régénération de la Terre ;
- dégradation des sols, déforestation ;
- dégradation de l'air ;
- dégradation de l'eau douce et du milieu marin ;
- réchauffement climatique entraîné par les gaz à effet de serre ;
- disparition de nombreuses espèces animales et végétales : appauvrissement de la biodiversité ;

– augmentation significative, de 2000 à 2010, du nombre des catastrophes écologiques en lien avec les **changements climatiques** ;

– contaminations alimentaires, exposition à des substances dangereuses (amiante, glyphosate), augmentation inquiétante du nombre de cancers d'origine environnementale, avérée ou supposée ;

– phénomènes climatiques extrêmes plus nombreux et plus intenses si les gaz à effet de serre ne sont pas réduits de façon drastique ;

– élévation inquiétante des températures moyennes du globe entraînant des fontes massives des glaces du Groenland et de l'Antarctique, donnant lieu à une augmentation du niveau des océans.

Les interactions entre les diverses dégradations listées ci-dessus auront aussi des conséquences très lourdes.

B. Les conséquences pour la santé en particulier

En 1999, l'OMS (Organisation mondiale de la santé) estimait que « **l'environnement est la clé d'une meilleure santé** ». En France, un certain nombre d'activités humaines, liées à l'industrialisation, l'urbanisation ou l'évolution des technologies, ont fait l'objet d'évaluation des risques pour la santé, de réglementations adaptées ou de recommandations sanitaires de la part du ministère chargé de la Santé. Depuis 2004, des **plans nationaux « santé-environnement »** sont mis en œuvre afin d'améliorer la santé des Français en lien avec l'environnement.

Quelques points essentiels :

- **Alimentation :** la consommation de nourriture industrielle pose des questions de santé publique (obésité, maladies cardio-vasculaires, cancers, etc.).
- **Qualité de l'air intérieur :** appareils à combustion, matériaux de construction, produits de décoration (peinture, colles, vernis, etc.), meubles, activité humaine (tabagisme, produits d'entretien, produits désodorisants, bricolage, cuisine, etc.).
- **Qualité de l'air extérieur :** pollution aux particules fines chimiques, pollution due au trafic routier, pollution par le chauffage domestique, interactions entre les divers polluants de l'air (décès prématurés, pathologies respiratoires, pulmonaires, cardio-vasculaires, etc.).
- **Changement climatique :** impacts potentiels larges (émergence ou réémergence de maladies infectieuses, augmentation en fréquence et en intensité des évènements extrêmes ; modifications profondes de l'environnement ; qualité de l'eau, de l'air).
- **Environnement sonore :** excès de bruit, que ce soit les effets auditifs (surdité, acouphènes…) ou extra-auditifs (pathologies cardiovasculaires).

C. Les défenseurs de l'environnement et les climato-sceptiques

La question de l'environnement ne connaît pas de frontières et, au-delà du territoire français, la coopération des pays se pose comme un axe clé de la réussite d'un projet global et durable de préservation de notre environnement.

Depuis une trentaine d'années, le **GIEC (Groupe d'experts intergouvernemental sur l'évolution du climat)** livre des rapports alarmants sur l'état de l'environnement. Les politiques publiques s'appuient notamment sur ces travaux afin de réduire les risques. Certains chercheurs et **défenseurs de l'environnement** à leur suite avancent que, pour éviter le drame qui se dessine à plus ou moins court terme (la disparition de l'être humain suite à la dégradation complète de son écosystème), il ne faut rien moins qu'une *révolution globale* : repenser de fond en comble nos sociétés occidentales. Modes de production et de consommation, essentiellement, mais sur lesquels reposent une grande partie de notre mode de vie. Certains prononcent même le mot de *décroissance*.

À l'inverse, la famille des « **climato-sceptique** » (qui préfèrent être nommés « climato-réalistes »), réfute les analyses et les prospectives décrites comme alarmistes ainsi que l'origine humaine du réchauffement climatique. Ils font valoir que le consensus scientifique n'est pas réel, que le GIEC ne serait pas une organisation tout à fait neutre, que la mesure précise de l'impact de l'activité humaine sur le climat est très difficile et délicate, et que celle-ci doit donc pouvoir être débattue. Ils font d'ailleurs valoir que le vocable consacré n'est désormais plus *réchauffement* mais *changement* climatique. Pour eux, si réchauffement climatique il y a, la réponse doit d'abord venir de l'innovation technologique.

FOCUS SUR LES DATES CLÉS

- **1971** : création en France du ministère de l'Environnement ; création officielle du Programme sur l'homme et la biosphère (MAB) à l'Unesco.
- **1976** : Convention de Barcelone sur la protection de la mer Méditerranée contre la pollution.
- **1980** : première apparition de l'expression « développement durable » dans le rapport intitulé « La stratégie mondiale pour la conservation », publié par l'Union internationale pour la conservation de la nature.
- **1985** : Convention de Vienne sur la protection de la couche d'ozone.
- **1988** : création du Groupe d'experts intergouvernemental sur l'évolution du climat (GIEC).
- **1990** : premier rapport du GIEC alertant sur les risques du réchauffement climatique dus à la concentration dans l'atmosphère de gaz à effet de serre.
- **1991** : le Premier ministre français Édith Cresson évoque le terme de développement durable dans son discours de politique générale.
- **1997** : 3e Conférence des Nations Unies sur les changements climatiques, à Kyoto, au cours de laquelle sera établi le protocole du même nom, accord international visant à la réduction des émissions de gaz à effet de serre.
- **2002** : sommet de Johannesburg au cours duquel une centaine de chefs d'État, plusieurs dizaines de milliers de représentants gouvernementaux et d'ONG ratifient un traité prenant position sur la conservation des ressources naturelles et de la biodiversité.
- **2004** : adoption en France d'une charte de l'environnement insistant sur le principe de précaution.
- **2005** : entrée en vigueur du protocole de Kyoto dans l'Union européenne.

• **2009** : Conférence de Copenhague sur le climat (COP15).
• **2011** : le Canada se retire du protocole de Kyoto.
• **2012** : conférence de Rio sur le développement durable (Rio+20).
• **2015** : encyclique Laudato si du pape François « sur la sauvegarde de la maison commune » ; Conférence de Paris sur le climat (COP21).
• **2017** : les États-Unis se retirent de l'accord de Paris sur le climat.
• **2017** : dans le cadre de l'application de la loi sur la transition écologique et la croissance verte du 17 août 2015, les sacs de caisse en plastique ne sont plus distribués dans les points de vente à partir de 2017. Au 1er janvier 2020, ce sont de nombreux objets du quotidien qui sont retirés de la vente, tels que les assiettes, les verres et les couverts en plastique.
• **2018** : à partir d'août 2018, la jeune Suédoise Greta Thunberg manifeste régulièrement son mécontentement devant le Parlement de son pays. Elle conteste l'inertie des dirigeants face aux risques climatiques. Elle est à l'initiative d'un mouvement de grèves de la part des jeunes, ainsi que de marches pour le climat. Cette mobilisation réunit à plusieurs reprises des millions de jeunes dans les rues à travers le monde en 2019.
• **2021** : lors de son investiture en janvier 2021, le président américain Joe Biden avait formulé auprès de l'ONU la demande de réintégrer l'Accord pour le climat, quitté quelques années plus tôt sous l'impulsion de Donald Trump. C'est chose faite le 19 février 2021.

FOCUS

Le développement durable

Si l'expression est aujourd'hui consacrée et largement diffusée, la vision de ce qu'elle recouvre demeure parfois approximative. Défini en 1987 à l'ONU comme « *un développement qui répond aux besoins du présent sans compromettre la capacité des générations futures à répondre aux leurs* », le développement durable se fonde sur trois piliers, trois axes interdépendants : l'axe environnemental, l'axe social et l'axe économique. Ainsi, le développement durable est une conception de la croissance économique, mais c'est l'intérêt général sur le long terme qui est censé structurer et orienter l'ensemble. Les finalités du développement durable découlent ainsi de ces trois axes : lutte contre le changement climatique et protection de l'atmosphère, préservation de la biodiversité et des ressources, cohésion sociale et solidarité entre les territoires et les générations.

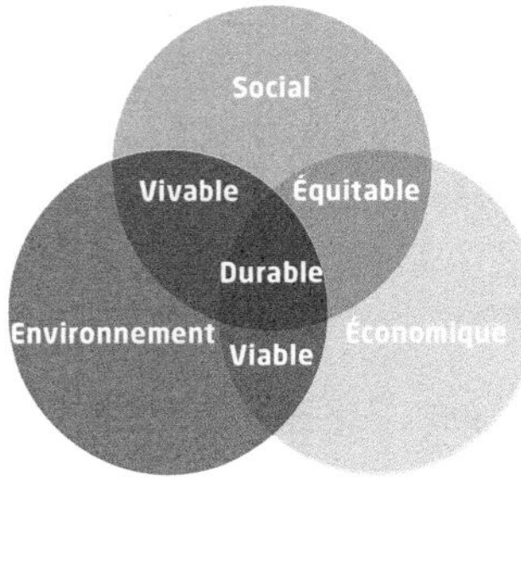

À consulter, le site du ministère de la transition écologique et solidaire :
https://www.ecologique-solidaire.gouv.fr/

Suivre l'actualité 2022-2023

Février 2022

■ Malgré les alertes répétées des États-Unis qui l'annonçaient, la communauté internationale est sidérée par l'invasion de l'Ukraine par des forces armées russes. Ordonnée par Vladimir Poutine, elle était censée être rapide, mais s'enlise peu à peu dans une guerre meurtrière qui s'installe dans le temps.

■ Les membres de l'OTAN et de l'Union européenne décident d'imposer de nombreuses sanctions économiques à la Russie afin de contre-attaquer sur un plan qui ne soit pas militaire, afin d'éviter toute escalade meurtrière.

■ C'est la fin du port obligatoire du masque en France dans les lieux publics tels que les cinémas et les musées. Il reste imposé dans les transports publics.

Mars 2022

■ L'aide humanitaire s'organise pour venir au secours des Ukrainiens. Quelques semaines après le début du conflit, ils sont plus de deux millions à avoir fui leur pays. Les pays frontaliers ont besoin d'une aide massive pour accueillir ce flot de réfugiés.

■ Les pays qui soutiennent l'Ukraine s'organisent pour lui fournir une aide militaire sans être accusés par la Russie de participer au conflit, de crainte que celui-ci prenne une tournure internationale.

■ En France, conséquence directe du conflit russo-ukrainien, le prix des énergies, et des carburants en particulier, connaît une inflation record.

■ Décès du détenu corse Yvan Colonna, trois semaines après son agression très violente dans la prison où il était détenu depuis des années, après avoir été reconnu coupable de l'assassinat du préfet Érignac. Son meurtrier est un djihadiste qui n'aurait jamais dû avoir la possibilité de se trouver seul avec lui. Une enquête pour acte terroriste est ouverte et des manifestations violentes ont lieu en Corse suite à la polémique suscitée par cette affaire.

■ Les épreuves de spécialités du baccalauréat qui devaient avoir lieu en mars sont repoussées au mois de mai à cause d'une situation sanitaire défavorable.

Avril 2022

■ À partir du 1er avril s'applique la remise à la pompe annoncée par le gouvernement afin de tenter de lutter contre l'augmentation très importante du prix des carburants.

■ Emmanuel Macron est réélu président de la République face à Marine Le Pen.

■ Décès de l'homme de théâtre et de cinéma Michel Bouquet, un hommage est organisé à sa mémoire aux Invalides.

■ Les tractations vont bon train à gauche comme à droite en prévision des législatives qui auront lieu en juin.

■ Les combats se poursuivent en Ukraine, la Russie ciblant particulièrement la région du Donbass et le littoral de la mer d'Azov. La résistance ukrainienne est très active et le bilan humain difficile à établir.

Mai 2022

■ L'inflation demeure galopante, directement liée au conflit en Ukraine. Le prix des énergies atteint des niveaux records.

■ La situation est très tendue dans les hôpitaux français où de très nombreux services d'urgence sont fermés à cause du manque de personnel pour accueillir les patients. De nombreux professionnels de santé alertent sur ce contexte très compliqué à un moment où l'on redoute une reprise de l'épidémie de covid.

■ En France, la finale de la Ligue des champions entre Liverpool et le Real Madrid est marquée par de violents incidents aux abords du stade de France. Le ministère de l'Intérieur évoque des dizaines de milliers de supporters britanniques munis de faux billets pour expliquer ce chaos. Cette thèse est contestée par de très nombreux supporters qui dénoncent un service d'ordre débordé et insuffisant face à des attaques ciblées de délinquants sans billets.

■ Élisabeth Borne est désignée Première ministre par Emmanuel Macron, elle succède donc à Jean Castex et forme un nouveau gouvernement où quelques piliers restent en place, tels que Bruno Lemaire à l'économie, Éric Dupont-Moretti à la Justice, Gérard Darmanin à l'Intérieur.

Juin 2022

■ Les contaminations au covid-19 repartent à la hausse en France. Une 4e dose de vaccin est recommandée par les autorités sanitaires pour les personnes à risque.

■ Lors des élections législatives en France, aucun parti politique n'obtient de majorité absolue. La nouvelle Assemblée nationale voit entrer dans l'hémicycle de nombreux nouveaux députés, venus notamment de la Nupes (Nouvelle Union populaire écologique et sociale) et du Rassemblement national.

■ la Cour suprême des États-Unis annonce la révocation de l'arrêt Roe vs Wade de 1973 garantissant le droit pour les femmes d'avorter dans tous les États du pays. Aussitôt, plusieurs États durcissent considérablement l'accès à l'avortement, voire l'interdisent.

■ La variole du singe se propage en France comme dans le reste du monde. Les autorités sanitaires françaises comptabilisent 330 cas sur le territoire fin juin, et pour la première fois, c'est une femme qui est infectée.

Juillet 2022

■ Deux semaines après les résultats des élections législatives en France, Élisabeth Borne procède à un premier remaniement ministériel, les ministres battus devant céder leur poste.

■ Affaibli par des scandales à répétition et une série de démissions sans précédent dans son propre gouvernement, le Premier ministre britannique Boris Johnson annonce sa démission du parti conservateur, ouvrant la voie à la nomination d'un nouveau chef de gouvernement.

■ L'ancien Premier ministre japonais Shinzo Abe est assassiné pendant un discours qu'il prononce au cours de la campagne électorale sénatoriale. Son meurtrier justifie son geste en affirmant qu'il reprochait à l'homme politique ses liens avec la secte Moon.

■ En Gironde, 21 000 hectares de forêt partent en fumée, ravagés par des incendies géants. La France est traversée par plusieurs vagues de chaleur caniculaire, la température montant jusqu'à 43 degrés par endroits.

■ Le recul de la 7e vague de covid se confirme, suivi de l'amorce d'une baisse des admissions.

■ En France, l'inflation galopante se poursuit, atteignant 6,1 %.

■ Emmanuel Macron annonce un plan de sobriété énergétique, visant à réduire de 10 % d'ici 2024 notre consommation d'énergie par rapport à 2019.

Août 2022

■ Visé par une fatwa depuis 1989 suite à la parution de son ouvrage *Les Versets sataniques*, l'auteur Salman Rushdie est victime d'une attaque au couteau devant un auditoire pendant une conférence dans l'État de New York. Il survit à cette tentative d'assassinat, mais perd l'usage d'un œil et d'une main.

■ En six mois de guerre entre l'Ukraine et la Russie, plus de 9000 soldats ukrainiens ont perdu la vie. De son côté, l'armée russe ne diffuse pas d'informations fiables sur les pertes dans ses rangs.

Septembre 2022

■ La reine Elisabeth II meurt à 96 ans après plus de 70 ans de règne. Ses funérailles sont suivies à travers le monde entier. Son fils prend sa succession en devenant Charles III.

■ Vladimir Poutine annonce la mobilisation de 300 000 réservistes russes pour aller combattre en Ukraine. Il finalise également l'annexion de quatre régions ukrainiennes par la Russie.

Octobre 2022

■ Une grève dure dans plusieurs raffineries paralyse peu à peu la France où les véhicules ne peuvent plus être réapprovisionnés en carburant. Il est reproché au gouvernement de n'avoir pas pris assez tôt la mesure de la situation.

■ Le prix Nobel de littérature est attribué à l'écrivaine française Annie Ernaux.

■ La Première ministre britannique Liz Truss démissionne après seulement six semaines à son poste, ce qui fait de son mandat le plus court de l'histoire du pays.

■ Dans la zone euro, le taux d'inflation s'établit à 10,6 % plongeant de nombreux foyers dans la précarité.

■ Le meurtre barbare de la petite Lola, jeune collégienne de 12 ans, suscite l'émoi à travers toute la France, la femme responsable de sa mort faisant l'objet depuis plusieurs semaines d'une obligation de quitter le territoire, non appliquée.

■ L'Iran est en proie à de nombreuses manifestations réprimées dans la violence par le pouvoir en place, suite au décès de Mahsa Amini pendant sa détention, une jeune femme de 22 ans accusée par la police des mœurs d'avoir enfreint les codes vestimentaires imposée par la République islamique.

Novembre 2022

■ Le débarquement du bateau l'*Océan Viking* au port de Toulon fait polémique : 244 migrants s'y trouvaient depuis plusieurs semaines et s'étaient vu refuser l'accueil en Italie. Après plusieurs refus, la France a finalement accepté qu'il accoste sur ses côtes par souci d'humanité. Très contestée, cette décision a soulevé des vagues de protestations, qui se sont amplifiées quand il s'est avéré que la très large majorité des clandestins ont fui leur centre de rétention quelques jours à peine après leur débarquement.

■ La Coupe du monde de football démarre au Qatar. Le choix de ce pays où il fait plus de 40 °C à cette période de l'année et où les droits de l'Homme sont régulièrement bafoués est jugé peu pertinent par beaucoup d'instances qui appellent au boycott.

■ Le nombre de détenus en France atteint un record absolu avec 72 809 détenus pour 60 698 places.

Décembre 2022

■ Le Parlement européen est secoué par un scandale retentissant après qu'il est révélé qu'Eva Kaïli, l'un des onze vice-présidents du Parlement, a été arrêtée et écrouée pour de forts soupçons de corruption.

■ La France arrive en finale lors de la Coupe du monde de football organisée au Qatar, mais elle doit s'incliner face à l'Argentine après un match d'anthologie.

■ À Vaulx-en-Velin, un incendie dont l'origine reste inconnue fait dix morts, dont plusieurs enfants, dans un immeuble squatté par des trafiquants de drogue.

Janvier 2023

■ Les huit syndicats représentatifs en France coordonnent un mouvement de grève et de contestation très suivi contre le projet de réforme des retraites présenté par le gouvernement d'Élisabeth Borne.

■ Plusieurs pays qui soutiennent l'Ukraine dans le conflit armé qui l'oppose à la Russie, notamment les États-Unis et la France, lui livrent des chars et des armes lourdes, ce qui provoque de vives tensions avec Vladimir Poutine.

■ Échec de la stratégie « zéro covid » en Chine : on compte 60 000 morts en décembre 2022 ; la quarantaine imposée aux voyageurs venus de l'étranger est levée.

■ Mort de Pelé, immense footballeur brésilien.

■ L'influence russe projette ses ambitions sur le Sahel, par l'intermédiaire de la milice Wagner, en même temps que décline l'influence française : plusieurs manifestations anti-françaises et prorusses ont lieu, notamment au Burkina Faso.

Février 2023

■ Plusieurs ballons de surveillance chinois survolent le continent américain. Le premier est abattu, ce qui intensifie les tensions entre la Chine et les États-Unis. Le gouvernement chinois prétend utiliser ces ballons pour la recherche météorologique, ce qui est démenti par la suite.

■ Un violent séisme en Turquie et en Syrie (7,8 sur l'échelle de Richter) fait au moins 45 000 morts et affecte 26 millions de personnes. Les conséquences géopolitiques sont nombreuses ; la Syrie suscite moins d'empathie à l'international.

■ La France bat son record de la période la plus longue sans pluie (32 jours consécutifs) depuis le début des enregistrements en 1959. De nombreux départements sont concernés par une vigilance sécheresse et des restrictions d'eau.

■ Plusieurs journées de manifestations et de grèves contre la réforme des retraites sont organisées ; les syndicats défendent une « mise à l'arrêt » du pays.

Mars 2023

■ En Iran, une série d'intoxications de jeunes filles au sein d'établissement scolaire laissent fortement suspecter une vengeance du régime islamique en réaction au mouvement de protestation après la mort de Mahsa Amini. Plusieurs centaines de jeunes filles ont été hospitalisées en raison de difficultés respiratoires, nausées et maux de tête.

■ La fermeture de la Silicon Valley Bank aux États-Unis est considérée comme la plus grande faillite bancaire mondiale depuis 2008 et inquiète l'économie mondiale quant à ses répercussions internationales.

■ Le GIEC sort un 6e rapport alarmant sur le climat ; son utilité est questionnée.

■ Le 16 mars, Élisabeth Borne décide de mettre en œuvre l'article 49.3 de la Constitution pour faire passer en force le projet de loi sur la réforme des retraites.

Ce procédé envenime les contestations déjà fortes contre la réforme des retraites, on dénonce une atteinte à la démocratie. À partir de ce moment, les manifestations augmentent en nombre et en intensité, on dénombre de plus en plus de mouvements spontanés, parfois violents.

■ Annulation de la première visite officielle de Charles III en raison du climat social en France : le prestige du pays est mis en question.

■ Xi Jinping rend visite à Vladimir Poutine, réaffirmant ainsi la solidité de la coopération russo-chinoise et attisant les tensions avec les États-Unis.

■ Le samedi 25 mars, des milliers de militants écologistes se rassemblent à Sainte-Soline dans les Deux-Sèvres pour manifester contre le projet de « méga-bassines », censé aider les agriculteurs à irriguer leurs cultures en période sèche. Des affrontements extrêmement violents provoquent de fortes protestations dans l'opinion publique.

■ La grève des éboueurs ébranle plusieurs grandes villes en France, notamment Paris et Marseille, les rues sont jonchées de détritus.

■ Des centaines d'experts réclament une pause de six mois dans la recherche sur l'IA, évoquant des « risques majeurs pour l'humanité ».

■ L'Assemblée nationale adopte une loi encadrant le métier d'influenceurs, dans le but de lutter contre ses dérives et ses arnaques.

■ L'inflation ralentit légèrement en raison d'une progression plus lente des prix de l'énergie, mais les prix des produits alimentaires continuent de flamber, favorisant de nouveaux comportements de consommation.

■ Aux États-Unis, Donald Trump est le premier président américain à être inculpé par un grand jury. Il lui est reproché la possible falsification de contrats commerciaux pour acheter le silence d'une femme avec laquelle il aurait eu une liaison.

Avril 2023

■ La contestation contre la réforme des retraites se poursuit ; chaque semaine, des manifestations continuent à être organisées à travers la France.

■ Le président Emmanuel Macron rencontre le dirigeant Xi Jinping lors d'un voyage d'État, il tente sans succès d'obtenir qu'il intercède auprès de Vladimir Poutine au sujet du conflit en Ukraine.

■ Un immeuble s'effondre à Marseille, provoquant la mort de huit de ses occupants. La piste de l'explosion due à une très forte concentration de gaz est privilégiée.

Mai 2023

■ L'Assemblée nationale vote la réintégration des soignants non vaccinés contre le covid-19, suivant ainsi le récent avis favorable de la Haute Autorité de santé.

■ Le président Emmanuel Macron annonce l'engagement de 700 millions d'euros en faveur de la formation aux métiers d'avenir de l'industrie.

■ Au Royaume-Uni, Charles III et Camilla sont officiellement couronnés, neuf mois après la mort d'Elisabeth II.

■ En Turquie, Recep Tayyip Erdogan est réélu pour un troisième mandat : il recueille environ 52 % des suffrages à l'issue du second tour de l'élection présidentielle.

■ Le G7 se réunit à Hiroshima, au Japon, durant lequel les chefs d'État abordent notamment la guerre russo-ukrainienne, la non-prolifération nucléaire et le changement climatique.

■ En Inde, au nord-est, des violences interethniques éclatent et font une cinquantaine de morts ; 23 000 personnes fuient la région.

■ L'Organisation mondiale de la Santé (OMS) lance un « Réseau international de surveillance des pathogènes » pour mieux prévenir les catastrophes sanitaires de type pandémie.

■ Selon Eurostat, la population de l'Union européenne devrait amorcer son recul à partir de 2026. La part de la population européenne dans la population mondiale devrait connaître une forte baisse, notamment car la population africaine va presque tripler d'ici la fin du siècle.

Juin 2023

■ Le Canada est encore touché par de gigantesques incendies, en Nouvelle-Écosse (est du pays), quelques semaines après l'Alberta (ouest du pays). Certains feux sont incontrôlables et une vingtaine de pays sont appelés à l'aide, dont la France qui envoie une centaine de pompiers.

■ En Haïti, des inondations font au moins 42 morts et 11 personnes disparues.

■ L'UE tente un accord, notamment, financier avec la Tunisie pour un partenariat afin de limiter l'émigration clandestine. Le président tunisien fait savoir que son pays refuse d'être « le gardien des frontières » de l'Europe.

■ L'ex-président américain Donald Trump comparaît devant un tribunal fédéral pour une inculpation faisant mention de 37 chefs d'accusation.

■ Le député britannique Boris Johnson démissionne de son mandat suite à un rapport parlementaire l'accusant d'avoir menti au sujet de fêtes organisées dans la résidence du Premier ministre durant le covid.

■ L'Inde et les États-Unis renforcent leur coopération commerciale et militaire.

■ En Finlande, comme dans les autres pays nordiques, le parti conservateur s'allie avec l'extrême droite pour former un gouvernement : une politique migratoire restrictive est désormais un aspect incontournable du « modèle scandinave ».

■ En Méditerranée, au sud de la Grèce, un bateau de migrants (des Égyptiens, des Syriens, des Pakistanais) fait naufrage : 80 corps sont retrouvés, mais le bilan serait beaucoup plus lourd, une centaine de survivants ayant été secourus, pour un total de passagers compris entre 400 et 750 personnes.

■ L'Union européenne a trouvé un accord sur un texte important du Pacte vert qui vise à augmenter les énergies renouvelables d'ici à 2030. Elle reconnaît aussi l'intérêt écologique de l'énergie nucléaire.

■ En Russie, les forces du groupe paramilitaire Wagner se sont rebellées contre le gouvernement et ont avancé vers Moscou, avant de se replier. Le but était de renverser le commandement militaire russe jugé inefficace.

■ Sommet de Paris pour un nouveau pacte financier mondial : les pays riches s'engagent à aider les pays du Sud les plus démunis dans leur lutte contre la pauvreté et le réchauffement climatique.

■ En France, fin juin début juillet, des émeutes éclatent d'abord à Nanterre, puis dans tout le pays, suite à la mort d'un adolescent franco-algérien de 17 ans ayant refusé d'obtempérer devant la police.

Juillet 2023

■ L'Espagne prend la présidence du Conseil de l'Union européenne pour six mois.

■ La société française Arianespace fait décoller pour la dernière fois son lanceur Ariane 5 depuis le Centre spatial guyanais de Kourou, en Guyane, transportant des satellites militaires français et allemands.

■ Sommet de l'OTAN à Vilnius en Lituanie : les dirigeants mondiaux y discutent de l'invasion russe de l'Ukraine ainsi que des adhésions potentielles de l'Ukraine et de la Suède à l'OTAN.

Dépôt légal : octobre 2023 – N° éditeur : MAGSI20220570 - N° Imprimeur : 092376397
Achevé d'imprimer en septembre 2023 en France par Présence Graphique - Monts

IMPRIM'VERT

PEFC
10-31-2677

FABRIQUÉ EN FRANCE